大学 青春 人生
北理工人的成长印迹（2020—2024）

主编 史建伟

北京理工大学出版社
BEIJING INSTITUTE OF TECHNOLOGY PRESS

版权专有　侵权必究

图书在版编目（CIP）数据

大学　青春　人生：北理工人的成长印迹 . 2020
—2024 / 史建伟主编 . -- 北京：北京理工大学出版社，
2025. 6.
ISBN 978-7-5763-5515-4

Ⅰ . G641-53
中国国家版本馆 CIP 数据核字第 20258WD005 号

责任编辑：申玉琴	文案编辑：申玉琴
责任校对：刘亚男	责任印制：李志强

出版发行 / 北京理工大学出版社有限责任公司
社　　址 / 北京市丰台区四合庄路 6 号
邮　　编 / 100070
电　　话 /（010）68944439（学术售后服务热线）
网　　址 / http://www.bitpress.com.cn

版 印 次 / 2025 年 6 月第 1 版第 1 次印刷
印　　刷 / 保定市中画美凯印刷有限公司
开　　本 / 710 mm×1000 mm　1/16
印　　张 / 16.5
字　　数 / 266 千字
定　　价 / 86.00 元

图书出现印装质量问题，请拨打售后服务热线，负责调换

编委会

主　　任：杨　帆
主　　编：史建伟
副 主 编：邓　岩　　陆宝萍　　周芳集　　王晶晶
执行主编：王晓静　　甘凤妍　　杨　菲　　王　雪
　　　　　李　艳
编　　委：辛嘉洋　　韩姗杉　　倪　俊　　钟　芸
　　　　　侯明佳　　纪惠文　　史大威　　包成刚
　　　　　郭宏宸　　张龙泽　　王一飞　　郭惠芝
　　　　　赵元栋　　鲍　锐　　徐枫翔　　车辉泉
　　　　　彭明雪　　孙　硕　　马晓龙　　张盟初
　　　　　张梦雯　　黄　金　　陈　浩　　哈　楠
　　　　　王　硕　　张　锋　　李　晋

前言

当指尖轻触这本充满了青春故事的书，我们仿佛握住了整个大学时光的密钥，这是专属于北理工新生的精神图腾，它用纸墨编织星河，将成长故事串联成点点星光，凝练成照亮人生航程的初始坐标。对于每一个北理工本科新生同学而言，《大学　青春　人生——北理工人的成长印迹》作为开学初的第一本"德育教科书"，已成为延续近20年的传统。这份特殊的礼物将伴随新生开启大学新征程。在北理工，本科毕业生除了要完成毕业论文答辩外，还有一项重要的事儿，那就是进行德育答辩。德育答辩系统工程是北京理工大学学生思想道德教育工作中创造性的一项举措，学生通过德育开题、中期检查和答辩环节，规划四年一贯制成长路径——大一拟定目标、蓄力起航，大二以专业引导发展，大三自我检视修正，大四总结成长收获，从思想、学习、生活、心理等方面盘点大学，形成一篇德育毕业答辩论文。《大学　青春　人生——北理工人的成长印迹》就是本科毕业生的德育答辩论文集，记录着已毕业师兄师姐们的青春奋斗故事，从2005年至今，已连续出版20本，影响了近10万名北理工学子。

本书精选了2024年本科毕业生的德育答辩论文，每一篇文字都是他们成长过程中的真诚流露，或总结得失，或分享经历，或抒发情感，字里行间跃动着他们对大学的思考与感悟，铭刻着他们在北理工的成长印迹，传递着他们的青春信念。

北京理工大学是中国共产党创办的第一所理工科大学，始终紧密围绕立德树人根本任务和人才培养中心工作，以培养"胸怀壮志、明德精工、创新包容、时代担当"的领军领导人才为己任，将思想政治教育贯穿教育教学全过程。德育答辩工作是学校德育体系的重要一环和特色工作。2003年，学校在全国率先试行本科生"双答辩"制度，毕业生需进行毕业论文答辩和德育答辩。其中，德育答辩为学生提供了一个多角度审视自我、展示自我的舞台，每名本科毕业生在毕业前，都要回望大学生活，写下自己的成长轨迹，与老师同学真诚交流，积蓄能量，踏上新的征程。2006年，学校制定了《北京理工大学关于在本科毕业生中开展德育答辩工作的实施意见》《北京理工大学本科生德育答辩工作实施办法》等指导性文件，选拔优秀毕业生代表组建"大学 青春 人生"优秀学生事迹报告团，在新生入学季，举办了第一届"大学 青春 人生"优秀学生报告会暨"时代新人说"讲述活动，面向全体新生讲述青春奋斗故事。2008年，学校在大一年级本科生中全面开展德育答辩论文开题工作；2009年，学校在大三年级本科生中全面开展德育中期检查工作；2013年起，学校全面实施"一年级工程"新生入学教育系列活动。2018年，学校开始探索德育答辩制度的新时代表达，通过大数据等信息化手段，将德育答辩与书院制育人改革、学生综合素质评价相结合；2021年，积极探索制度2.0，数字化赋能德育新形式，打造数字德育导师；2025年，将德育答辩全流程纳入第二课堂学分制系统，不断丰富制度内涵和外延。

实施20余年的德育答辩制度，是学校坚持党的全面领导，准确把握形势变化和学生思想特点，加强和改进思政工作的突出成果，也是延河辅导员研究中心的实践成果。德育答辩20余年的演进历程是党在高等教育领域不断探索思政教育规律、推进思政工作体系建设的微观体现，是学校与时俱进、守正创新，不断提升思政教育水平的生动写照。通过德育答辩，充分激发学生主体意识，为学生提供系统审视自我的教育场景，帮助学生规划大学生活、树立理想信念、思考人生价值，引导学生通过总结反思进一步明确发展目标，厚植爱国主义情怀、培养爱国奋斗精神，不断加强品德修养、增长知识见识、增强综合素质，努力实现德智体美劳全面发展，将个人发展与国家发展联系起来。新时代青年的成长历程与强国建设征程高度契合，新时代的北理工人要传承红色基因，心怀"国之大者"，将担当复兴大任与实现自我追求相统一，把爱国热情转化为报国行动，努力成为具备"延安根、军工魂、领军人"特质的"红色领军人"。

《大学 青春 人生——北理工人的成长印迹》承载着一代代北理工人的独家记忆，镌刻着"德以明理"的年少求索，熔铸着"学以精工"的赤子初心。新一代北理工学子，愿你们在阅读中迸发思想锋芒，润泽明德问道的笔锋，能够在北湖砚池晕染出天地立心的青春诗行，于祖国需要的地方谱写出属于强国一代的精彩篇章。

目录

第一篇　领航志 /1

知不足而奋进　望远山而力行 /3
　　　　　　　　　　　　数学与统计学院　赵雅琪

为国铸剑　守望初心 /6
　　　　　　　　　　　　机电学院　王霆威

以青春之光　献蓬勃之爱 /9
　　　　　　　　　　　　自动化学院　宁文涛

以热爱撰写青春的答卷 /12
　　　　　　　　　　　　徐特立学院/机电学院　王茂霖

成为青春的勇行者 /15
　　　　　　　　　　　　徐特立学院　孙泽昊

攀峰做科研　创新志报国 /18
　　　　　　　　　　　　宇航学院　陶宏

第二篇　大学道 /23

我与北理工的四季 /25
　　　　　　　　　　　　宇航学院　柯晓

向上生长　成就自我 /30
　　　　　　　　　　　　机电学院　付伊凡

全面发展　勇争一流 /35
　　　　　　　　　　　　机电学院　季子上

笔下春秋展　心头日月明 /39

　　　　　　　　　　　机电学院　王韩雨

迷惘　喜乐　收获 /43

　　　　　　　　　机械与车辆学院　南栋彬

星光不问赶路人　时光不负有心人 /46

　　　　　　　　　　　光电学院　吴昊阳

在勇攀高峰中明理精工　在无私奉献中
　　践行初心 /51

　　　　　　　　　　　计算机学院　张然

认识　接纳　提升 /55

　　　　　　　　　　计算机学院　李嵩阳

但行好事　莫问前程 /59

　　　　　　　　网络空间安全学院　刘尚格

向阳而生 /63

　　　　　　　　　　　经管书院　许云清

四载砥砺　行稳致远 /67

　　　　　　　　　　　经管书院　罗诗岳

我以我手执新笔　我以我心绘前程 /71

　　　　　　　　　　　知艺书院　董筱菡

华彩献流年　奋斗谱新篇 /75

　　　　　　　　　　　求是书院　刘圣洁

阅己　越己　悦己 /79

　　　　　　　　　　　明德书院　谭想

不忘初心　砥砺前行 /83

　　　　　　　　　　　特立书院　吴家星

砥砺前行　学术精进 /87

　　　　　　　　　　　特立书院　王墅

第三篇　青春行 /93

青春·在北理工·我的大学 /95

　　　　　　　　　　　宇航学院　覃霖志

筑梦航天　德技并进 /99

　　　　　　　　　　　宇航学院　宋晋语

书声琅琅　意气扬扬 /105
　　　　　　　　　　　　宇航学院　宋哲欣
走好脚下的每一步 /109
　　　　　　　　　　　　机电学院　张锦程
积一勺以成江河　累微尘以崇峻极 /113
　　　　　　　　　　　　机电学院　林睿
一段自我探索与蜕变的旅程 /117
　　　　　　　　　　　　机电学院　刘育榕
思想引领　铸就青年成长 /121
　　　　　　　　　　　　机械与车辆学院　刘昊哲
青春　不过只有这些日子 /125
　　　　　　　　　　　　光电学院　孔令玉
青春印记 /129
　　　　　　　　　　　　光电学院　楚明坤
跑起来　才有风 /133
　　　　　　　　　　　　自动化学院　孔子月
青春的颜色 /137
　　　　　　　　　　　　网络空间安全学院　陈泽昆
做大学生活的导演　写大学生活的剧本 /141
　　　　　　　　　　　　网络空间安全学院　梅偲妍
青春风华　扬帆前行 /145
　　　　　　　　　　　　经管书院　王晓丽
深入调研出真知　青年强而勇担当 /149
　　　　　　　　　　　　经管书院　翟建桥
青春不负　未来可期 /153
　　　　　　　　　　　　求是书院　孙嫣璐
成长　成就 /159
　　　　　　　　　　　　明德书院　车俊霖
自强者胜　无远弗届 /163
　　　　　　　　　　　　特立书院　韩昊豫

第四篇　人生梦 /167

　　才德兼备　砥砺前行 /169
　　　　　　　　　　　　宇航学院　胡木林

乔木亭亭倚盖苍　栉风沐雨自担当 /172
　　　　　　　　　　　机械与车辆学院　张凌骏
当平凡开出花　长出新的枝丫 /175
　　　　　　　　　　　光电学院　陈欣宇
青春四载　砥砺前行 /179
　　　　　　　　　　　光电学院　蓝澜
这个夏天 /184
　　　　　　　　　　　信息与电子学院　陈奕霏
一个"伪励志"故事 /188
　　　　　　　　　　　集成电路与电子学院　秦鼎轩
探险的途中每一瞬都可以成为风景 /194
　　　　　　　　　　　计算机学院　许文斌
特战尖刀　精忠报国 /198
　　　　　　　　　　　计算机学院　贾宇琦
青春微光 /201
　　　　　　　　　　　网络安全空间学院　孙舒凡
我的大学和我 /205
　　　　　　　　　　　求是书院　宋宇林
继续向前看 /208
　　　　　　　　　　　求是书院　严梓涵
未来已来　处处青山 /211
　　　　　　　　　　　明德书院　巩镇
成为自己 /215
　　　　　　　　　　　明德书院　文佳颖
选择所热爱　热爱所选择 /219
　　　　　　　　　　　明德书院　文楚钧
青春在奋斗中闪光 /223
　　　　　　　　　　　特立书院　陶艺
面向未来 /227
　　　　　　　　　　　北京学院　宋大宽

第五篇　德学思 /231

找到适合的道路和方法，珍惜时光，努力拼搏，用创新续写精彩故事，让求学路上的精彩见证勇敢逐梦、励志报国的青春誓言。愿我们都能以青春之我、奋斗之我，坚定领军追求，勇攀科技高峰，以饱满的热情和昂扬的姿态，在推进强国建设、民族复兴伟业的实践中传承延安根、铸牢军工魂、争做领军人！

第一篇 领航志

知不足而奋进　　望远山而力行

数学与统计学院　　赵雅琪

本科四年，北理工教会我许多，我也成长许多。丰富多彩的四年里，我的许多经历都化作了独一无二的心得体悟，不断浸润着我的人生。

微积跬步，以至千里之远

"人生最大的悲哀不是失败，而是从未努力去做。"大学的时间充满了弹性，我把全部的时间都用于实现梦想。高中的我便坚定了选择数学专业的想法，因为我被其严谨的逻辑体系和抽象的建模过程深深折服。在别人眼里理不清的公式、定理、证明，看不懂的几何、代数、拓扑，在我看来都是有生命力的音节。大学阶段，我连续三年获专业第一名，连续7次获一等奖学金，取得数学类专业近五年内最高均分，成功保研至北京大学数学科学学院。同时，我也是求是书院2018年成立以来唯一一个连续三年获得国家奖学金的本科生。

成绩的取得，得益于好的学习方法。我习惯以思维导图的形式构建知识框架，将老师课上所讲与书本知识相融合，并不断延伸，深化理解，在看似复杂的信息中寻找秩序。当然，学以致用同样重要，优异的成绩不是终点，而是探索知识广度与深度的起点，各类学科竞赛便是我探索的第一步。在数学竞赛中巩固专业知识，了解细分的研究方向，在建模竞赛中锻炼合作意识与解决问题的能力，在物理实验竞赛中提高实验能力和综合素质，学会尊重和包容他人的不同意见。这些宝贵的经历为我日后的成长奠定了基础。

锐意创新，助力乡村振兴

2021年4月，我加入信息与电子学院崔嵬教授指导的"慧聚阳光"团队，致力于以自研的智能太阳能采暖设备助力乡村发展。我多次跟随团队实地考察，深入山西省方山县等乡村走访调研，切实感受现有采暖方式成本高、能耗高的痛点。我们与企业负责人沟通交流，向多位行业专家咨询意见，经综合分析提出"智能聚光"的想法，助力实现随需而动的高效供暖。一次次的实验测试，一版版的方案打磨，产品效果越来越好，团队的默契度越来越高。我逐渐成长为项目的核心成员，作为团队主答辩参加各项创新创业竞赛，完成100余次路演。每次路演前，我都会反复模拟答辩场景，确保数据精准、逻辑清晰，从技术细节到商业模式，从演讲稿到答辩PPT，反复推敲，力求尽善尽美。

最终，我们团队拿下了全国三大创新创业竞赛市级比赛中的全部最高级奖项。在"挑战杯"全国决赛时，我作为北理工队伍中唯一的本科生答辩人拿下了国家级金奖，在北理工的主场上捧起中国大学生创新创业最高集体荣誉——"挑战杯"。那一刻，我深深感受到集体的力量。北理工丰富的资源条件，让我们在昂扬向上的氛围里茁壮成长。

这段独特而辛苦的经历，磨炼了我的意志，让我学会了高效的时间管理，懂得了团队协作的力量。在项目研发过程中，我深刻体会到我的专业知识可以为乡村振兴做出贡献，我认为这正是新时代中国青年的使命所在。这些跨学科的知识和经验，也让我认识到数学在现实世界中的广泛应用，更坚定了我投身科研、服务国家的决心。

青春向党，尽职尽责

在"慧聚阳光"实践团队的共同努力下，我们成功在华北和东北的乡村地区落地了上百套太阳能供热设备。这些设备解决了当地热能利用率低、供暖成本高昂、设备稳定性差等问题。我们的项目入选了首都高校师生服务乡村振兴行动计划，并荣获北京市二等奖。这些成绩得到了北京市高校师生思想政治工作信息发布平台、学习强国、《现代教育报》、《中国青年报》等多家媒体的高度评价。看到报道时，我深感自豪，这不仅因为我们的项目得到了社会的关注，更因为我们真正为乡村的可持续发展贡献了一份力量。

也正是在一次次实践的过程中，我更加坚定了加入中国共产党的信念，并于2021年成为一名光荣的预备党员。

每当回顾这些经历，我都感受到一股力量在心中涌动，那就是青春的力量。这股力量不仅驱动我不断挑战自我，更激励着我在未来的道路上，继续为社会贡献自己的绵薄之力。

数语人生，模型万象

大四，我有幸跟随研究生导师深入探索多模态大模型这一前沿课题。这段科研经历让我深刻感受到，科研不仅仅是知识的积累，更是一次次探索与挑战自我的过程。如何在海量的跨模态数据中找到有效的特征融合方法，是我们首先要解决的难题。然而，正是在这样的困难中，我学会了坚韧与坚持。面对瓶颈，我和师兄师姐反复讨论、分析问题的根源。我们尝试了无数次的模型优化和参数调整，甚至在深夜的实验室里反复推敲每一个细节。最终，我们创新性地提出了一种端到端的跨模态特征融合算法。这一算法不仅在理论上突破了传统模型的局限性，更在实际应用中表现出色，实现了2.5%到6.8%的性能提升。这一突破不仅增强了我们对复杂场景下跨模态信息的语义理解能力，也为该领域的研究开辟了新路径。

数学，是我们刻画、理解，甚至影响生活的一种方式。当前人工智能在以不可思议的速度发展，我为能够运用数学和人工智能技术来解读世界而备感自豪。尽管科研的道路上充满了未知与不确定性，但正是这些挑战让我更加坚定了自己的科研信念。我相信，只要怀揣热情，勇于探索，科研的道路将会更加宽广。

大学为我们提供了广阔的舞台，给了我们无限的可能。无论是学术研究、社会实践，还是创新创业，都是我们施展才华、追逐梦想的绝佳机会。当然，追梦的路上难免荆棘坎坷，要学会在逆境中微笑前行。星光不问赶路人，时光终会眷顾每一个努力的人。

成功从来不是孤军奋战的结果。我的成长之路，离不开学校的大力支持，离不开老师们的悉心教导与点拨，也离不开同学们的真诚帮助与陪伴。这些支持与鼓励，正是我不断前行的动力之源。在此，我想深深地感谢母校，感谢在这里遇到的每一位师长和朋友，是你们成就了今天的我。

未来的道路上，我们每一个人都肩负着时代赋予的责任与使命。愿我们都能以青春之我、奋斗之我，坚定领军追求，勇攀科技高峰，以饱满的热情和昂扬的姿态，在推进强国建设、民族复兴伟业的实践中传承延安根、铸牢军工魂、争做领军人！

为国铸剑　守望初心

机电学院　王霆威

在人生旅途中，我们要走过多少路、吃过多少苦，才能成就更好的自己？我希望用我的亲身经历给出一份答案。希望我的故事可以触碰到大家心灵最柔软、温情之处，为你们带来一丝感触和动力。

2008年5月12日汶川大地震，我们村没有畅通的道路、没有食物、没有水源，是解放军战士向我们空投了食物、打通了道路，让我走进了新校园。因为山体滑坡和堰塞湖，我们村通往外界的道路被阻断，从废墟里掏出来的食物也已经吃完了，村里将近三天没有食物和水。那时，有一架直升机从上空飞过，我们不停地向飞机呼喊、呼救，飞机上的解放军战士向我们投下了食物和矿泉水。从那一刻开始，我的内心默默立下目标：我要向解放军战士学习，保家卫国，哪怕我不能从军，我也要通过自己的努力，报效祖国。

在不断的学习中，我心中的情怀越发浓烈，于是在大学本科毕业之际，我毅然决然选择了跨考，从师范学校来到了国防院校，从生物专业换成了兵器科学与技术专业，"弃师从兵"。

做就要做最稀缺的、国家最需要的科研。火炸药的发展是国防建设的重心，是一代代北理工人坚守的初心，也是我的兴趣所在。凭借着初生牛犊不怕虎的韧劲，我选择了火炸药中最危险、最小众的起爆药作为研究课题，开启了硕士生涯。

然而三年时间短暂，并不足以支撑起一个人的梦想，于是硕士毕业之际，我选择了深造，开启自己的博士生涯，并继续专攻火炸药和起爆药的研究。在北理工的科研生活中，我将自己的满腔热血都投入军工科研之中，从起爆药的合成、制备，到开展点火、发火、起爆等各项性能测试，每个环节都有我的欢笑与泪水。

坚持是永不磨灭的灵魂与品质。为了从一名半路出家的火炸药"门外人"成为一名"业内人"，为了走好这条不平凡的理想之路，我一坚持便是七年。激光起爆是第四代起爆技术，是目前全球起爆技术研究的重点，对占领科技最高点、引领行业尖端、制胜武器装备发展具有重要意义。我的课题研究基于导师项目，目标是突破起爆技术发展壁垒，开展新型激光起爆技术的探索，将其应用于航空航天火工品上，实现技术突破。然而，在最开始的阶段，实验室只有最简易的实验装置，并不满足目标要求，想要开展实验是难上加难。我和师弟查阅文献，走访兵器和航天研究所，一步一步将实验装置搭建起来。当然，最开始的实验阶段并不顺利，攻读博士期间，我花了两年的时间都没有研究出一个可以满足目标要求的起爆药。我和师弟没日没夜地待在实验室，从头开始，从起爆药的设计、合成、表征到性能研究，重新来一遍。我必须干出成就。终于，2023年12月，一阵响亮的爆炸声证明我的努力没有白费。

我坚信，时间是公平的，它不会辜负每个用心付出的人。只要不断努力，终究会取得成功。在不断努力探索下，我突破了起爆药研究新技术，以第一作者发表SCI论文21篇，包括顶级期刊论文14篇、高被引论文2篇、热点论文2篇，论文发表量在2023年度占据本领域第一，顶级期刊发表论文总数占据本领域第一，我还成为CEJ权威期刊中年轻的审稿人。

我获得了博士研究生国家奖学金、特等学业奖学金、优秀博士学位论文育苗基金等荣誉。获得"青春北理"年度榜样人物、机电学院"军工报国先锋""优秀学生标兵"等称号。此外，我还积极参加学术交流活动，获得全国兵器科学与技术博士生学术论坛优秀学术报告等荣誉。

除了从事国防科技研究，我也会从校园中走出去，感受抗日先烈们的壮志豪情，体验兵器博物馆的科技兴国，品味山区支教的爱与奉献。

这点点滴滴的经历，都是激励我报国的驱动力。我的"军工梦"在北理工的滋润下茁壮成长，我的"国防情"在北理工的感召之下越发厚重。"德以明理，学以精工"告诉我要"德学双修"，"延安根、军工魂、领军人"告诉我要力争做一名"又红又专"的北理工学子。这些都无时无刻不在提醒着我肩上的特殊责任和义务，我立志要成为新时代的火炸药铸剑人。

毕业之际，迎来了我人生道路上的又一个重要抉择：一方面，我可以进入科研院所或高校，继续深耕科研探索；另一方面，我也可以投身于航空航天或兵器单位，亲身参与火炸药或武器的研发与生产，为国家的国防建设贡献力量。

北理工的全方位熏陶让我明白：新一代青年须有政治坚定、矢志强国的爱国精神，实事求是、追求卓越的科学精神，艰苦奋斗、开拓进取的创业精神；我们要将有用的科研、有价值的科研写在祖国的大地上。国防建设的核心在于武器与科技的同步发展，而火炸药作为武器发展的基石，其研发与创新更是重中之重。于是我开始重新审视自己的发展方向。我认为，我不应该只拘泥于小小的实验室和发表论文，而应该将目光放得更长远，做最有用的、威力最猛的、能打胜仗的、能保家卫国的火炸药和火工品。

于是我毫不犹豫地签约了四川航天川南火工技术有限公司，该公司是我国航天火工品专业研制、生产单位，是行业的标杆。在我心中，国防建设是终其一生的事，需要我不断地努力奋斗，保持初心、砥砺前行。虽然该公司地处西南边陲，与繁华的首都相距甚远，但是在这里我的梦想能够得以成长，我愿深耕航天，坚持初心，发展国防。

许许多多的革命先辈为我国的国防事业忘我奋斗，他们都是我的榜样。传承红色基因是我的使命与担当，军工事业是我的追求与热爱，国防发展建设是我的目标与梦想。我将为火炸药事业努力奋斗，终其一生！

以青春之光　献蓬勃之爱

自动化学院　宁文涛

大学四年，志愿服务与我相伴。

在奉献中感受爱，收获雨露与阳光

大一刚入学，我也曾懵懂与迷茫，找不到前行的方向。幸运的是，在大一下学期，我与志愿服务结缘，逐渐在奉献中找到了心灵的归属与成长的动力。

每个周末，我都会前往王爷爷的小院，帮忙照顾那里的流浪猫、流浪狗。王爷爷是一名退伍军人，年近八旬，他将自己的小院改造成流浪动物的避风港。王爷爷自己舍不得吃好东西，却舍得为猫狗们打几千元一针的疫苗。给予王爷爷力所能及的帮助，算是我志愿服务的起步。

怀揣着一颗渴望在奉献中成长的心，我积极参与各类志愿活动。助残、书信互寄、跳蚤市场……这些经历不仅带给我无比的快乐与满足感，更锻炼了我的组织能力。从活动的参与者，到活动的组织者，我开始思考是否能做更多有意义的事情。

时代的飞速发展给生活带来了便捷，却也为老年人群体带来了数字鸿沟。2022年寒假，我与几位同学共同组织了约20名志愿者，分赴全国各地开展科技助老讲座，教老年人使用智能手机，并将科技助老的视频剪辑上传至诸多社交平台。几十场讲座、数十万播放量、字字真切的感谢信，无疑是对我们努力的肯定。让我尤为感动的是，一位退伍老兵，在我的帮助下学会视频通话后，终于得以与几十年未见的战友重逢。当看到这些老年人开始享受移动支付的便捷，开始分享自己的生活时，我觉得一切付出都值得。更重要的是，我意识到，自己在逐步填补几代人之间的情感鸿沟，志愿的意义在此中渐渐明晰。

我坚持参与支教、助老、助幼、助残等一系列志愿活动。无论是教育条件落后的孩子、年过花甲的老人，还是身边需要帮助的同学，他们都是我们应该关注和帮助的对象。志愿服务时长的数字很简单，而背后的付出与回馈才真正温暖人心。

服务国家重大活动，让青春在奉献中焕发绚丽光彩

2023年10月，第三届"一带一路"国际合作高峰论坛在北京隆重举行。我有幸担任此次重大活动的志愿者领队，带领40位志愿者投入这场光荣而繁重的服务工作。作为领队，我不仅是志愿者，更是志愿者们的志愿者。这份工作辛苦且充满挑战。连续两周，我平均睡眠时间不超过四小时。我每日奔波于人民大会堂与国家会议中心，披星戴月。我深知，这份辛苦承载着无比的荣耀。

这次志愿服务不仅在实践中淬炼了我们的担当精神，更让我们领会到了"一带一路"所倡导的合作共赢、开放包容的精神。我认识了来自全国各地的志愿者，收获了宝贵的友谊，感受到了共同奋斗的意义。当我们在新闻中看到关于"一带一路"国际合作高峰论坛的报道，看到那些曾亲历的场景，我们的心中充满了自豪。每一滴汗水、每一份辛劳，都是我们对国家和社会深厚责任感的体现，这些经历将成为我们青春中最闪亮的记忆。组委会对我们的工作给予了高度评价，这不仅是对我们努力的认可，更是对我们青年担当的肯定。

除了这次活动，我还曾带队参与2023中国国际服务贸易交易会、第二届联合国全球可持续交通大会等其他重大活动。每一次志愿服务任务都让我深切感受到，虽然过程充满艰辛，但最终的收获总是甜美的。这些经历不仅磨砺了我的意志，也让我更加坚定了服务社会、贡献国家的信念。

勇挑重任，挺膺担当

随着我在志愿服务道路上不断前行，积累的经验使我对志愿精神有了更深入的思考。志愿服务不仅仅是一种行动，更承载着一种精神，一种高尚而纯洁的精神。在"延河之星"志愿者总队，我从一名普通部员成长为部长、副队长，最终成为总队长，我逐渐意识到，自己有能力、更有责任为更多人参与志愿服务保驾护航。

我不仅仅是在参与志愿活动，更是在探索如何让志愿精神影响更多的人。担任总队长期间，我积极推动校内志愿体系的完善，致力于将志愿服务的触角伸向更广泛的领域。我推动成立中关村支队，将我们的志愿服务延伸到更多需要帮助的地方。我们不仅打造了四个志愿品牌项目，还承接了一系列大型志愿活动，努力让北理工的志愿精神在更广阔的舞台上闪耀。

在团队的共同努力下，我们荣获了第十四届中国青年志愿者优秀组织奖。这一荣誉属于每一位在志愿服务中付出心血的伙伴们。立足校园，服务社会，20年来40多万小时的志愿时长，展现了我校青年志愿者的风采。荣誉只是激励我们前行的动力，更重要的是，在这条路上，我们以坚定的信念和无悔的行动，书写了属于我们的青春篇章。

长期的志愿服务，使我在这一领域获得了诸多荣誉，如第十三届"青春北理"年度榜样人物、"一带一路"优秀志愿者和志愿服务先进个人等。我的故事也被诸多官方媒体报道。这些荣誉与奖项无疑是对我辛勤付出的认可与激励。

对于我个人的成长而言，志愿服务引领我走出迷茫，找到了方向，点燃了热情。在大学期间，我在学习、竞赛、科研、学生工作和生活之间找到了平衡。我不仅是乐于奉献的志愿者，也是课堂第一排的"大卷怪"，是燃烧夜晚激情打竞赛的建模人，是与心爱之人足迹遍布四方的旅行者。在青春的画布上，我将继续锤炼品格。

以青春之光，献蓬勃之爱。用温暖的眼光看世界，用实际的行动勇担当，用无畏的青春破苍穹！传承延安根，铸牢军工魂，争做领军人！

以热爱撰写青春的答卷

徐特立学院/机电学院　王茂霖

四年前，我满怀期待地踏入了北理工的校园。作为一个刚刚告别中学生活的大一新生，我带着些许迷茫。开学典礼上，校长的讲话和学长学姐们的分享让我看到了北理工人的奋斗精神，也看到了这里为有志青年提供的广阔舞台。大学四年如何度过才有意义？我认为，应选择一个能够为社会做出贡献的领域深入研究。

因此，在明确的目标引领下，我不断学习进步，夯实专业基础，以积极主动的心态投入知识的世界里，希望在不同专业领域探索和培养自己的自主创新能力。我的学业成绩和综合测评成绩四年均位居机电方向专业第一；我多次获得优秀学生一等奖学金，以及北京理工大学"优秀学生标兵""优秀学生"等称号。

有了专业知识的初步积累之后，我便能在学习和科创探索两条路上两翼齐飞，奋力前行。学业上，我能掌握好各门课程知识，触类旁通。竞赛上，我积极参与各类科创竞赛，从"一张白纸"到"初放光彩"。正因为有这种投入的精神、勤勉不放弃的态度和积极主动的心态，我才能更敏锐地寻找到突破口，在科创上攻坚克难。

在不断的探索中，我对医疗创新领域的兴趣越来越浓。医疗与人工智能、自动化等各领域的技术交叉带来了越来越多的创新突破。但诸多医疗关键技术被国外长时间"卡脖子"，我国的医疗技术水平和国外顶尖水平相比仍有较大差距。因此，我一直思索着如何才能发挥自己的力量，为国家的医疗领域贡献自己的力量。

大一时，我偶然了解到微纳机器人，这不禁使我联想到一部很有名的老影片——《神奇旅程》。在电影中，外科医生把自己缩小，进入人体内开展手术。或许真的有一天，我们可以在体内放入一些微小机器来协助外科医生进行手术。此时，我发现微纳机器人很可能就是那个将科幻转化为现实的力量。与此同时，我还发现微纳机器人应用领域之一的血栓治疗，目前相关的手术器械技术持续被国外垄断。微纳机器人的研究不单单是自己的追梦之路，更是"小我"的梦想融入"大我"的机会。

大二，我选择进入学校的智能无人系统队，加入微纳机器人团队。在老师和实验室师兄的指导下，我学习微纳机器人的相关知识，进行科学研究，不断探索微纳机器人领域的边界。作为负责人，我申请国家级"大创"项目1项，发表会议论文2篇，申请国家发明专利3项。

我也发现单纯的科研是不够的，科研必须要能够落脚于实际的应用中，方才有真正的意义。我和团队结合当今医疗实际需求，不断打磨项目，制定方案，探索微纳机器人如何应用在真实医疗场景中。2022年夏天，我和团队在经历初赛选拔后，晋级了中国医疗器械创新创业大赛人工智能与医用机器人决赛，这是国内医疗器械领域最权威的赛事。作为现场唯一一支本科生队伍，我们在与多家国内顶级医院、企业的比拼中脱颖而出，获得了突出成绩。

之后，我带领团队不断精进项目，走访多家医院，实际了解医生的需求，并对技术进行改进。我们团队相继获得了"挑战杯"国家级二等奖、"互联网+"北京市二等奖等多个奖项，还受邀参加2022年"挑战杯"全国决赛现场展示。

有了一个良好的开端，我期待能够让中国甚至世界上更多人看到微纳机器人在医疗应用方面拥有的巨大潜力，因此我选择了一个更大的舞台——iCAN国际创新创业大赛。这项比赛有来自中、美、德、日等国家的优秀科创团队同台竞技，涵盖多个前沿科学领域。我作为项目队长，和团队一起调研大量国内外医疗器械资料，探讨微纳机器人视角下血栓治疗方案，反复演练、修改PPT几十次。最终，我和团队在全球780所高校的24 000多名选手中脱颖而出，获得了全国总决赛一等奖和精英赛特等奖，成功晋级国际总决赛。这是北京理工大学首次在本赛事获得国家级一等奖并进入国际总决赛。作为北理工学子，自信大方地站在世界比赛舞台中央，展现不断攀登科创高峰的奋进姿态，我始终感到一股热浪流淌在心中。或许这种不断求索、为国争光、直至世界顶峰的奋斗精神，就是属于我们最好的青春答卷吧！

有很多人问我：在四年里科创最大的收获是什么？不是那一张张证书，也不是沉甸甸的奖杯，在这个漫长而艰辛的过程中，我最先收获的是自信。当脑海里的各种想法，通过不断探索努力，被实现、被认可的时候，我才知道原来自己一直以来的兴趣和理想，是有可能有机会回馈祖国、回馈社会的，这将会变得更加有意义。还有，在科创过程中培养出的对科学研究的热爱，面对困难时勇往直前的精神，都是大学生活赋予我最珍贵的礼物，也是我未来探索未知的坚实底气。

　　四年的大学时光很美好，也很珍贵。所以要做有意义的事，让自己快速地成长。有句话叫作"瞄准月亮，即使失败也会落在星辰之间"。坚定目标向前走，无论结果如何，经历都很珍贵。

　　"爱拼才会赢。"我将站在国家与世界的坐标中，踔厉奋发，笃行不怠，不断瞄准国家和社会所需的关键技术进行攻关，谱写未来崭新的答卷！

成为青春的勇行者

徐特立学院　孙泽昊

2020年，我走进了北理工的校门。2024年，我即将告别北理工。我希望能把四年来收获的那份激情传递给大家。

入学那年，恰逢北理工80周年校庆，录取通知书上还有一块亮丽的金色纪念币。在那年的校庆纪录片中，中国工程院院士、北京理工大学周立伟教授回顾自己的大学经历，总结出一句"北理工，我的大学教我坚毅"。那年，18岁的我开始思考：我将从大学中学到什么？四年后的今天，我站在这里，终于有了答案：北理工教会了我勇敢——勇敢去想，勇敢去做。

为什么是勇敢呢？

这一切都要从四年前南操场的开学典礼说起。一位学长在发言时谈道："每个人的大学都是不同的，但大家有相同的目标，那就是在大学找到人生方向，勇于前行，最终登峰。"

在他的启发下，我怀着服务同学的初心，走上了学生工作的道路，带着一腔热血开始在班级和校园发光发热。

在担任班长期间，我注意到同学们在学习一门专业课时，普遍感到课程难度较大，学习压力增加。于是我决定组织一次与该领域专家胡海岩院士交流的座谈会，帮助同学们减轻课业压力。

这个想法从提出到实施并不容易。班委们虽然有热情，但对于如何与院士专家沟通、如何组织这样的大型活动没有经验。刚开始联系胡院士时，我们感到胆怯，担心无法得到积极的回应。而现实告诉我，如果不勇敢地迈出第一步，这次交流会就无法实现。最终经过反复校对，我们发出了第一封邀请函。经过不断地沟通和协调，胡院士和几位教授参与了座谈会，胡院士还鼓励我们："期待你们，未来的力学家！"

有人说这是鲁莽的行为，我不这么认为，勇敢就是在看到他人需要时，主动承担责任，为他人带来积极的改变。

正是这种勇敢，陪伴我不断前行。组织青年服务队、带队发掘徐特立老院长的故事……一次又一次面对困难勇毅前行。在从"小我"走向"大我"的过程中，勇敢不仅是面对挑战的态度，更是为他人贡献力量的勇气。

坚守着这样的信条，我在学生工作中深耕，继续用心用情服务同学、服务校园。步入大三，我承担起校学生会主席团成员的责任。

工作之初，我便遇到了第一项艰巨的任务——新生行李代收工作。新生行李代收是服务新生报到的重要工作。代收服务开始当天，单日收入行李数量便达到 1 000 件，远超往年水平。如此庞大的行李数量急需大量的志愿者协助，形势紧迫，任务艰巨。我迅速调整计划，协调各方资源，确保行李能够被安全妥善地处理。也是从那一年起，行李代收工作首次进入体育馆、首次联动快递驿站线上系统、首次覆盖各种品类的快递。最终，新生行李代收工作共计收取近 4 000 件快递，平均每 5 位新生中就有 4 位使用了这一服务。这也让我更加坚定了服务同学、服务校园的信念。

2022 年，我有幸参与北京冬奥会的转播工作中。在近 40 天的闭环管理中，我经历了从未有过的挑战。每天在高度封闭的环境中，要克服心理压力，连续数小时紧盯直播屏幕，在有限的几秒钟时间内要准确无误地识别出视频元素，在 7 块词板、近 350 个专业词汇中打上近 20 个标签，手指常常因高频单击鼠标而酸痛。但我做到了，用责任承担起青年使命，用行动向世界展现青年担当。每一次的坚持，都让我更加坚定：要勇敢走出课堂，勇敢走出学校，去发现更广阔的世界，去迎接更大的挑战。

后来，我认识到，社会是一所没有围墙的大学，走出校园的每一个人、每一件事都是我们的老师。2023 年年初，我第一次正式走入社会，进入医疗保障系统实习。每天面对近 40 万条数据，我反复清洗、筛查，几乎每天都能找到异常参保人员百余名，然后点对点逐一核对，了解具体情况。在工作中，我逐渐意识到，将社会这本"无字之书"与所学的"有字之书"结合起来，是多么重要，也让我更清晰地认识到国家对我们这一代青年的期望与要求。

本科的最后一年，在学校"领军领导人才"的培养目标驱动下，我有幸加入了北京市学联，肩负起协助指导 92 所高校学生会、研究生会建设的重要任务。在这期间，我不仅与来自各高校的学生骨干们深度学习、密切合作，共同推进青年工作的创新与发展，还参与并服务了向人民英雄纪念碑敬献花篮仪式、共青团北京市第十五次代表大会等多项重大活动，与新时代同向同行、共同前进，在贡献中长知识、增才干。

过去，当大家谈到"大学"这个词的时候只是一个目标、一种理想，而身处大学校园,"大学"这个词将不再只是一个遥远的愿景,它会成为影响一生的重要篇章。

希望每位走进北理工的学子都能够勇敢地去探索,去挑战,去突破自己的边界,去选择自己所热爱的,敢于有梦、勇于追梦、勤于圆梦,成为青春路上的勇行者,以永不懈怠的精神状态、永不停滞的前进姿态肩负起新时代青年的责任与使命。

大学教会我们的不仅是知识,更是如何在人生的舞台上绽放青春,勇敢地成为最好的自己。

攀峰做科研　创新志报国

宇航学院　陶宏

2024年6月，我拿到了博士毕业证书，结束了在北理工的十载求学生涯；现在我已入职本校的控制科学与工程博士后流动站，以新的身份开启了下一个北理工科研之路。

回想十年前，我带着圆梦北理工的激动心情、父母家人的殷切期望和对大学生活的美好畅想走进校门。激动之外，迷茫与问号也时常涌上心头：航空宇航专业的学习内容和未来的就业方向是什么？缤纷多彩的社团活动和科技竞赛如何取舍？"既然没有特定的爱好，为什么不突破自我尝试一下新事物呢？"带着新环境新改变的想法，在舍友的鼓励下，原本内向的我也勇敢地选择尝试：选择"延河之星"，在支教、拜访养老院等志愿活动中与各学院同学交流合作；选择实践部，学习组织校级活动；选择轮滑社，和小伙伴们一起在北湖、在学校"刷街"……第一学年在丰富和忙碌的活动中以不出色的期末成绩告终。大二分班时，看着身边同学都在各自的选择里认真奋斗且表现优秀，我突然开始反思：我学的是什么？我想学什么？

以赛促学，以学促用

经过一段时间的探索和多方咨询，我坚定地选择加入与专业方向更相关的宇航学院科技创新基地（航模队）。我开始选翼型、画工图、切木板、组航模，认识和熟悉飞行器的每一个零部件以及成型过程。当飞机模型机翼蒙皮不正确产生扭矩导致飞机在空中螺旋坠机，当飞机机体强度不够在空中"腰斩"断裂，理论力学、结构力学、飞行器设计中的公式、专有名词等基础知识就会变得具象和生动，成为指导模型结构迭代改进的有力支撑。

在航模队众人的团结努力之下，我们组如期进入2017年航空模型锦标赛限距载重空投科目决赛。比赛要求在飞机总重不超过1千克条件下考核载重能力和水弹投放精度，尽管历经波折最后获得一等奖，但飞机飞行控制不稳定、依赖飞手投放水弹精度差的问题让我对飞行器总体设计与控制知识有了更深的求知欲。彼时看到宇航学院无人飞行器自主控制实验室团队在国际无人系统和人工智能领域顶级赛事——MBZIRC2017"车载无人机精准降落控制"竞赛中赢得全球冠军，在获取保研资格后我毅然选择了该团队，学习无人机精准制导控制技术。

在林德福老师和宋韬老师的指导下，我依托实验室组建的"飞鹰"科技创新中心（飞鹰队），将所学专业知识应用到了"中航工业杯"、MBZIRC2020竞赛中。其中，MBZIRC2020比赛科目要求多无人系统自主协作完成对空中入侵无人机和地面多威胁点的处置，对城市复杂环境小目标的快速识别和精准拦截控制技术提出严苛考验。我负责对目标精准拦截控制算法的设计。在团队集中攻关一整年后，我们在国际赛场上以唯一满分的成绩战胜宾夕法尼亚大学、卡内基梅隆大学等顶尖科研强校，获得全球冠军，也赢得了各国对中国队伍的关注和认可。

印象最深刻的是，一位来自弗吉尼亚理工学院的中国女留学生特意到中国队展区祝贺："感谢你们代表中国夺冠，我感到非常自豪，谢谢你们！"话音落下，她深深地向五星红旗鞠了一躬。在2020年年初的特殊时期，能赢得比赛和尊重，站在国际舞台上高举五星红旗和喊出"中国加油"的自豪感，让我对新时代青年的使命与担当有了更深的感悟，也坚定了我进一步深研前沿理论、报效祖国的决心。

研国家所需，攀学术高峰

2020年，我从硕士研究生转成博士研究生，作为学校建校80周年迎接的首批"80后"研究生新生，与北京理工大学一起踏入新征程。站在这样一个崭新的起点，我不禁思考：该以怎样的姿态去诠释一名新时代"北理工人"，如何将个人发展和国家需求相结合？

2020年，阿联酋设置的MBZIRC竞赛源于中东油田受无人机袭击造成巨大损失后对无人机反制的迫切需求，传统地面防御手段对轻小型无人机防不胜防，"拦不住、拦不起"成了各国轻小型无人机反制技术的痛点。国内多个国防、公安等单位都明确提出了对轻小型无人机新型反制技术的急需。以服务国防急需为目标，我跟随导师与国防、公安等单位深入交流探讨后明晰了现有防御手段的痛点和具体需求，提出"以机拦机、以群制群"的无人机反制新手段。

在国防迫切需求驱动下，我的博士课题围绕拦截无人机集群的多约束最优末制导方法开展研究，在控制领域顶级期刊上发表 SCI 期刊论文 7 篇、国际会议论文 3 篇，申请发明专利 5 项，获航空学会科学技术发明二等奖。然而，我深知理论知识"从书架到货架"仍面临着很大挑战，如何将"理论高效"技术落实到复杂真实环境中的"应用可靠"，实现科技转化服务祖国，是我未来努力的重点方向。

在勇敢尝试和坚持奋斗中成长

回首十载求学之路，我作为负责人或主力参加过航空模型锦标赛、MBZIRC、空军"无人争锋"挑战赛、"互联网+"大学生创新创业竞赛等多个国内外高水平科技赛事，深度参与过多个重点科研项目，比赛、项目一个个结题，但是其中蕴含的科学问题和学术研究却没有终点，过程的经验和感悟也将伴我终生。

首先是抓住机遇、勇敢尝试。新时代国家给青年学习创造了很多机遇，学校也给我们提供了无限可能。不管是专注学术研究、实践工作还是创新创业，都能在学校找到相关的组织团队，而我们要做的就是主动迈出第一步，同时给自己试错和聆听真我的机会。我一直相信"i 人"找到合适的团队和空间也能"e 起来"。从最开始需要舍友陪伴才去尝试，到独自试错，再到坚定方向后不畏前行，从跟随学长学姐参加比赛，到作为多人协同参加，再到主要负责人和独立带队参加比赛和项目，每一步自我突破和挑战之后的喜悦是我十载青春中最宝贵的回忆。勇敢突破自我也让我在求学期间获国际科创竞赛金、银奖 9 项，省部级金、银奖 6 项。此外，除了科研赛事，我也积极参与党史学习青年宣讲、开学典礼发言分享、飞鹰队新生培训等多类型活动，全面发展自身素养。

其次是敢于吃苦、坚持不懈。科研工作从来都不会一帆风顺，我参加过的每一个比赛也都历经挫折和磨难：在晨光熹微时出发，在黑夜中车灯照射下争分夺秒，在寒冬中早六晚八室外实验，在酷暑中暴晒两个月做测试……身体疲倦之外还会有科学问题未解决的精神重压。每个比赛的圆满结束离不开团队成员的坚持不懈与团结努力，而未真正圆满结束的比赛和项目也反映了我们对问题本质的疏忽。

所以想跟大家分享的第三个感悟正是做科研需刨根问底、潜心钻研。2021年，我们参加"无人争锋"挑战赛时，无人机集群在任务过程中偶尔会发生中断问题，在检查优化导航和任务状态机系统后便以为问题解决了。首轮测试用最短时间完成了最多架次的无人机精准对接，而在后续决赛飞行中却又出现了那个以为"解决了"的现象。那天一直等到其他团队都离开，我们也没想清楚问题出在哪儿，就在大家垂头丧气准备失败而归时，我们的指导老师宋韬问大家："就这样结束，过几天你们还会有动力解决这个问题吗？若以后再遇到了并造成更大影响，会不会后悔现在没解决？"那天深夜，漆黑的场地上有一群打着手机灯光排查问题的参赛队。最后，我们带着发现问题现象未当场解决而错失冠军的遗憾和找到问题根源的释然结束了比赛。

我的故事只是许许多多北理工学子中平凡的故事，在此，希望所有的学弟学妹们，找到适合的科研道路和方法，珍惜时光，努力拼搏，用创新续写你们的精彩故事，让求学路上的精彩瞬间见证你们勇敢逐梦、励志报国的青春誓言。

人生从来不是一条狭窄的道路，而是一片原野，来到大学就是为了走出一条路并把路越走越宽。未来的路很长，最重要的是一步一步踏实地走下去，去实现自己的人生目标。那些看似波澜不惊的日复一日，总有一天会让你看到坚持的意义。

第二篇 大学道

我与北理工的四季

宇航学院　柯晓

在北理工的校园里，四季的更迭如同时间的画笔，为我的青春画卷添上了斑斓的色彩。春的生机、夏的热烈、秋的收获、冬的沉静，每一个季节都承载着我不同的记忆与情感，共同编织成我大学生活的丰富篇章。在这篇论文中，我将按照四季的流转，逐一展开我在北理工的点点滴滴。这不仅是对过去四年的回顾，更是对未来的一次深情告白。我相信，四季的轮回中，每一次的开始都是新的希望，每一次的结束都是新的起点。我将带着北理工赋予我的智慧和力量，迎接未来的每一个季节，绽放属于自己的光彩。

金秋：初遇和收获

初入校园

从小县城考入北京理工大学，对我而言，是一次人生的飞跃。金秋九月，带着家人的期望和自己的梦想，我踏上了前往北京的列车，心中充满了对未知世界的好奇与激动。当我穿过丹枫大道，踏入精工书院的那一刻，我知道，我的大学生活即将在这里展开。

丹枫大道两旁的枫树在秋风中摇曳生姿，枫叶渐染成红色，如同燃烧的火焰，热烈而美丽，仿佛是在欢迎我这个远道而来的学子。我被这景色深深吸引。精工书院的建筑庄严而典雅，一砖一瓦都透露出浓厚的学术气息和历史沉淀。

我被分配到了一间四人宿舍，那是我与大学室友们第一次相遇的地方。我们来自不同的城市，有着不同的口音和习惯，但都怀着共同的梦想和目标。初次见面的尴尬很快就在共同的话题和笑声中消散了。我们一起整理宿舍，一起探索校园，一起讨论未来的计划，友谊的种子在不经意间生根发芽。

收获成长

为了更好地融入大学生活，我积极参加了书院的社团和团委活动。在团委，我参与了迎新晚会的筹备工作，从策划到执行，每一个环节都让我感受到了团队合作的力量。我加入了书画社，与一群热爱艺术的同学一起练习书法和绘画，这不仅丰富了我的业余生活，也让我对中国传统文化有了更深的认识。

大学的学习生活是充满挑战的。在精工书院，我接触到了全新的知识领域和教学方式。课堂上，老师们深入浅出的讲解让我对专业知识产生了浓厚的兴趣。徐特立图书馆成了我经常光顾的地方，那里的藏书丰富，让我得以畅游广阔的知识海洋。实验室里，我亲手操作实验，理论与实践相结合，让我对科学有了更加直观的理解。

大一，我经历了从高中生到大学生的转变。我学会了独立生活，学会了自我管理，也学会了如何与他人合作。在学术上，我获得了新知识，培养了批判性思维；在社交上，我结交了新朋友，拓宽了视野；在个人成长上，我变得更加自信和成熟。

大一是我大学生活的开端，也是我人生中一段宝贵的时光。在北理工精工书院，我初遇了美丽的校园，收获了深厚的友谊。通过参加团委和书画社，我不仅锻炼了自己的能力，也发现了自己的兴趣。这段经历让我更加自信，也让我对未来充满了期待。

我带着这份初遇的感动和收获，继续在大学的旅途中探索、成长，绽放属于自己的光彩。我相信，在北理工这片沃土上，我能够不断汲取知识、锻炼能力，实现自我价值，为未来的人生奠定坚实的基础。

寒冬：磨砺与感悟

学习磨砺

大二那年，随着秋风的远去，寒冬悄然来临。我带着对航天事业的憧憬，踏入了宇航学院的大门，迎接我的是更为严峻的学习挑战和全新的生活体验。宇航学院课程深度与难度都有所提升，我必须适应更加密集和复杂的学习内容。理论力学、自动控制原理等，每一个科目都如同一座高山，需要我一步步攀登。

随着课程密度和难度的显著提升，我发现自己需要投入更多的时间和精力来跟上学习进度。我常常在图书馆度过深夜，研读教材，解决复杂的数学问题。这种高强度的学习模式，让我感到前所未有的压力。

为了将理论知识与实践相结合，我参加了大学生创新创业项目。项目要求我们设计并实施一个创新的解决方案，这需要我们运用所学知识解决实际问题。过程中，我学会了项目管理、团队协作和创新思维，这些经验对我未来的学习和工作都大有裨益。

在团委的工作中，我承担了更多的责任，参与策划和组织了一系列校园活动，如诗颂会等。这些活动不仅提升了我的组织能力和领导力，也让我学会了如何在压力下保持冷静并进行有效沟通。

感悟成长

在大三的冬季，我开始准备研究生入学考试，这是一个漫长而充满挑战的过程。我需要复习大量的专业知识，同时还要应对日常的学业压力。备考的日子里，我几乎每天都在图书馆一次次翻看堆积如山的复习资料。

备考过程中，我遭遇了挫折。考试成绩的不理想，常常让我感到沮丧。然而，正是这些失败，让我学会了如何面对困难，如何在逆境中寻找解决问题的方法。

在挫折中，我开始反思自己的学习方法和心态。我意识到，成功并非一蹴而就，而是需要不断的努力和坚持。我开始调整自己的学习计划，改进学习方法，保持积极的心态。这些经历虽然痛苦，却是我成长过程中宝贵的财富。

大二和大三的岁月，是我在北理工经历寒冬的时期。在宇航学院的学习和团委的工作中，我遇到了挑战，也收获了成长。备考研究生的过程中，我遭遇了挫折，但也学会了坚持和自我反思。

这段经历让我更加成熟和坚强，也让我明白了一个道理：生活中的每一次挫折都是成长的机会，每一次失败都是成功的垫脚石。我相信，只要我坚持不懈、勇往直前，就一定能够克服困难，实现自己的梦想。

在未来的日子里，我将带着这些宝贵的经历和感悟，继续前行。无论是继续深造还是步入职场，我都将用我所学到的知识和技能，去创造属于自己的精彩人生。

初春：播撒与成长

播撒友谊

当春风轻拂过北理工的校园，万物复苏，一派生机勃勃的景象。花坛中的花儿竞相开放，草坪上的新绿让人心情愉悦。在这春意盎然的氛围中，我与室友们的关系也如同这春天的植物一样，茁壮成长。

迈入大三，我选择了探测制导与控制技术专业，这是一个充满挑战与创新的领域。在这里，我有幸遇到了多位学术造诣深厚的教授，他们的智慧和热情深深吸引了我，为我指引了学术探索的方向。在他们的引导下，我开始参与前沿的科研项目，逐步建立起自己的专业认知。

与此同时，与室友间的友谊也在不断加深。我们一起度过了无数个日夜，共同探讨学术问题，分享生活趣事，互相支持与鼓励。室友们不仅是我的学习伙伴，更是我心灵上的依靠。在他们的陪伴下，我感到温暖而坚定，这份友谊是我大学生活中最宝贵的财富之一。

在专业深造的同时，我也学会了如何平衡学术追求与日常生活。我开始更加注重时间管理，合理安排学习、休息与娱乐，使自己的大学生活更加丰富多彩。通过参与各种社团活动和校园文化生活，我拓宽了视野，增强了社交能力，也结识了更多志同道合的朋友。

成长蜕变

大三的学习生活对我的心理素质是一次极大的锻炼。在面对挑战和压力时，我学会了如何保持冷静，如何调整自己的心态。我开始更加自信地面对困难，更加乐观地看待失败。

在这一年的学习中，我特别注重提升自己的学习能力。面对复杂的课程内容和繁重的学业压力，我学会了如何高效地吸收知识，如何批判性地思考问题。我开始主动寻找学习资源，利用图书馆、在线课程和学术讲座来丰富自己的知识体系。

面对研究生考试的结果，我进行了深刻的自我反思。虽然未能如愿以偿，但我并没有放弃继续深造的梦想。我开始了研究生调剂的旅程，这是一个充满不确定性的过程，它考验着我的耐心、决心和应变能力。在调剂的过程中，我积极准备材料，参加面试。虽然过程中充满了焦虑和等待，但我始终保持着积极的态度，不断努力，最终成功获得了研究生的录取通知。这一成就让我深刻体会到了坚持和努力的价值。

大四春季，我迎来了大学生涯中的重要项目——毕业设计。我选择了一个与机器人控制相关的课题，它涵盖了数学建模、算法设计、仿真验证等内容。在毕业设计中，我将所学的理论知识与实践相结合，这个过程不仅加深了我对专业知识的理解，也锻炼了我的动手能力和创新思维。

大四的春天，我在北理工播撒了希望的种子，收获了知识的果实。毕业设计的完成，不仅是我大学学习的一个总结，也是我职业生涯的一个新起点。这一年的学习经历，让我在学习能力、解决问题能力和心理素质等方面都有了显著的提升。在未来的学习和生活中，我将继续带着这些宝贵的经历和能力，勇敢地追求自己的梦想，不断探索，不断成长。

盛夏：离别与绽放

匆匆离别

在夏季的尾声，我迎来了毕业论文答辩。数月的辛勤准备，无数个日夜的思考与实验，都凝聚在这一刻。答辩室内，我面对着评审老师，用沉稳的声音讲述着我的研究成果，每一个字都凝聚着我的汗水与努力。

答辩结束后，离别的情绪开始在心头蔓延。我将告别那些熟悉的教室，那些朝夕相处的朋友，还有那些给予我知识和启迪的老师。大学四年，我们一起度过了无数难忘的时光，如今却要各奔东西。

在这个离别的时刻，我心中充满了感激。我要感谢我的导师，感谢他们的悉心指导和无私帮助；我要感谢我的同学，感谢他们的陪伴和支持；我还要感谢我的家人，感谢他们一直以来的鼓励和理解。

成长绽放

毕业不仅仅是一个结束，更是新生活的开始。它标志着我已经从一个懵懂的学生成长为一个有知识、有能力、有梦想的青年。大学四年的学习和生活，为我打下了坚实的基础，让我有信心去面对未来的挑战。

我深知，学习永无止境。在未来的道路上，我将继续学习，不断充实自己，提升自己的能力。我将保持好奇心和探索精神，不断追求新知，不断挑战自我。

盛夏的北理工，是一个充满生机与活力的地方，也是我人生旅途中的一个重要站点。在这里，我经历了知识的积累、友谊的培养、能力的锻炼，也经历了离别的感伤和对未来的憧憬。

毕业不是终点，而是新的起点。我将带着在北理工的美好回忆，带着对未来的无限期待，勇敢地迈向新的人生旅程。我相信，只要我保持热情，不断努力，就一定能够在未来的生活中绽放出最绚丽的光芒。

向上生长　成就自我

机电学院　付伊凡

四年的大学时光如安静的溪水缓缓注入光阴的河流。从初入大学校门的青涩懵懂到四年后的稳重踏实，我一路向上生长。成长的过程从来不是一片坦途，成功的背后总离不开一次次的迷茫失败，但所幸身边有优秀的老师、耐心的家人、亲密的朋友一路陪伴，让我可以坦然面对困难，拥有重新出发的勇气，成就自我。

初入校园

2020 年 10 月，我第一次步入北京理工大学的校园。正值初秋，学校里仍旧满目青绿，天气不算炎热，微风拂动，一切都仿佛昭示着大学生活的愉悦氛围。怀着这份轻快的心情，我开始了大学生活。

入学的第一天晚上，我们召开了班会，和行政班的同学见面。第一次面对这么多来自全国各地的同学，心情很是激动。班主任武伟超老师组织大家轮流上台介绍自己，我了解到大家不同的生活轨迹，觉得非常有趣。

入学一周后，学校组织了学生组织招新及社团巡礼。和朋友站在操场上，看着一个个展示着不同内容的巡礼摊位，我们感到十分新奇。结合高中的兴趣爱好，我报名了几家主持类社团和学生会。接下来，就是参加面试。在我的初步设想里，面试的过程应该是比较顺利的，因为我高中阶段参与过学校很多的主持工作，同时一直担任班委工作，自己认为报名的岗位应该都问题不大。然而盲目的自信让我遭受了入学以来的第一波小小挫折：面试主持社团时，被告知台风过于沉稳，缺乏活泼感，未能入选；面试学生会时，由于太紧张，问题回答得不甚理想，也未能入选。看着身边的朋友都陆续加入了心仪的学生组织或社团，我感到有些失落。从高中起，我就一直梦想大学能够加入自己热爱的学生组织，用自己的力量为校园做出一点改变，未曾想到竟如此困难，我开始萌生放弃的念头。很感谢我的舍友，一直鼓励我不要灰心，重新点燃了我的热情；在社团中心招新时，陪伴我一起报名了项目部。命运的齿轮就此开始转动，此后三年我的大学时光里都有社团中心的身影。通过两轮面试，我成功加入了项目部大家庭，开始负责全校70多个社团的招标工作，这一小小的成功让我又有了一点信心，我十分期待能够在学生工作中贡献自己的一点力量。

　　入学一个月后，课程上的压力让我再次产生了落差。数学分析的繁杂推导、线性代数的大量计算、C语言的完全陌生，都让我十分恐惧。我陷入了迷茫。但是，一直茫然无措对于改变现状毫无帮助。我调整心态，争取把课后的每一道习题都弄懂，认真完成每一次作业，渐渐地，我开始可以理解课程内容。通过一学期的努力，在最后的期末考试中，我取得了尚可的成绩，获得了本学期的二等奖学金。

　　紧接着步入了大一下学期。回想起来，大一下学期是我本科四年学习最艰难的一段时光：缺乏空间想象力的我，面对工程制图一筹莫展；高中未选修化学的我，面对大学化学如听天书；缺乏严密逻辑的我，面对数学分析举步维艰。繁重的课业压力让我感到透不过气，但是有了大一上学期的经验，我尝试调整心态，努力把可以做好的事情完成好，不去焦虑不可控的事。心态的放松让我面对学业压力时更为平和，最终获得了本学期的三等奖学金。

　　大一期间，我参与了许多课外活动，对我的成长颇有帮助。大一上学期，参与主持了精工书院深秋歌会，发挥兴趣爱好；参与了大学生英语竞赛，获得了二等奖。大一下学期，参与了英语单词竞赛，获得了三等奖；参与了建党百年庆祝活动，见证优秀党员的风采。大一暑假期间，我报名参加了首都图书馆志愿服务活动，结识了一批热爱奉献的大小伙伴，他们的人生智慧对刚刚经历大一下学期"滑铁卢"的我弥足珍贵，让我学会了人生的一些处事态度。丰富的课外活动充实了我的生活，为我的生活平添了几分不一样的色彩。

蜕变成长

　　大二，于我来说是非常重要的一年。大二上学期开学伊始，辅导员在群里发了一份年级排名。看到名单上排名靠前的同学，我十分羡慕，多希望自己也能成为其中的一员呀！于是，我暗下决心：大二一定要认真学习，争取再进一步！蜕变成长的旅程就此开始。

课堂上，我一改之前热衷于坐在教室中间排的"随大流"思想，争取每节课都坐在前排，多和老师互动，提升自己上课的专注度；课下，我不会再因为害羞不敢与老师沟通，遇到问题会及时找老师解决，争取当日事当日毕；做作业时也会更加专注认真，积极找班内的学霸们询问不懂的地方，不会遇到含糊之处就敷衍而过。我开始学会自习，我的身影越来越多地出现在教学楼。渐渐地，我感觉刚开始听起来很复杂的课程变得容易理解了，作业做起来也没有那么困难了，我感觉到了自己的进步，这让我更加充满干劲。经过一个学期的努力，大二上学期我重新获得了二等奖学金。

　　大二下学期，我继续保持对学习的热忱，全身心投入知识海洋。家人与朋友的鼓励，让我感受到满满爱意。感谢他们对我的关心和陪伴，让我的心慢慢平静，可以继续心无旁骛地专注于学业之中。这一学期，我的成绩有了比较大的进步，第一次获得一等奖学金。

　　大二，我继续积极参与课外活动。在社团中，我从大一的干事成长为项目部副部长，负责部门内的考核管理，结识了一帮温暖的伙伴；在党支部，我成长为一名预备党员，我很感谢辅导员及党支部的其他同志一直以来的帮助；不擅长体育的我在舍友的鼓励下第一次报名参加了校运会，在拔河项目中取得了第二名的好成绩，这对我来说算是一次不小的突破。在大家的帮助下，我蜕变成长，不断靠近自己心目中优秀的样子。那一年，我获得了北京理工大学"优秀学生干部"与"优秀团干部"的称号，荣誉鼓励我继续前行。

精益求精

　　大三，我们进行了专业分流，我选择了武器系统与工程专业。正是这一选择让我有幸结识这么多可爱的老师和同学。这一年，总结下来是不断超越自我、精益求精的一年。

　　划分专业后的课程不再像大一大二时那样艰涩难懂，大多是鼓励我们在了解专业特色的基础上开展实践。硬性考试变少了，小组合作的大作业变多了。在课堂上，大家可以尽情发挥自己的想象力，结合调研的资料独立设计一套完整的武器系统；大家接触各种软件的机会也多了起来，可以利用各种软件实现图像识别处理、三维重建、无人机路径规划等任务。虽然考试的压力减轻了不少，但是我仍会不断地提醒自己不能松懈，要认真完成每一次大作业，争取从中收获一些实际的本领。保持着慎独进取的心态，在大三学年，我获得了两次一等奖学金。每一次实践的圆满完成，让我对专业的热爱不断增加；我和班里大多数同学也逐渐熟络起来。大三的学习于我而言更多是快乐轻松的氛围。

大三唯一让我感到短暂苦恼的事情是学生工作起步阶段不是很顺利。这一年我被选定为社团中心主席，我一度觉得这个任务太过于沉重了。上一届的学长学姐在我焦虑的时候给了我许多建议，父母也一直鼓励我不要放弃，感谢他们的支持让我最终坚持了下来！在担任社团中心主席期间，我遇到过许多困难，但是我努力正视问题、解决问题，最终有所成长，拥有了更为坚韧、强大的心态。这一年中，我参与组织了社团巡礼、秋季招新、"大学道"、社团文化周、北湖音乐节等大型活动；在团委老师的帮助下，每周组织社团中心骨干进行思政学习，确保学生组织队伍的思想先进性。在这个过程中，我收获了许多难忘的经历，我确信这将成为我人生前进道路中的宝贵记忆。

大三暑假，我们专业去往合肥开展实习。总说"百闻不如一见"，当亲身走进工厂时才真正理解书本上学习过的一些概念。我了解到我国引信事业的蓬勃发展，无人技术在车辆中的应用前景等，感受到我国科研事业的发展之迅猛，它们激励我要珍惜年华，继续奋斗。

大三一年，我坚持积极参与课外活动。我参与了全国大学生英语竞赛，获得三等奖；参与了北京市"大创"项目的结题工作。在这一年中，我争取做到各方面的精益求精，也取得了一定的进步，获得了北京理工大学"优秀学生""优秀团员"等称号。

扬帆起航

大四是本科阶段的最后一年，我想用扬帆起航这四个字来总结。在这一年里，我经历了保研、进入课题组、毕业设计等事情，切身感觉到了本科生与研究生的转变。

大四上学期，我较为顺利地保研本校，并加入老师的课题组。进组后，我开始跟随老师学习如何写项目报告，这对于当时的我确实是个不小的挑战，陌生的课题方向，紧凑的时间节点，一度让我感到力不从心。我的导师很有耐心，总会给予我正向的肯定，一点点向我解释欠佳的地方，帮助我慢慢改进。通过和导师一起参加项目评审会，我对项目领域的发展与技术原理更加清晰，这个方向也成为我本科毕业设计研究方向。有了前期的认识及学长的帮助指导，我的毕业设计进行得较为顺利。通过毕业设计，我加深了对四年所学知识的理解，初步了解了科研工作的流程，有了一定收获。在这一年里，我获得了一等奖学金、华瑞世纪奖学金，获得了北京理工大学"优秀学生标兵"等称号。这些荣誉将激励我不忘初心，稳步前行。

  现在即将开展本科毕业设计的答辩，这也意味着我的本科时光已经进入了倒计时。感谢一路走来陪伴左右的人：所有为我传道授业解惑的老师们，我的家人们，我的好朋友们，我的三位舍友，精工2009班及武器系统与工程班的每一位同学，社团中心的小伙伴们。大四是我平稳迈向研究生生活的一个重要节点，站在大四的门槛上，看远方，向云端，春暖花开，扬帆起航正当时！青春不应再见，应顶峰相见，到时我们同看云淡风轻、无限好光景！

全面发展　勇争一流

机电学院　季子上

回顾我的本科生涯，我发现有三个词能够准确概括我所经历的点点滴滴：矢志不渝，厚积薄发，知行合一。这篇论文不仅是我对自我的反思与总结，更是对德育理念的热忱回应。愿我所分享的经历和见解能够激发更多人积极参与德育实践，为社会的进步献出自己的力量。

矢志不渝——学习篇

矢志不渝，是因为我在追求卓越的道路上从未动摇过，不论遇到多大的困难和挑战，我都坚守初心，不断追求进步。

我曾获得机电学院的年度最高荣誉称号——"科创先锋"，我作为唯一一名本科生与硕博研究生同台竞争，并获得该殊荣。此外，我还荣获了加拿大MITACS本科生实习合作奖学金、小米奖学金和迪文奖学金等奖项。多次被评为校级优秀学生和优秀团员。在我修读的72门课程中，有20门课程的成绩达到了95分以上，其中多门课程的成绩接近或达到满分。

为什么会用矢志不渝来形容我的学习生活？因为我曾经历过挫折，从大一学年的专业排名第二到大二学年跌至第六。然而，我并未因此气馁，始终坚守着我的志向，矢志不渝，最终实现了逆风翻盘，在专业排名中从第六位跃升至大三学年的第二位，再至大四学年的第一位。这一过程展现了我的坚韧和奋斗精神。我超越了自我，不断追求更高的目标，每年都在平均分上取得进步。我从不畏惧失败，也从不回避谈论失败，因为正如徐特立先生所说："我从来不知道什么是苦闷，失败了再来，前途是自己努力创造出来的。"

我始终相信，成功不是偶然的，而是通过坚持不懈、不断反思和努力奋斗才能实现的。我的学习之路仍在继续，我将继续保持矢志不渝，追求卓越，努力创造属于自己的未来。

35

厚积薄发——科创篇

厚积薄发，是因为我深知知识的积累和实践经验的沉淀是取得优异成绩的关键。我通过不断学习和实践，逐渐将自己培养成为一个全面发展的人才。

厚积指的是我在大一大二学年，通过参加学科竞赛来夯实我的基础实力。在数学建模领域，我从全校排名第二的校内赛一等奖，到"电工杯"数学建模竞赛二等奖，再到国内含金量最高的全国大学生数学建模竞赛市级一等奖和国家二等奖，最后走到国际顶级比赛——美国大学生数学建模竞赛的一等奖。

经历了前面的厚积之后，我在科研生活中开始薄发。我的一个重要科创经历是"带机械臂的巡检四足机器人"项目。通过加入智能无人系统队进入该培育项目，我在智能机器人与系统高精尖创新中心进行了两年的实习，每周往返异地校区实验室3次以上，科研投入20小时以上。我作为项目第一负责人，连续三年申请校级、市级和国家级"大创"项目。为了追求更高水平，我带领项目组走出了实验室，迈向了国际舞台。曾在创未来科技创新和未来产业分论坛、世界机器人大会、航天员中心年会和智能装备展上展示我们的项目，受到了广泛关注和赞扬。

我在这个项目中连续深耕三年。在国家级"大创"中，我获得优秀项目，全校仅15个名额。拥有一个受理且公开的国家发明专利，导师为第一作者，我为第二作者。以第一作者身份发表EI国际会议ICIRA论文。在"挑战杯"中获得校级特等奖，机电学院仅2个名额。在校级"大创"中获得优秀项目，斩获"十佳"称号。在实习科研期间表现优异，受到老师的青睐。

我另外一个重要的科创经历是"仿灵长类机器人的设计及运动规划"项目。我同样在该项目中连续深耕三年。从"世纪杯"新生创意赛的三等奖，到大学生机械创新设计大赛校级二等奖和市级二等奖，再到以第二作者身份发表的EI国际会议MLCCIM论文，最后到以第一作者身份发表的EI国际会议ICUS论文。在这段经历中，我严守科研发展的客观规律，一步一个脚印，从创意的产生到硬件制造，再到算法研究，不急不躁地推进着项目。我相信科研的道路需要持续的耐心和努力，只有这样，才能取得稳定而显著的成果。

总结起来，我通过厚积薄发的方式，在科创领域取得了令人瞩目的成就。在数学建模、工程力学竞赛以及机器人设计和运动规划等项目中，我不断挑战自我，不断提升自己的能力和水平。这些经历为我未来的科创学术之旅打下了坚实的基础，并且激发了我对科学研究的热情和追求。

知行合一——实践篇

知行合一，是因为我始终坚持将知识与实践相结合、理论与实践相结合。我不仅追求学术的卓越，也注重将所学知识应用于实际问题的解决中。

我用知行合一来形容我的实践生活。在实践生活中，我担任了校级科创组织智能无人系统队的培训部部长，并最终成为队长。在我担任队长期间，我们的团队在各类比赛中取得了卓越成绩，共获得国家级特等奖2项、一等奖4项，以及校级及以上奖项40余项。我带领团队协同机电学院培育关键领域创新实践项目，共申报校级"大创"项目30余项，并定期组织技术培训，面向全校学生邀请教授和专家进行学术交流，总计达到12学时。此外，每年我们还邀请12位优秀学长进行经验交流分享会，通过传授科创经验，助力他人踏上科创之路。

除此之外，我还担任精工书院学生会副部长，参与组织了深秋歌会、纪念"一二·九"合唱和校运会开幕式等活动。在暑假期间，我参加了"四史"实践团队，前往兰考县进行实地考察，所在团队荣获"首都大学生社会实践优秀团队"称号。在建党百年之际，我参加了"百年党史百人寻"实践活动，并将实践成果发表在书院公众号上。此外，我还受聘为北京理工大学的"数学文化宣传大使"，积极参与科普交流实践活动。

我还在互联网上分享自己的学习成果，促进知识传播。在知乎平台上，我经常分享数学建模、高等数学、力学等知识，使更多的大学新生受益。同时，我记录和分享着美好的北理工校园生活，让更多人了解北京理工大学。在知乎上，我已经获得了1.8万的关注人数，6.8万次赞同，1.6万次喜欢和5.1万次收藏，自信而大胆地展示了北理工人的精神风貌。

追求卓越——未来篇

在学习、科创和实践的过程中，我始终坚守着矢志不渝的学习态度，通过厚积薄发的科创实践以及知行合一的实践经验，不断成长和进步。我既注重扎实的专业知识和学术素养，也注重实际应用。在科创实践中，我学会了团队合作和创新思维，取得了一系列优异的成果和荣誉。各种实践活动，不仅提升了我的能力和综合素质，还影响和帮助了他人。

大学的学习、科创和实践，让我对自己的责任感和使命感有了更深的认识，明白了自己作为一名大学生的使命所在。

我将继续矢志不渝地学习，不断充实自己的知识储备，努力成为一个有思想、有情怀的人。同时，我将以厚积薄发的科创实践为基础，通过将理论与实践相结合，解决现实问题，为社会做出更多的贡献。我也将继续践行知行合一的理念，在各种实践活动中不断锤炼自己的品格和能力，助力他人成长。

在最后，我要感谢我的科研领路人王化平、孟非、黄岩老师，还有智能无人系统队和机电学院给我的机遇和舞台。未来，我将继续坚守矢志不渝、厚积薄发、知行合一的人生理念，全面发展，勇争一流！

笔下春秋展　心头日月明

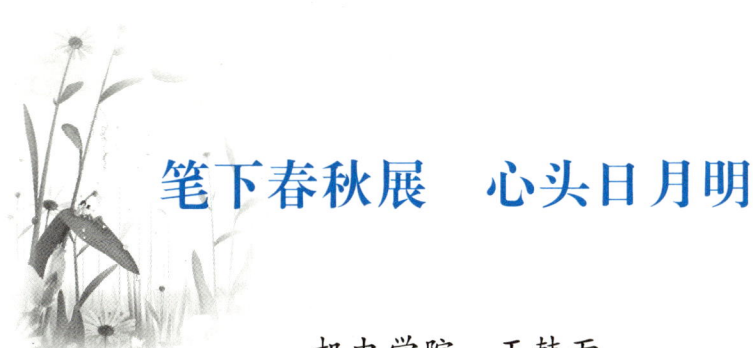

机电学院　王韩雨

又是一年高考季，回想起自己当年的高考，仿佛仍在昨天。大学四年的画卷早已悄然展开又缓缓合上。在这流转的光阴里，我经历了许多挑战与蜕变，收获了满满的幸福回忆与消沉后的成长。就让文字化作时间的载体吧！

结缘

生长在广袤的华北平原上，似乎我一出生就必须带着"励志"的标签。初中时老师教育我，不好好学习就考不上高中，只能回家种地；高中时，老师又说，"一分千人"，只有好好学习才能超过千军万马，跨过独木桥。进入高三时，班级里的每一个人都定下了自己高考的目标，我第一次听说"北京理工大学"，秉承"取其上，得其中；取其中，得其下"的原则，我将目标定在了这所并不属于我分数段的学校。

凌晨，望着查询网站上那几行小字，我怀疑自己的眼睛，难以置信。我真的做到了，给班主任的电话里充斥着难以压抑的兴奋。"你的这个分数，可以去北理工了，咱们学校最近几年还没出过呢。"就这样，压线来到了北理工。得益于北理工的招生优惠政策，我以第一志愿进入了宇航与机电大类。望着录取通知书上写着的"中国共产党创办的第一所理工科大学"，我兴奋得彻夜难眠。

坎坷

但惊喜总是伴随着意外，我开始有些担心："我只不过是高考超常发挥才能压线来到北理工，我的水平真的够格吗？"当真的如愿以偿从偏远农村来到首都北京时，一切都是那么的陌生，我有些胆怯。

在和同学们的相处中，我发现自己似乎除了学习什么也不会。篮球场上，笨手笨脚、四肢不协调；班级活动中，不善言辞，没有特长。初来校园，看着别人三五成群，我只能默默地一个人在角落里黯然神伤。"同舍生皆被绮绣，戴珠缨宝饰之帽，腰白玉之环……烨然若神人"，身边同学们的光彩更加映衬着我的不自信。家庭背景的缘故，每次遇到学习之外的活动，我都必须首先考虑经济因素。所幸的是，学校的食堂补贴很好，价格相对于北京市的整体物价并不算高。为了给家里减轻压力，我在整个大学四年的生涯中都没有点过一次外卖。

我试图在网络上寻求帮助，却使得心灵更加雪上加霜。"小镇做题家""书呆子""高分低能"等各种各样的标签，让我更加沮丧和失去信心。渐渐地，我学习的斗志似乎也在难度陡增的课程中败下阵来。望着数学分析中晦涩难懂的定理，听着老师和同学们对矩阵的高谈阔论，我垂头丧气。

屋漏偏逢连夜雨，船迟又遇打头风。2021年暑假，本已对大学生活有所适应，突发的河南"7·20"特大暴雨再一次打破了脆弱的平衡。两小时极端雨量，我的家也没有幸免。整个村子的土地都被淹没，原本翠绿的土地在洪水之后变得一片狼藉。

励志

一场变故足以让人迅速成长。在洪水面前经历过考验，我终于不再畏惧，不再担心同学们投来的眼光。我终于明白无论何时何地内心都要向往光明：即使"缊袍敝衣处其间"，也要做到"略无慕艳意"。

山重水复疑无路，柳暗花明又一村。我返校前告知了辅导员家庭受灾的情况，辅导员了解情况后迅速为我申请了临时补助。灾难无情人有情，这给我带来了寒冷中的一束明亮火焰。"你加油，努力学习，争取拿到今年的国家励志奖学金，整整5 000元呢，这样就能缓解家里边的困难了。"辅导员跟我谈心道。就这样，我找到了奋斗的具体方向，就是努力学习拿奖学金来减轻家里的负担，早日恢复到洪水前的状态。

有了目标就有了动力，我不再在意他人的目光，做自己就是生活中最重要的事。罗素说，世上只有一种英雄主义，就是在认清生活的真相后依然热爱生活。在遭受过生活的挫折后依然热爱生活，是不是也是一种英雄主义呢？每个努力生活的人都是自己的英雄。

申请困难认定后，我第一次如此真切地感受到了来自学校和国家的温暖。第一次国家助学金打进银行卡时，我激动地和爸爸妈妈说这几个月都不用给我生活费了。我越学越有劲头。寒假时，我第一次听说了寒假送学生返乡、给学生送温暖的活动，不仅报销返乡路费，还送了许多生活用品。坐在回家的火车上，我满心欢喜。"不让每一个学生掉队"是我在困难时听过的最动人的话语，也是北理工敢于为困难学生兜底的最强音。

艰难困苦，玉汝于成。即使经历了许许多多的磨难，我也不断迎难而上。越努力越幸运，在之后的两年里，我获得了两次国家励志奖学金，给遭受困难的家庭解决了大问题。如今的我，可以不必再省下晚饭的钱了。我相信只要努力学习，取得优异的成绩，就一定可以找到一份不错的工作来让父母安度晚年。

四年里，我从刚来学校时的专业排名下游到一步步拿到三等奖学金、二等奖学金和进步奖学金，拿到一次筑梦奖学金、两次国家励志奖学金，参加各类比赛获得校级一、二、三等奖共15项。我加入了校国旗护卫队，在经历了一年多的训练后，先后担任校国旗护卫队分队长、中队长，多次担任校院两级运动会的旗手，在新年元旦升起2022年良乡校区的第一面五星红旗，在2023年毕业典礼上为2023届毕业的学长学姐升起国旗。我积极参与体育运动，拿下校运会趣味项目第一名，拿下两次校级长跑二等奖。我多次参加社会实践：大一时的党史学习实践团获评院级重点团队，获评院级二等奖；大二暑假社会实践中所在的"四史"学习实践团获得省部级荣誉；在大三寒假社会实践中，被评为"宣传党的二十大精神优秀个人"。我热心公益，积极参与各类志愿活动，曾任"挑战杯"决赛志愿者成果展分部组长，累计志愿时长超260小时。我获评校"优秀学生"和"优秀学生干部"荣誉称号，在大四时成为一名光荣的中共党员，获机电学院2024届校级及市级"优秀毕业生"荣誉称号，由"卓工计划"保研直博本校……本科阶段，我交上了一份算是还不错的答卷。

我是北理工2020级精工书院、机电学院工程力学（02）专业的一名普通学生，是2024届北京理工大学一名本科毕业生。

填报推免系统那天，当出现学院拟录取的字样时，有那么一瞬间，我回想起了第一次拿到国家励志奖学金的场景，还是一样的心潮澎湃，一样的感动。从自卑到自信，从社恐到大方主动交流，从青涩农村少年走向大学生，在我快速成长的这四年里，国家励志奖学金和国家助学金在物质生活上提供了保障，让我能够不再为了基本的生活问题而内耗，从而有了更多的时间发展自己的学业。即将开启一段新的考验，希望未来的几年里我能够进一步成长，让"励志"印记在我的研究生生涯中同样散发光芒。

　　成功者很多，平凡者更多，失败者常有，东山再起者亦有。若你遭受了重大的挫折，请不要放弃，请务必相信自己，相信学校与国家的资助政策，坚定向前。我们的勇气可以跨越时间，跨越当下和未来，请相信会再次看到蓝天，鲜花挂满枝头！

迷惘　喜乐　收获

机械与车辆学院　南栋彬

时光飞逝，四年前犹如昨日。父母驱车送我上大学，烈日炎炎，母亲不知从哪里给我买了蚊帐，硬塞到我鼓鼓囊囊的背包里。不知道学校有超市，不会网购，从山西买的暖瓶被我一路带到北京。与父母道别，硬挤回抑制不住的眼泪进入校门，没回头看一眼——那会儿还是天真、脆弱的小孩。

记不清从家带来的暖瓶何时碎了，换上了网购的新暖瓶；记不清带有方言的普通话何时变了，变成了标准流利的普通话。放眼书桌，回想起了刚来那天往每个格子里塞东西的情景，思绪被拉回了四年前大学开始的日子。

迷惘

现在回想起来，终归是刚来到校园时迷惘多一些。第一次严重的迷惘是听说晚上要开班会。我强烈地预感到会进行自我介绍。我左思右想，辗转反侧，我不知道如何去表达，如何在众目睽睽下大声说话。背诵了数十遍讲稿——其实就是几句话，坐在椅子上，如坐针毡，心里计算着上台顺序，离我越来越近了，越来越近了。走上讲台，感受着四面八方投射来的目光。我低下头看了看衣服，没有穿反。我不知道该和哪个目光触碰、触碰几秒，我不知道双手插在口袋还是悬在半空，我不知道假意微笑还是装作严肃。最后我看着教室后墙的时钟磕磕绊绊背完了讲稿，匆忙下台。后来我演讲的次数多了，从竞选文艺委员、汇报"工程制图"课程大作业进展，到评奖答辩、比赛答辩，场合越来越正式，规模越来越庞大，我也越发坦然，越发应对自如。但一切都是从那晚开始的，那晚我走上讲台，就已经向心中的迷惘发起了挑战。

生涯规划也让人迷惘。从大一规划自己的学习方式和作息，大二规划自己的专业方向，大三努力学习争取保研，大四进组规划未来研究领域，这些方面毫无经验的我只得问学长、问有经验的人。非常感谢班主任王文伟老师、熊瑞老师、辅导员周依唯老师、王熙栋学长，他们毫无保留地分享经验，教我如何平稳渡过这一项项难关。按照他们的引导，我挖掘自己的特长与兴趣爱好，努力做好学习工作和相关业务，不断打磨自己、提升自己，最终较为圆满地战胜了这些迷惘，走上了一条自己满意的路。深感贵人引导的重要和不易，我积极帮助学弟学妹解决相关的问题，给他们提供自己的思考与见解，虽不致成为他们生命中的贵人，改变他们的人生轨迹，但至少可以让他们一路走得更加顺利。

失败足够让人迷惘。不管是学习内容无法理解，竞选职务得票很少，奖学金答辩没有通过，还是升学道路一波三折，都让人眉头紧锁，怀疑人生。印象较深的是参与书院内徐特立奖学金预答辩，老师几乎没有夸奖我的成绩，而是指出了我 PPT 的很多问题，最后我毫无悬念地没有出现在书院推选的学生名录中。刚开始十分怀疑自己，是否一直引以为傲的美术功底其实是一团乱麻？感谢苏茹、苏有涛、陈中华、肖旖锋、刘政廷、郑志豪等同学，帮我排解了疑虑。我意识到每一次失败经历都弥足珍贵，可以让自己发现更多的问题，可以让自己未来做得更好。到后来我学会了独立克服困难，战胜挫折，从失败中吸取教训，打磨自己迈向新的高度。

喜乐

收获与惊喜是令人开心快乐的。收获多项科创比赛奖项、老师同学为自己准备的生日惊喜、不经意间的满分试卷……回忆起来总是甜蜜而感动。

学习方面，前五学期的总纯成绩排名与综合成绩排名在本专业均位列第一，成绩优良率为 96.3%，"90+" 的科目达到了 40 门。有些科目达到或接近满分，其中线性代数、材料力学、概率论科目均为 100 分，工科数学分析分别为 99 分和 96 分，设计与制造基础（工程制图）为 99 分，大学物理为 98 分。凭借优异的成绩共获得两次国家奖学金、四次本科生一等奖学金、"校级优秀学生" 以及 "优秀学生标兵" 等荣誉。

科研方面，科创竞赛类获奖 15 项，其中国家级 9 项，包括 "高教杯" 全国大学生先进成图技术与产品信息建模创新大赛、国际青年人工智能大赛、机器人大赛暨机器人世界杯中国赛、中国智能机器人格斗及竞技大赛等比赛。

社会实践方面，多次参加书院组织的假期实践活动，包括两次思源实践、两次读书实践。在 2022 年暑期，响应书院 "行走峥嵘'四史'，赓续精神血脉"社会实践活动，与同学发起了名为"改革开放促发展——大潮起珠江"的社会实践，最终精工书院暑期"四史"学习实践团在"青年服务国家"首都大学生社会实践活动中获评优秀团队。

学生工作方面，先后担任了精工 2016 班文艺委员和精工 2014 班学习委员。任文艺委员期间，为班级设计了班徽班服，并在班服大赛上取得第二名的成绩；任学习委员期间，优化了班委的选拔方案，得到同学们的好评。在社团生活上，曾任巴哈车队转向组组长和三维成图空间社团副会长，任职期间多次为同学们开展培训，同时成功组织了一些社团活动。

收获

回望我这张小书桌，虽然最初陪伴我的许多东西都已不在，但凭借自己的努力亦增添了许多丰富多彩的内容。转念一想，倘若四年后一切照旧，岂不说明四年来自己故步自封、毫无收获？我庆幸自己勇敢地迈出了挑战自己的一大步，庆幸自己为人生增添了更多丰满的回忆。过去消逝的且永远留在心间，未来继续努力，在新的平台追求更高的人生目标。

大学 青春 人生——第二篇 大学道

星光不问赶路人　时光不负有心人

光电学院　吴昊阳

于迷茫之中寻找方向

2020年10月的秋天，我第一次踏入北京理工大学的校门。对未来的大学生活充满了憧憬，同学们的热情、学长学姐的关怀与鼓励都让我感到了无比的欣喜。但是没过多久，我发现自己的大学生活与想象中的大学生活千差万别，自己没有能拿得出手的技艺，也没有丰富的课余生活，课内的学习遭遇前所未有的压力与困难。

我还有一个特殊的身份——河北衡水人，因为衡水中学是一个被外地人称为"卷王生源地"的地方。以衡水人的身份进入大学，周围的同学多少也会投来异样的目光，而我内心的那根弦也无时无刻不在紧绷着，生怕自己不能够脱颖而出。高中的学习方法与思维模式烙在脑海中，久久挥之不去，我试图继续搬用高中的学习模式，却发现随着知识的深入，只会越来越吃力，越来越跟不上进度。看着周围同学轻松拿捏所学课程，我的心中很不是滋味。"工程制图C"是大学第一门考试的课程，等到出分数那天，看到自己只有73分，我开始陷入自我怀疑：是不是衡水教育模式真的如外人所言是错误的？是否衡水的学生上了大学之后就不行了，相比于其他学生没有丝毫的优势？如果说高中努力的意义是上一所满意的大学，那么大学努力的意义又是什么呢？

就这样，在迷茫中大一生活临近尾声。回望这一年，科研竞赛几乎没有进展，学业耗费了自己所有的精力，但排名也只能在10%。在夜晚，我曾痛哭流涕：为什么自己已尽全力，却不能取得自己想要的结果？我不知道自己为何而努力，内心悲苦却几乎无人可以倾诉。但是我并没有因此消沉，在专业分流阶段，似乎一切有了转机。

好学乐学，人间清流

在临近专业选择时，我保持从众的态度：既然排名不算靠后，那么就在计算机和自动化二者中选择一个。也许是命中注定，我与光电的相遇，碰撞出了璀璨夺目的火光。在光电学院的宣讲会上，我对光电方向产生了浓厚的兴趣。了解到光电技术在通信、能源、医疗等领域的广泛应用和巨大前景，被光电领域的创新和发展潜力所吸引，意识到这是一个充满机遇和挑战的领域。同时通过对学长学姐的专业咨询，结合自身的特点与优势，我最终义无反顾地选择了光电这一方向。我终于明白自己为什么要奋斗，为了什么而去奋斗。

面对来自他人的种种质疑，我并不放在心上。我开始尝试去改变，心里紧绷的那根弦逐渐松弛下来。早上不到七点，我就起床去温习、预习老师所讲课程的内容，但不再为了学习而学习，也不再为了取得高分而刷题。我会对老师的课件提出自己的质疑，会对专业课程之外的内容进行深入的思考。《论语》有言："知之者不如好之者，好之者不如乐之者。"我开始做自己喜欢做的事情，放下了包袱，做回了自己。

我每次上课都坐在教室中间靠左的第二排，在课堂上深入理解老师讲授的内容，在课下反复揣摩思索。长串数学、物理公式与定理，在别人看来很是头疼，我却能够耐心地从头到尾全部推导一遍。有人问我："考试又不会考公式的推导，记住结论不就好了？"我坚决而明确地回答："我会去做自己想做的事情，我愿意做，为什么要违背自己的内心呢？"能够深入思考、举一反三、提出自己的质疑、进行创新，远比会做几道题要有用得多。我的数学与物理基础扎实，这为学习提供了帮助，而独立思考，又反过来影响了思维方式。这句话说得很实在：你在大学学过的知识，绝大多数都会忘掉，甚至很多可能今后都不会用到，但是在学习过程中培养出来的好习惯、思考方式将使你受益终生。

下课时，我会追着老师问自己遇到的问题，甚至有可能情绪激动与老师争辩，在这个过程中我感受到了思维前所未有地跳动与活跃；渐渐地，我会把自己课下思考的内容与老师进行详细交流，也能通过自己所学及时纠正老师的口误或者 PPT 出现的错误。在和老师的交谈过程中，我发现在某方面可能自己懂得并不比老师少，这本身就是一个教学相长的过程，这也给了他充足的信心与动力，继续默默努力。我在这时有了

星光不问赶路人　时光不负有心人

隐约的预感：在这条适合自己的道路，再坚持一下，马上就能成功！

除了在学业上做自己喜欢的事情，我还积极参加各类学科与科创竞赛来拓宽自己的视野并提升自己的专业素养，参加学生组织活动与志愿活动来丰富自己的灵魂，参加各类体育竞赛来强化自己的体魄并为学校争光，参加校级实践活动为乡村振兴贡献自己的一份力量。在这一系列的过程中，我体会到了前所未有的乐趣，也终于找到了大学的意义所在。

厚积薄发，水滴石穿

如果将我比作一株小麦，大一的我就是默默积聚能量的冬小麦，专业分流后的我就是迅速成长的春小麦，而接下来的我是拔节吐穗的夏小麦。扎实的数理基础、敢于质疑的精神、独立自主的思考方式，再加上勤奋的学习态度，我在专业学习中取得了巨大的进步。刚刚分流时，均分为89.051，成绩排名第七，到大二上学期升为第四，大二下学期，大三整学年都是第一，前六学期总均分93.1919，成绩排名与综合排名均为专业第一。

人生的旅程不是一蹴而就的，而是需要通过日积月累的努力与进步来实现自己的目标，每一次的讨论、思考、实践都是成长的机会。星光不问赶路人，时光不负有心人，"锲而舍之，朽木不折；锲而不舍，金石可镂。"只要肯坚持付出，始终保持一颗赤诚之心去对待每一件事情，也许不能立刻得到回报，但是只要把这种可贵的品质保持下去、始终如一，一定能够取得成功。

大学期间，我共获得过校二等奖学金2次、一等奖学金5次，光电学院二等奖学金1次，国家奖学金2次，潍柴奖学金1次，获校级"优秀学生""优秀学生干部"各1次，校级"优秀共青团员"2次，并获得国家奖学金征文特等奖，被评为"睿信之星——品学兼优榜样"、光电学院第十三届"青春榜样——品学兼优榜样"，入围2024年徐特立奖学金答辩候选人。

在大三下学期，临近推免之时，我并没有为了推免至外校而过于焦虑。虽然夏令营只看前五学期的专业课成绩，但是在我看来成绩只不过是纸面上的数字罢了。我继续做着自己喜欢的事情，丝毫没有因为外界的干扰而影响学习。保持自己的初心，宠辱不惊，泰然自若，自然就能够收获成功。最终，我凭借出色的专业素养、缜密的逻辑思维和独特的见解征服了面试老师，在激烈的竞争中脱颖而出。

我同时积极参加学科与科创竞赛，在巩固专业知识的同时不断扩展自己的知识面，提升自己的专业实践能力，积累参赛经验。我作为第一负责人参与了"基于光散射方法的空气颗粒浓度检测研究"大学生创新创业训练项目并成功结项；参加了全国大学生数学竞赛、全国部分地区大学生物理竞赛、全国大学生光电设计竞赛等多个竞赛，均取得了优秀的成绩。

我还担任北京理工大学教育基金学生服务队副部长，积极策划校园志愿活动；作为光电04252003班班长，设身处地为班级同学着想。在日常生活中，我始终保持良好的作息规律，无论第二天课程安排如何，每天晚上十一点左右准时睡觉，早晨六点半至七点起床；坚持锻炼，每两天跑步4千米。我还参加了2021年首都高等学校武术比赛，最终获得了集体"八法五步"项目一等奖。

我参加了校级重点实践团队的"美丽中国"实践活动——睿信书院渔光互补改进项目。实践团深入分析了目前这种农业生产模式存在的现实问题和技术难关，经过不断的研究、试验和反思，最终突破了传统渔光互补装置的设计理念，一定程度上弥补和克服了其主要缺陷，同时结合最新的科技发展成果实现了高度智能化和集成化的设计，提升了能源的综合利用效率和生产效率。同时，实践团成员尝试开展渔光互补科普讲座，向农民宣传渔光互补新模式，助力振兴新农村。实践团被评为校级优秀实践团队。

我热心参与志愿公益活动，累计志愿服务时长超过200小时；担任睿信2021、睿信2022级朋辈导师，参加北京理工大学自强社举办的"爱心1+1"活动，给低年级同学传授自己的经验，帮助新生尽快适应大学生活。我在活动过程中体验到了帮助别人的乐趣，与别人分享，那就是双倍的快乐，何乐而不为呢？

踌躇满志，拥抱未来

《孟子》云："故天将降大任于是人也，必先苦其心志，劳其筋骨，饿其体肤，空乏其身，行拂乱其所为，所以动心忍性，曾益其所不能。"身处逆境之中，应当学会忍受，水滴而石穿，厚积而薄发，只要不放弃，总会有成功的一天。我不相信世界上真的有轻易获得成功的天才存在，只相信凭着自己满腔的热血与激情，再加上一点点的灵光乍现与时间的沉淀才能取得成功。

因为热爱，所以能行稳致远；因为青春，所以担当责任。大三的我在心里埋下了探索激光领域的种子；在研究生阶段成功进入清华大学精密仪器系激光所攻读博士学位。在未来的学习生涯中，我将会把自己的研究方向同国家前途紧密地结合起来，不负党、祖国和人民的殷切期待，用自己的实际行动为攻克国家科技难题贡献属于自己的一份力量，为祖国事业奉献自己的终身！

  遇到挫折时，我这样激励自己：路很长，星很灿，迷雾中，茫遮眼，挂云帆，飘荡险，在梦想的旅途，我们四顾相盼；在梦想的终点，头顶的月亮总是圆圆。这是一个梦想的结束，更是另外一个梦想的开始，保持住自己的初心与热爱，千帆历尽归来仍是少年，回首过去，眺望将来，愿我们仍能自信地喊出：虽千万人，吾往矣！

在勇攀高峰中明理精工
在无私奉献中践行初心

计算机学院　张然

"连雨不知春去，一晴方觉夏深。"本科时光至此迎来收尾篇章。往日总觉路途遥远，终点还在远方，此刻却觉来日并不方长。求学、学生工作、竞赛、科研……在青春的画卷上，我用勤奋和热情书写着属于自己的篇章。

笃志研学，在朋辈激励中共同进益

作为学生，学习是第一要务。

大一时，我给自己提出了每门功课必须达到 90 分的要求。虽然最终并没能达到当时的预期，但我在毕业时课程均分在 90 分以上。

我多次担任助教。第一次做助教是在大二，"软件工程综合实践"课程换用华为云开发平台，陈朔鹰老师把我选为助教，由我先熟悉华为云平台的使用方法后，再结合软件工程的全生命周期为同学们讲解。当得知自己成为助教时，我的内心经历了一系列复杂的变化。最初我感到非常惊喜，助教这一角色在我心中一直是一个充满荣誉感的身份，它代表着对专业知识的深入理解和对学生负责任的态度，这种突如其来的机会让我瞬间充满了斗志，想要把握住这个能够展示自己才华和能力的机会。随着对助教职责的深入了解，我感受到了压力：助教不仅是一个传授知识的角色，更是大家的引导者和榜样。这门课，于我而言，既是讲授者，也是听讲者，我开始担心自己是否能够胜任这一重任，是否能够给予同学们足够的帮助和指导。这种担忧让我产生了一些不安和焦虑，但同时也激发了我的动力。在经历了短暂的忐忑后，我调整好自己的心态，积极面对挑战。我告诉自己，这是一个锻炼自己、提升自己的机会，无论遇到什么困难，都要勇敢面对并克服。在备课期间，我翻了很多本软件工程的教材，全面学习华为云平台使用，同时将各种功能与软件工程的环节对应起来。积极的行动让我对软件工程这个学科的理解不断加深，也让我逐渐找回了自信。授课尽管还有一些不足，但我做到了无愧于心。在之后，我又担任2020级、2021级"软件工程综合实践"课程助教，2019级、2020级"计算机病毒防治"课程助教。在这个过程中，我不仅巩固了自己的专业知识，还能够把知识传授给其他同学，内心充满了成就感。

大二时，我以第二作者身份发表医学影像处理方向SCI三区论文一篇，以共同第一作者身份发表复杂网络方向EI论文一篇。在竞赛方面，我主攻网络安全方向，连续多次参加由中国兵工学会主办的全国大学生信息安全竞赛，多次获得赛区一等奖，国家二、三等奖。除此以外，我加入了生命学院的生物转化与生物合成实验室，参与非天然氨基酸高产菌株构建筛选项目，期间曾经负责了一部分调研和论文工作，这也为我之后的研究打下了很好的基础。在此期间，我还随队参加北京市第七届大学生生物学竞赛，取得了三等奖。我还独自负责了生物发酵方向的国家级"大创"项目，取得了良好成果。正是在这些论文和竞赛的成果中我发现了科研之乐——抽丝剥茧、格物致知、寻求真理之乐。

饮水思源，在志愿学工中回馈校园

在校期间，我成了为同学服务的学生干部，从校学生会学习部干事到学习实践部负责人，从心理委员到班长，从睿信书院团委办公室干事到宿舍楼楼长，到朋辈导师，虽然肩膀上的担子越来越重，但我勇于干事、敢于担当、知重负重、攻坚克难。

在大一时，我担任班级心理委员。虽然所有人都说心理委员"水"，但我积极履行自身职责，主动为大家解忧。初入大学的新生，对生活充满期待的同时也常有困惑。我主动进行一对一谈话，了解大家的心理困惑及其原因，并有针对性地进行开导。除此之外，我还联合另外四个班级的心理委员开展宿舍长培训，向宿舍长们讲述处理好宿舍人际关系的可行思路和心理状态的识别。

在校学生会，我积极参加校学生会学生骨干培训，并在部门内部积极开展培训；聚焦主责主业，举办"我爱我师"系列活动，营造尊师重教的良好校园氛围；举办"国韵辩论赛"系列活动，营造思辨的良好校园氛围；积极推进校院班三级联动机制，调动大家的积极性，一起参与校学生会事务，提高学生会的工作效率。

作为睿信2041班的朋辈导师，我以身作则，结合自身学习经验，有针对性地开展个性化指导，及时为同学们传道解惑、排忧解难。我与班级同学进行谈心，对大家咨询的问题给出自己的指导。我一直主动倾听同学们的烦恼，帮助大家疏解心理压力。我还主动参加了睿信2041班的德育开题和中期检查，做陪伴他们成长的守望者。

我担任三年班长，印象最深刻的还是大四这一年，我在毕业季坚守岗位，为大家做好服务。毕业的一个月里工作多、时间紧、任务重，但我总能快速高质量完成各种工作。毕业学生需要提交毕业设计的纸质文件存档，每份存档都有很多文件，每份文件的要求也很细致。为了能够以最快速度完成毕业设计归档工作，我打印了很多检查表，对每一份提交的文件逐项核查，有轻微不合格之处由我通知同学并代为修改，有严重不合格的退回处理并持续跟踪。最终仅用两天就完成了30份毕业设计档案的纸质电子双核对，提交学院后无须退回修改，极大地节省了大家的时间和精力。

在社会实践中我也表现出色。我多次负责学校在河北招生的学生宣传工作。在河北衡水中学、衡水第一中学、衡水第二中学、张家口市第一中学等顶尖高中多次开展面对面宣讲，并在高考报志愿期间驻线下咨询点为考生和家长答疑解惑，吸引考生报考北京理工大学。我带领河北衡水中学思源团获得北理工思源奖，为河北招生工作提供重要支持。

文质兼备，在艺体氛围中开拓自我

在本科期间，我每年都报名参加学院的纪念"一二·九"合唱活动，两次因表现优异而成为男低音声部长。在训练期间，我一直发扬"集体利益高于一切"的精神，不怕苦不怕累，牺牲自己的休息时间主动参加排练和加练，并为大家提供力所能及的支持，最终多次在学校纪念"一二·九"合唱比赛中取得较好成绩。

在大二下学期的体育课中，我选修柔道课，因较好的身体素质和较好的格斗基础被选为班级的课代表。在课堂上，我努力学习，课上多次为同期学习的同学做动作示范；在课下，我努力请教老师，勤于思考与练习，最终分别在第四届、第五届北京理工大学柔道基本功大赛中获得所在重量级金牌和银牌。

在大三时，我和朋友们看到了校运会的通知，恰好学院在趣味项目中缺少人员参与，于是我和室友决定带上自己的朋友们借着校运会的机会搞一场趣味团建。在准备期间，我们在良乡校区北区和东区中间的马路上练习、聊天、说笑，那段时光别提有多开心了。最终我们在北京理工大学第60届运动会的"海底捞月"趣味项目中取得了第二名的好成绩，既为学院争得了荣誉，也借此加强了自己和朋友们之间的联系。

总结

思想纯化、生活简化、学习精化、时间细化、竞争热化、过程强化、结果淡化、经验内化，这是我在奋斗和奉献中总结出的经验，也是我行稳致远的压舱石。

认识　接纳　提升

计算机学院　李嵩阳

光阴如梭，四年的大学生活即将走到终点。回首大学的时光，在匆匆之余感觉到的不仅仅是知识水平的提高、处理问题能力的长进，更是人生观和价值观的充实和完善。这四年中，虽然有太多算不上完美的地方，但在遗憾之外，更多的是自我成长、自我和解。对我而言，大学四年就是一个认识自己，接纳自己进而提升自己的过程。

初入校门——认识自己

初识大学：春风得意马蹄疾

初踏入大学校园的我，仍然怀揣着高考胜利的余温，内心洋溢着"春风得意马蹄疾，一日看尽长安花"的欢愉与期待。带着高中时期累积的坚定信念和积极态度，我坚信自己能在大学的激烈竞争中崭露头角，并成功保研至心仪的研究方向。

秉持这样的信念，我在第一年的学习中付出了极大的努力。由于课程以基础为主，难度适中，我顺利取得了不俗的成绩。这些成绩不仅让我更加坚定了追求保研的决心，也激发了我对科研领域的无限憧憬，梦想着有朝一日能在其中成就一番事业。

除了学业上的努力，我也在生活中积极寻求发展。我担任了班级的团支书，加入了"延河之星"志愿团队。在团支书的工作中，我尽心尽力地完成每一项任务；在志愿团队的活动中，我积极参与，以积极的态度面对挑战。这些经历不仅让我感受到了自己的价值，也培养了我的责任感，让我更加成熟和自信。

摆脱了高中繁重的学业压力，我在大学找到了一个理想的天地，这里有我耕耘的土壤，也有我实现梦想的舞台。大一的我在各方面都取得了显著的进步，对未来充满了期待和憧憬。大一如同田园牧歌一样充满诗意，我徜徉其中，世间一切的美好仿佛唾手可得，每天都在离自己的理想更近一点。

困难初现：山雨欲来风满楼

人生从来不会一帆风顺，我的大学生活正是这句话的微观缩影。"满招损，谦受益。"大一学年的志得意满过后，是大二的焦头烂额，我来到了大学的一个低谷。

大二，我选择计算机科学与技术作为自己的专业，正如我刚来北理工时所想，我来到这里就是为了学习计算机的。虽然知道选择计算机科学与技术专业的人中学习成绩优秀的比较多，也明白自己的成绩在这个专业中确实不够出色，但我相信自己能够克服这些困难，能够实现自己最初的梦想。怀着这样的心态，我毅然决然走上了学习计算机科学与技术的道路。

但是，之后发生的情况超出了我的预期。首先是繁重的课业。在大二上学期，除了物理等公共基础课程，还要学习"数据结构和算法""数值分析""数据库"等多门核心课程，学习压力很大。随之而来的事情更让我沮丧——我在食堂把自己摔骨折了，因此不得不回家休养一段时间，这一休就是将近三个月。在家的时候，虽然也在网课上试图跟上进度，但是总归不如在学校内的学习。结果不出人所料，那一学期的成绩惨不忍睹，甚至"数值分析"这门课我直接选择了退课，唯一让人稍稍宽心的是，我至少没有因此选择休学一年，还是坚持跟上了进度。

那一学期对我的打击确实很大，身体上的不适带来心理上的焦虑，结果就是糟糕的成绩，最终我失去了保研的机会，也就与我最初的梦想彻底断绝了关系。那时的苦楚心情，只有当时的自己能够体会。无数次憧憬的理想，如此便与我失之交臂，那么我还努力干什么呢？自暴自弃的想法统治了我的大二学年。我退出了志愿团队，对于团委的工作也不够尽心，工作往往是到最后期限才能够交上去。对此心有不甘，却又以摆烂的观点说服自己，我深陷无限的痛苦和纠结之中。在迷茫和挣扎中，我度过了大二学期。

在大学的前两年，我从山巅摔落谷底，对于刚刚从高中走入大学的我，一开始并不能接纳，在不甘与摆烂中痛苦纠结。最终，我战胜了自己，放下过去，逐渐探究出一条也许更适合自己的道路。

行至中游——接纳自己

改变的机遇：无心插柳柳成荫

挣脱困境的我，将保研的念头暂时放下，开始探索其他可能的发展途径。

首先，我积极参与了数学竞赛。数学一直是我热爱的学科，我深知它在各个领域的重要性。在准备竞赛的过程中，我不断挑战自己，克服了一个又一个难题。最终，我的努力得到了回报，获得了数学竞赛的奖项。这不仅是对我数学能力的肯定，也为我未来的学术道路增添了信心。

同时，我注重提升自己的政治素养和社会责任感。我积极向党组织靠拢，努力学习党的理论知识，用实际行动践行党的宗旨。最终，我荣幸地成为第一批入党的成员，这对我来说是一份无比珍贵的荣誉，也是对我个人品质的肯定。

此外，我还积极参与了"大创"项目。在项目中，我与团队成员共同探讨问题，分工合作，共同克服困难。通过这个过程，我不仅提升了自己的学术能力，也学会了如何与他人合作，共同完成任务。

总之，在困境中，我并未选择放弃，而是积极寻找新的机会和挑战。通过参与数学竞赛、"大创"等活动，我不仅找到了新的发展方向，也让自己在各个方面得到了锻炼和提升。这些经历让我更加成熟和自信，为我未来的道路奠定了坚实的基础。这一段困难的日子虽然让我痛苦，但也让我更好地了解了自己，接纳不完美的自己，去发现自己更多的可能性。

思想的转变：墙里开花墙外香

回顾这段时光，尽管学业成绩并不耀眼，但我在其他领域找到了属于自己的舞台和光芒。

我逐渐认识到，组织和服务是我真正的热情和擅长所在。我担任过班级的团支书，参与组织了各类活动和志愿服务，这些经历让我深感满足和自豪。在每一次的策划、组织和执行中，我都能够感受到团队合作的力量，也发现了自己在组织和协调方面的潜力。这些经历不仅锻炼了我的能力，更让我明确了自己的兴趣和职业方向。

与此同时，我也意识到大学并不仅仅是追求学术成绩的场所。它更是一个让我们发现自我、锻炼能力、拓宽视野的平台。我参加了各种社团和兴趣小组，结交了一群志同道合的朋友，与他们一起探索未知、追求梦想。这些经历让我更加深刻地认识到，人生从来不是只有一条道路，而大学则是我们探索不同道路、发现自己潜力的最佳时期。

我深刻感受到，我们不应该被传统的观念或中学时期的思维模式所束缚。我们应该勇于尝试新事物、接受挑战，不断挖掘自己的潜力和可能性。只有这样，我们才能在大学这个广阔的舞台上找到真正适合自己的道路，实现自己的价值和梦想。

面向未来——提升自己

大四学年，我迎来了人生中的一个重要转折点——考公之路。原本，这并非我预先规划好的道路，而是一个偶然的机会让我萌生了这样的想法。那时，我偶然得知了保密部门的招考信息，出于好奇和对这个领域的兴趣，我决定尝试一下。

备考的过程是艰辛而充实的。我投入了大量的时间和精力，深入研究考试内容，努力提升自己的综合素质。然而，在面试环节，我遭遇了挫折，与这个岗位失之交臂。这对我来说无疑又是一次打击，但我并没有因此而气馁。

接下来，我又参加了两次选调生考试。选调生作为公务员队伍中的优秀人才，选拔标准严格，竞争也异常激烈。我深知自己的不足，但我没有放弃，而是更加努力地准备。然而，命运似乎再次与我开了个玩笑，两次选调生考试我都未能如愿以偿。

在经历了一系列的挫折之后，我终于迎来了人生的转折点。在第三次尝试中，我在省考中终于成功上岸，成为一名公务员。这一刻，我深刻体会到所有的付出都是值得的。回顾这段时光，只感叹人生的道路虽然充满艰辛，但对于努力者终会有回报。奔波的劳累和落榜的痛苦终于在此刻化成了幸福的泪水。

人生从来不是一条狭窄的道路，而是一片原野，来到大学就是为了走出一条路并把路越走越宽。未来的路还很长，最重要的是一步一步踏实地走下去，实现自己的人生目标。

但行好事　莫问前程

网络空间安全学院　刘尚格

"10月25日'时代新人说'报告会，请各位2020级同学准时到场参加。"2020年10月25日的"时代新人说"，作为观众坐在台下的我定然没有想到……

"因为你在同一类型榜样中相对优秀和突出，被书院选拔为榜样代表，需要你上台分享个人事迹……"2022年11月20日，我站在台上进行分享。

合抱之木，生于毫末

刚进入大学时，我也是非常迷茫与无措的，对未来充满好奇又不敢踏出第一步。

"明天（周六）上午10点，睿信书院'大创'双选会在睿信社区举办，同学们不要错过。"2020年11月20日，年级大群里发布了这样的一则通知。在院运动会、活动招募等消息中，这样的通知，让我觉得无措。这并不是我第一次看到"大创"相关的信息，在那之前，在学长学姐的闲谈中，在同学们的讨论中，我已多次听到"大创"这个活动。但是我畏惧，我迷茫，我不愿走出自己的舒适区，所以，我甚至没有去了解它的勇气。当时的我，在尽力地向周围人寻求一个"这不是必须要参加的"答案后，极力地暗示自己：这与我无关，我没有能力，所以没必要去。那个周六，我在宿舍躺了一天，在看到有的同学已经加入了某个"大创"队伍之后，我在想什么呢？是后悔？是再次给自己洗脑"没必要"？或许都有。在大一上学期，这种事情发生过很多次，每一次，我都更乐意把自己蜷缩在"壳"里，不愿意跳出舒适圈。

大一上学期的寒假，选课时我喊上同班同学一起选了全国大学生数学建模竞赛辅导和应用编程技术与实践课程。或许在选课时，是想要提升自己的

大学 青春 人生——第二篇 大学道

"三分钟热度"驱使我做出了那样的选择，但是不得不说，我很感谢那时的选择，也很感谢后来队友的帮助。通过数学建模竞赛课程，我有了一个不得不强迫自己接触数学建模竞赛的理由；通过数学建模竞赛，我又看到了其他科创活动的可能性。而对于应用编程技术与实践课程，在一开始我很担心大一的自己无法通过课程考核，甚至在第一次开课后去询问上课老师，但是在课程结束的时候，我是少数选择在课程上进行课程设计的同学之一。虽然从现在的角度来看这两门课程内容不是很困难，我完成得也不是很好，但是不得不承认，在大一下学期，我的心态发生了很大的转变，我敢于从束缚自己的"壳"里探出头来，小心翼翼地探索和尝试那些之前被自己划定为不配去接触的领域。

在此过程中，我意识到，没有人天生就知道自己应该做什么、适合做什么，我们需要一点点去尝试，去接触不同的领域。走出安逸区，才能看到新的世界。在迈出第一步之后，我也不断探索我在各个方面的可能性。我参与了学生组织部长团的留任答辩，并成功与"微尘"、与共学会再续前缘；我报名了数学学院社会实践团的选拔，并成功入选，在实践过程中积极做出自己的贡献，并和实践团同学成为整个大学期间的挚友，我相信也会是一生的挚友；我参与了学校机器人队的培训，并通过选拔加入了学校机器人队；我也积极地联系导师，并且在大学期间得到了老师的很多指点与帮助。

我还记得，在大二上学期和两位学姐组队参加了物理实验竞赛，一开始对所选择的热形变题目了解并不多，但通过学习与积累，积极联系老师，我们最终成功完成了实验。所以，在你迈出第一步之后，你就会发现，事情并不像你想象得那般困难。学校给我们提供的平台是充满机遇的，原来遥不可及的事情可能最后会成为自己潜力的开发地。虽然真正开始做一件事之后，也可能会遇到艰难与险阻，但我们至少已经迈出了那关键的一步，而能力的边界总会在一次次的实践中得以扩展，前进的方向总会在一次次探索中越发清晰。

但行好事，莫问前程

在很长的一段时间内，我非常迷茫。大一上学期，我的成绩排名大概是60/968，于是下学期我打算做点努力让成绩再上一步。但很不幸的是，我的排名反而下降了。不得不承认，我可能不那么擅长应试。那段时期，我参与的各类竞赛都没有什么结果，最好的只是校级一等奖。我开始怀疑继续这样做的必要性，但是出于惯性，我还是专注于把手边的事情做好。对于课业成绩，我不再刻意地追求分数，只是认真地把各门课程学懂学好，把各项作业做到我认为的完美。在大二下学期的考试周，考试的时间与"互联网+"市赛材料准备时间刚好撞上。课内复习考试任务繁重，比赛材料的补充也迫在眉睫，我和队友一度"破防"。但最终我们相互协作、相互支持，顺利度过了那段充实且忙碌的时间，最终我们的项目获得了一等奖。而对于课内成绩，在考试之前我的期望是能稳定在5%～10%即可，考完之后觉得发挥不错，期望不要出现失误。而最终的结果——那个学期是我大学期间排名最高的一次，侥幸地成了专业第一。查成绩那天，当我看到一起出来的那几门课的成绩之后，我真的产生了"是不是在梦里"这个疑问。我想，正是当时将部分考试复习的计划安排到了平时，才有在那段时间迎难而上的勇气。同样地，在那个学期，我参与的几个竞赛都获得了一些成果。同时，我也获得了2021—2022学年的国家奖学金。

不忘初心，继续前行

在大二下学期迎来一个个比较好的结果之后，大三学年的我产生了新的焦虑与困惑。或许是已到达过高峰，我特别害怕在之后的过程中达不到别人的期待。再加上保研的事情将近，选择院校、选择方向、联系导师，等等，我又陷入了畏惧与纠结的深渊，有时会失眠与情绪失控。但是很幸运，在这个过程中，我的身边一直有朋友的陪伴、家人的安慰、老师的指导。最终，我放下焦虑，一点一点地处理手头的事情。我基本稳定住了课业成绩，和队友一起零星参与了几个竞赛并获得了几个奖项。

可能和大二下学期相比，我的大三是较为迷茫与无产出的一年。但是在这个学年，在老师的带领下，我初步接触了科研，并几经辗转确定了自己热爱的方向；在朋友的陪伴下，我走出了无意义的焦虑，能够坦然接受或许失败的结果；最为重要的是，在内心力量的勉励下，我依旧稳步地向前走。通过先前的一些探索尝试，我选定了未来的研究方向，通过了目标学校的考核，最终保研至南京大学计算机系。非常幸运的是，我获得了2022—2023学年的国家奖学金。

大四的一年，我尝试了更多新的事物。我尝试去实习，感谢第四范式（北京）技术有限公司为我提供了这次宝贵的实习机会，感谢Mentor的指导和支持，使我能够充分发挥自己的潜力并取得进步。这段实习经历将成为我职业生涯中的宝贵经验，我将继续努力学习，提高自己的专业水平，追求在人工智能领域的进一步发展。

  岁月不居，时节如流。四年光阴匆匆而逝，初次踏进北理工校园的那个青涩懵懂的女孩，已逐渐褪去了周身的稚气，多了一份坚定和勇气，脚下的路越发明晰，前行的步伐愈加坚定。感恩北理工的引领与栽培，我在四年之中不断汲取红色土壤的养分，拓宽自己的视野，时刻将北理工"延安根，军工魂，领军人"红色基因铭记心中，把"德以明理，学以精工"的校训付诸实践。回望过去的四年，在北理工的所学所感令我受益终身：砥砺前行、追求卓越的精神是我勇往直前的动力；打破桎梏、突破自我的目标是破浪乘风的底气。

  大学时光即将落下帷幕，但北理工在我灵魂上刻下的烙印不会褪色：作为一名北理工人，矢志强国的卓越追求永无止境。尼克·胡哲在《人生不设限》中写道："错的并不是我的身体，而是我对自己的人生设限，因而限制了我的视野，让我看不到生命的种种可能。"在有限的时间里，我不断前进，想探索生命深度与广度的无限；在广袤的天地间，我想多发出一些光，在这个世界留下我的痕迹。

向阳而生

经管书院　许云清

非常感恩在大学四年这段旅程中遇到的每一位良师益友。回顾过去四年的学习生活，我认为大学更多时候是在找寻和解决为什么的过程。

学习生活：知物由学

大学阶段，我的平均学分绩位列专业第一名，40门课程在95分以上，98%的课程在90分以上，专业课平均学分绩达到94.62分。同时，我连续三年获院长奖学金和"优秀团员"荣誉称号，连续七学期获一等奖学金，连续两年获国家奖学金和"优秀学生标兵"荣誉称号，并获得市级"优秀毕业生"荣誉称号，目前保研至北京大学汇丰商学院。

我注重自己数理编程能力的发展，数学成绩优异，可以简单应用Python、Matlab等编程软件。我具有较好的英语阅读和写作能力，六级成绩611分，雅思阅读和写作分别达到8.5分和7.0分。目前，我已通过ACCA全科考试。通过ACCA的学习，我对财务报表间的勾稽关系和公司治理有了更加深入的学习和理解，同时，也让我更具国际视野，并掌握国际会计理论知识。

大学四年的学习，不仅丰富了我的专业知识，也培养了我深度思考和解决问题的能力。大学的学习方式要求我们不仅接受知识，更要学会主动提问，深入挖掘每一个步骤背后的逻辑。每当我们遇到一个新的知识点或模型，我们都需要思考：为什么这一步要这么做？为什么要设置这个假设？这些知识和知识之间又有着怎样的联系？例如在完成毕业设计的过程中，在阅读大量文献后，除了运用所学计量方法完成计量要求，更重要的是需要探究文章背后的贡献以及研究问题的核心内容，例如，为什么我们要讨论这两个变量之间的关系？我们的模型是否具有创新性？这些变量是否能够准确地刻画出我们所关心的核心问题？同时，也要思考这些不同的变量在模型中究竟扮演着怎样的角色，是调节变量还是中介变量，以及运用什么方式可以更好地衡量这种变化和关系。因此，在这个过程中，我深感学院的老师们对我们的影响之深。他们不仅知识渊博，而且非常敬业。比如刘岭老师，他总能用一张纸将宏微观的知识点巧妙地串联起来，让我们在宏观的视野下理解微观的细节。李昕老师则擅长用生动的例子来解释部分税条的产生原因，使复杂的税法知识变得通俗易懂。张秀梅和孙利沿老师则经常引导我们思考会计准则背后的逻辑，以及放宽条件后公司可能会采取的操作策略。而杨添安老师则更注重培养学生的思考能力，他常常鼓励我们提出问题，并引导我们进行深入的探讨。

在每一次带着问题和对课程的好奇进入课堂时，我都觉得每一节课都像是一个解谜的过程。我不仅要跟随老师的思路去理解知识，更要主动参与其中，提出自己的疑问和看法。这种学习方式让我更加享受学习的过程，也让我对知识的理解更加深入和全面。我相信，通过不断地提问和思考，我能够更好地掌握专业知识，为未来的学习和工作打下坚实的基础。

而在课程之外，我也积极将所学知识运用到竞赛创新当中。参与全球供应链可持续领域比赛获得全球金奖，位列全球参赛队伍第一名，并前往日内瓦领奖；参与第八届全国 HRU 比赛数字化赛道的比赛并获得全国特等奖，位列全国高校第一名。在大学四年的比赛中，我共获 7 次校级及以上竞赛荣誉。

科研实践：厚学致新

经管书院为学子搭建了一个宽广的舞台，让我们能够不断挑战自我，突破舒适区，勇敢探索未知的领域。回首大一，虽然我的学业成绩名列前茅，但面对空白的科研、竞赛和实习经历，我开始反思自己是否应该满足于现状。我不希望"第一"的荣誉成为我前进道路上的枷锁，而是希望它能成为我探索新领域的动力。

大二伊始，我鼓起勇气找到了班主任袁茜茜老师，表达了我希望跟随她做科研的强烈愿望。遇见袁老师，是我大学生涯中最幸运的事情之一。她不仅学识渊博，而且对学生充满了关爱和耐心。最初，我对科研一窍不通，只会简单地运用 Excel 进行数据整理。袁老师耐心地帮助我梳理思路。每当我遇到问题时，她都会耐心聆听，并细致入微地为我解答疑惑。在她的悉心指导下，我逐渐掌握了编程技能，并开始尝试撰写自己的学术文章。

这段科研经历让我深刻认识到自己是真的热爱科研，并帮助我找到了科研方向。在袁老师的鼓励下，我不断挖掘自己的潜力，尝试不同的研究方法。同时，我开始关注会计领域的问题，并找到了张永冀老师深入探讨。在张老师的指导下，我参与了会计领域的研究项目，并积累了丰富的实践经验。如今，我已经能够熟练运用编程软件，并撰写出具有一定学术价值的文章。

大三上学期，因为有前期科研经历的基础，我顺利通过助研面试，进入清华大学能源环境经济研究所实习，实习职责主要是辅助带教老师追踪国内外气候热点话题，如碳定价机制、俄乌战争对能源的影响等。通过这段实习经历，我对于我国能源近中期发展有了更加深刻的把握，对于能源经济相关的概念有了更进一步的了解。

同时，作为一名社科人，我积极用自己的脚步，来探索国家的巨变。利用寒暑假的机会，我同我的小伙伴们一起，通过调查问卷的方式，探究目前绿色出行问题在我国的发展现状，并提出建议；通过实地调研的方式，探索在"十四五"规划下能源企业的发展出路。此外，我利用在安永、恒泰证券、广发证券等实习的机会，从实体角度理解金融、会计、能源和国家发展。

通过参与科研项目、清华能源环境经济研究所助研项目、新能源类公司的实习项目和国内首家"A+H"新能源上市公司风电板块的财务管理专业调研项目等，我锻炼了思维方式和分析能力，丰富了学科领域，对"双碳"经济和碳金融产生了浓厚的兴趣。

在校生活：热爱与感恩

在生活方面，我深深感受到积极乐观和感恩的心态对我的成长有着不可或缺的影响。大学四年，对我而言，是一段自由而愉悦的时光，充满了无限可能，让我能够尽情尝试和追求自己热爱的事物。

点亮信仰，牢记嘱托。我担任党支部组织委员和班长，所在团支部获2022年度"优秀团支部"称号。同时，我通过选拔，进入了校人民军工讲解团，并担任负责人。我积极弘扬党的精神，认真学习党的理论，我们宿舍3人成为入党积极分子或党员。

大一，我加入了国旗队，这是一次充满挑战和收获的经历，从此开启了一场与国旗的"热恋"。训练的过程很辛苦，站在国旗下的自豪感很充足。通过国旗队的训练，我不仅收获了勇气、友谊和凝聚力，更深刻地体会到"爱国　爱党"这四个字背后所承载的含义。每一次升旗仪式，都是对祖国和党的深情告白，让我更加珍惜现在的幸福生活。在国旗队任职的两年中，我参与组织多场升旗仪式，参与撰写组织章程，并带领团队获得北京高校护卫队文化成果三等奖。我希望用自己的一点力量，推动这个年轻的组织能够进一步向前发展。

我还积极参与各项志愿活动。无论是义卖，还是担任讲解员，都让我感受到了被需要。每一次的付出，都是对社会的贡献，也是对自己的锻炼。在志愿服务过程中，我收获了快乐和满足，也更加珍惜身边的人和事。过去三年，我的累计志愿时长超过300小时，这些经历让我更加坚信：只要我们用心去做，就能让世界变得更加美好。

良师益友是我能不断向前的动力，因此，我想特别感谢那些在我成长道路上给予我帮助和支持的人。首先是我的老师们，他们的鼓励让我在困难面前不断前行。杨才林老师风趣幽默的史纲课堂让我对历史有了更深刻的理解；李京老师在我保研不利时给予我鼓励和指导，让我更加相信自己；张凌翔老师在计量经济学结课后发给大家的鼓励和指导的话语让我备感温暖。这些老师们的言传身教让我受益匪浅，他们的关怀和鼓励让我在大学里不断成长。

除了老师们的帮助和支持外，我还要感谢我的朋友们。我们210宿舍的每一位成员都是我非常珍视的朋友。她们每个人都有自己独特的闪光点，也是我生活中的能量站。在彼此的陪伴和鼓励下，我们共同度过了许多难忘的时光。在保研期间，王昕玉和我时时交流沟通，我们一起面对一封封拒信背后的崩溃，一起讨论如何挑选导师，同时也为彼此最终的去向而感到欣喜。同时，我也要感谢学长学姐们的分享和指导，他们让我更加清晰地看到了未来的方向。

最后我要感谢我的家人。他们为我提供了一个自由、温暖的环境，让我在大学里能够自由地探索自己的兴趣和潜力。他们的支持和鼓励让我更加坚定地走在自己的道路上，不断追求更高的目标。

诗人勃洛克曾写道："我相信理想的太阳，我看见你温柔的目光。"老一辈的中国人以梦为马，使得我们能够以世界甚至宇宙为边界去探索，去拥抱无限可能。我希望在未来的路上，能够继续怀揣热爱，去探索，去追寻。

四载砥砺　行稳致远

经管书院　罗诗岳

我是来自北京理工大学经管书院国际经济与贸易（全英文授课）专业2020级的本科生。我怀着无比激动和感恩的心情，写下我在大学四年中的成长与收获。这四年时光，如同一幅五彩斑斓的画卷，记录了我在德智体美劳各方面的点滴进步与成就。在这里，我不仅学习知识、探索真理，更在生活的各个层面不断挑战自我、丰富人生。接下来，我将详细分享这些年来我在学术研究、社会实践、学生服务、文体活动等方面的具体成长经历和收获的丰硕成果。

学习和科研情况

2020年，我以上海市高考地、化、生选课理科综合满分成绩考入北京理工大学理学与材料菁英班，后因对经济学的浓厚兴趣，报到前，通过面试转入国际经济与贸易（全英文授课）专业。大学四年里，我始终保持着对学习的热情和对知识的渴求，成绩优良率达到98.7%，多门核心课程均名列前茅。为了进一步提升自己的学术水平，我积极参与科研项目，并成功保研至本校经济学院应用经济系。在大学期间，我还收获了北京理工大学学生的最高荣誉——徐特立奖学金。

学术成就

在学术方面，我积极参与科研项目，取得了多项突出成果。我从大二开始参与经济学研究，主要关注如何准确衡量环境可持续性的经济增长和推动环境可持续经济增长的因素。期间，我发表了6篇学术论文，其中2篇为第一作者，发表在中科院一区TOP期刊，并在商科50本顶尖期刊FT50发表论文1篇。这些研究为国家和地区的经济政策提供了重要参考，并获得了学界的高度评价。

我的研究论文《数字经济促进我国绿色创新》发表在管理学一区 TOP 期刊 *Business Strategy and the Environment*，并于 2023 年 5 月入选 ESI 高被引论文和热点论文。这篇研究基于我国 278 个地级市 2011—2019 年的面板数据，论证了数字经济发展对提升绿色创新水平的显著作用。研究发现，在不同的空间权重矩阵下，数字经济发展对邻近城市的绿色创新水平有显著的辐射带动作用，并且随着距离的增加而递减。此外，研究还通过政策效应分析，发现数字经济对绿色创新存在显著的政策效应。该文章发表后，受到了学界的广泛关注和引用，目前，Web of Science 统计的被引量已超过 200 次，谷歌学术统计的被引量接近 300 次，并且获得了 2022 年度 Wiley 出版社高下载论文作者奖。

此外，我在 FT50 期刊 *Journal of Business Ethics* 发表的论文《企业社会责任促进我国包容性绿色增长》，首次提供了企业社会责任与环境可持续协同发展的经验证据。该研究基于中国 2 200 家上市公司与 216 个地级市 2011—2019 年的匹配面板数据，实证论证了企业积极履行社会责任能显著促进城市绿色包容性增长水平。该文一经发表，便受到了四位商科顶级教授的高度评价和大段引用，他们对文章首次提供了负责任的企业与环境可持续协同发展的经验证据表示充分肯定。该文匿名审稿人指出，研究拓宽了企业社会责任的研究边界，使其更加聚焦于宏观证据。

实践与创新

在实践方面，我注重将理论知识应用于实际操作，积累了丰富的实习经验和实践技能。我在普华永道和京东等知名企业进行了实习，分别担任战略实习生和运营战略实习生。在普华永道实习期间，我参与撰写的 ESG 报告获得了全球业务规模最大的水泥上市公司——新疆天山水泥股份有限公司的充分肯定并被官方披露。这段经历不仅提升了我的战略思维能力和团队合作能力，还让我对企业社会责任有了更深的理解。

在京东健康的实习期间，我主要负责优化商品营销与定价策略，通过数据分析和市场调研，帮助所在小组每月销售额同比提升 20% 以上，获得了上级领导的高度肯定。这段实习经历让我对电子商务和大数据分析有了更深入的了解，也锻炼了我的实际操作能力和解决问题的能力。

此外，我还参与了"挑战杯"全国大学生课外学术科技作品竞赛，并获得全国特等奖。我所在的团队研究了秋冬用电高峰时段的电网压力问题，制定了"削峰策略电价"，这一成果受到新疆维吾尔自治区和江西省地方电网公司的采纳，并被《人民日报》报道。这项研究不仅提升了我的科研能力和团队合作能力，还增强了我的社会责任感和创新意识。

学生服务与领导力

在学生服务方面，我积极参与学生组织和社团活动。我担任院学生职业生涯发展协会企划部部长、校财经协会主席等职务，多次组织职业生涯发展活动，例如"生涯发展嘉年华"和"对话优秀校友"活动，吸引了大量同学参与。

"生涯发展嘉年华"活动在良乡校区北篮球场举行，三天内吸引了超过500名同学参与，帮助本科同学树立了职业生涯规划意识。活动期间，我邀请了多位企业高管和职业规划专家为同学们进行讲座和咨询，分享他们的职场经验和职业规划建议。此外，我还组织了模拟面试和简历修改等环节，帮助同学们提升求职技能和职场竞争力。

"对话优秀校友"活动则是在2022年寒假期间组织的，300余名同学参与了采访60位校友的活动，形成了6万余字的社会实践材料。通过这个活动，同学们不仅了解了校友们的职业发展经历和成功经验，还增强了对未来职业规划的信心和动力。

作为北京理工大学财经协会主席，在协会内部，我注重团队建设和成员培养，通过定期的培训和交流活动，提高了团队的整体素质和协作能力。在我的带领下，财经协会在校内外的知名度和影响力显著提升，成为同学们获取财经知识和职业发展的重要平台。这些经历不仅锻炼了我的领导能力和组织能力，也让我深刻体会到团队合作和服务他人的重要性。

体育和文艺

在全面发展方面，我不仅注重学术研究和社会实践，还积极参加体育和文艺活动，保持身心健康。我认为，体育锻炼和艺术欣赏不仅能提高个人素质，还能增强团队协作能力和审美情趣。

在体育方面，我积极参加学校组织的各种体育活动，如篮球赛和排球赛等。这些活动不仅锻炼了我的身体素质，还增强了我的团队合作精神和集体荣誉感。例如，我在北京理工大学"延河杯"校级新生排球赛中获得了第三名，并在"延河杯"校级排球联赛中取得了第四名的好成绩。此外，我还定期进行健身锻炼，通过跑步、游泳和力量训练等方式保持身体健康，增强体质。

在文艺方面，我同样积极参与各种活动，提升自我修养。我在北京理工大学第四届"瞭望杯"征文比赛中荣获校级二等奖，并在同一届"瞭望杯"视频比赛中获得了校级二等奖。这些文艺活动不仅丰富了我的课余生活，还提升了我的表达能力和艺术鉴赏水平。

国际交流与学术提升

在本科期间，我有幸前往美国加州大学河滨分校进行为期四个月的交换学习。这段经历不仅拓宽了我的国际视野，也极大地提升了我的学术能力和语言水平。在加州大学河滨分校学习期间，我选修了多门与国际经济和贸易相关的课程，这些课程取得了全 A 的优异成绩。

加州的阳光灿烂和校园的学术氛围相得益彰，让我在这段时间里受益匪浅。我深深感受到中美教育理念的差异和融合，尤其是在课堂讨论和团队合作方面，得到了前所未有的锻炼和提升。教授们的严谨治学态度和同学们的积极互动，使我们在学术探讨中不断碰撞出新的思维火花。

此外，交换期间，我积极参与校园组织和活动，结交了许多来自世界各地的朋友，开拓了我的国际人脉圈。在与不同文化背景的同学们交流合作中，我不仅提升了跨文化沟通能力，也增强了对全球经济问题的理解和分析能力。

这段交换经历，使我不仅在学术上取得了显著进步，更在个人成长和国际视野方面得到了全面提升。它为我今后的学术研究和职业发展打下了坚实的基础，也让我更加坚定了在国际舞台上贡献智慧和力量的信念。

未来展望

回顾这四年，我在德智体美劳各个方面都取得了显著进步。这些成就离不开学校和老师的悉心培养，也离不开同学们的支持与帮助。感谢北京理工大学的培养，感谢各位老师和同学的帮助。

展望未来，我将继续秉持德智体美劳全面发展的理念，不断提升自己的综合素质和能力，为国家和社会的发展贡献自己的力量。

我以我手执新笔　我以我心绘前程

知艺书院　董筱菡

在大学生涯的尾声，回望过去四年的点点滴滴，我感慨万千。这不仅是一段知识的积累，更是一次心灵的成长。

肩负青春使命，共赴青春之约

时光荏苒，回顾过去四年的大学生活，从初入校门的新鲜好奇，到此刻对未来的规划憧憬，我欣慰自己没有虚度时光，迈出的每一步都坚实而有力。学业上，我孜孜以求，勤学深思，苦练躬行，八学期专业课及综合成绩均位列第一名，获得 2 次国家奖学金、4 次一等奖学金、3 次二等奖学金。工作上，我积极参与各类学生工作，担任 25012002 班团支书、25332001 班班长，2101 班朋辈导师。课余时间，我不断充实完善自我，以积极向上的生活态度和广泛的兴趣爱好，让我的大学生活熠熠生辉。

如"竹"坚劲执着，彰显勤学善思

"咬定青山不放松，立根原在破岩中。千磨万击还坚劲，任尔东西南北风。"满怀着憧憬、满怀着期待，从迈入北京理工大学校门的那一刻起，我就深知，只有脚踏实地学习好专业知识，练就过硬本领，才能击水中流，当好新时代的弄潮儿。从课上到课下，从图书馆到自习室，到处都能看到我勤奋好学的身影。课内作业从不含糊，我常常为了一个细节的设计求助老师、与同学讨论、上网寻找相关资料。

与此同时，我积极参与竞赛，喜获佳绩。我获得了 G-CROSS 全球大学生创意奖铜奖，"挑战杯"中国大学生创业计划竞赛北京理工大学校级初赛银奖，十二届全国大学生电子商务创新、创意及创业挑战赛省赛三等奖，

"互联网+"青年红色筑梦之旅赛道校内赛银奖。在参与竞赛的过程中，我体会着设计的魅力，并在老师的指导下，发表了学术论文《酒店餐饮高质量体验的两个维度：菜品菜系与服务设计》。

怀着对中国传统文化的兴趣，我在专业分流时选择了文化遗产与现代设计这一新兴的交叉学科，希望将传统美学普及大众。三年来，我始终致力于用设计助力优秀文化传承与创新。我参加了2021年北京市社会科学基金规划项目"北京古都艺术空间因子挖掘与遗产保护"（21YTB020）、工业和信息化部项目"工业文化实践教育新思路新模式研究（GXZK2022-37）"等课题，期间负责相关数据搜集、课题专题分析、撰写论文，对文化遗产专业有了深入的理解和扎实的文化基础。

每一次亲力亲为的田野考察，每一页工整清晰的笔记，每一个为做好设计苦苦思索的夜晚，一点一滴汇聚，成为我个人能力全方位发展和提升的基础。2023年9月，我被成功推免至清华大学攻读硕士研究生。

本科三年的学习让我深刻地了解到：任何的历史文化，只有反映在现实的当下才能成为历史文化。遗产必须以某种方式介入现实社会才能成为真正的遗产，才会获得生命力。数字化是文化遗产未来可持续发展的必要手段，而信息技术则为文化遗产注入新鲜的血液，提供了新的发掘、呈现、传播方式，也是时代发展的必然。文化遗产保护是一个庞大的议题，涉及许多学科。目前公众对于传统文化的认识仅停留在表面，对于文化遗产的保护意识较为薄弱。同时现阶段大部分的文化遗产只能做到放在博物馆内做静态展示，无法满足文化遗产的保护和传播中讲求文化语境和文化场域的要求。我希望在未来，可以通过信息设计助力文化遗产的永久保存和传播展示，还原更多文化细节，从关键词、图像特征、工序动作以及三维模型建立多个角度方面进行传播的同时，运用多元的交互方式让文化遗产保护这个课题更具趣味性，更有吸引力。

因此，我进入清华大学美术学院科普信息与交互设计专业继续深造，这是本科学习的一种延伸，是在对文化遗产与现代设计这一交叉领域形成广泛认知的基础上，选择一个更为具体的方向深入研究。

大学四年，我从未在学业上懈怠，夜以继日努力。我深知，只有脚踏实地学习好专业知识，才能在未来的舞台上站稳脚跟。

如"兰"空谷幽香，彰显无私奉献

"兰，不以色香自炫，不因无人不芳，岁岁生空谷，留得世人香。君当如兰，默默奉献显精神。"在学院的倡导下，我投身朋辈导师活动，以期成为学弟学妹们的良师益友。面对新入学的学弟学妹们的困惑，我总是笑脸相迎、激情满满，热心地为他们答疑解难。我经常说"办法总比困难多"，我用我的实际行动，贡献着我微薄的力量，助力新同学尽快融入新的环境，感受到"家"的温馨。

作为一名设计学子，我利用自己的手工特长，在课余时间为其他学院的同学教授手工常用技巧、知识，指导大家制作手工艺品，展示心灵之美，打磨悠悠岁月。

学业之外，我积极参与学院、学校组织的各项文体活动。在北京理工大学2021年"青春在党旗下闪光"红色舞蹈展演中，我作为"特艺新语队"一员参演的舞蹈节目《跃动薪火》，将对党的敬仰与热爱融入舞姿，在艺术创作中学习党史，在舞步翩跹中感悟初心。该节目最终取得了二等奖的好成绩！

如"松"屹立挺拔，彰显使命担当

"青松寒不落，碧海阔逾澄。"作为团支书，我组织开展了十余次团日活动。2021年，带领同学们参观北京理工大学校史馆，学习历史，感悟延安精神。2022年5月，书院举办的"百年新风华　理想正当燃"青春诗会活动中，带领支部同学们用诗歌展现新一代青年的良好风貌，献诗青春中国，铸牢使命担当；2022年9月，带领团支部团员开展了"争做模范带头，绽放美丽青春"团日活动，学习贯彻习近平总书记在庆祝中国共产主义青年团成立100周年大会上的重要讲话精神，以实际行动迎接党的二十大胜利召开……我的工作成绩得到了老师和同学们的一致认可，并获得了北京理工大学"优秀团干部"荣誉称号。

作为学院青年志愿者协会主席团成员，我组织策划了学院心理健康节、植树节、中秋节等一系列活动，并参与了学院党史画册的编撰工作。在两年的时间里，我和青年志愿者协会的同伴们一起，鼓励设计专业的学子们投身于志愿活动中，以我们的力量奉献与回报社会。2021年7月，我作为负责人，制作了北京理工大学2021年新生手册。

作为专业班长，我协助老师开展了30余次外出考察。这些学生工作的经历让我更加善于面对压力，挖掘自己和他人的潜力。我也锻炼了组织策划大型活动的能力和领导力，学会了以最恰当的方式促进团队共同进步。

作为学生骨干，我连续三年组织开展社会实践活动，将自己学到的专业知识服务于社会发展，为祖国建设贡献了青春力量。

2021年3—10月，我参与了建党百年"传承老街历史文化，展现今朝时代风采"大栅栏地区前门西河沿街道的党建项目。在活动中，我负责设计民俗部分和党史部分。其中党史部分通过绘画的形式再现了建党百年以来的重要事件；民俗部分则是将当地文化符号转化为墙绘，墙绘全长50米，绘制面积达100平方米，单幅画面长达15米。在完成实践后，我们还结合画面内容产出了冰箱贴等文创产品。这个活动历时半年最终完成并落地，涉及师生百余人次。我们的活动成果受到了《人民日报》、《光明日报》、北京电视台、《北京晚报》等多家媒体的报道，并荣获校级"优秀社会实践团队"荣誉称号。

2021年12月，我参与了冬奥会首钢滑雪大跳台志愿者之家墙面绘制实践项目，所在团队获得了校级"优秀实践团队"的荣誉称号，我们的活动还被中央电视台报道。

在大学四年的学习和生活中，我也曾经历失败和挫折。每一次失败都是对我的考验，也是我成长的机会。我学会了在失败中寻找原因，在挫折中汲取经验，不断调整自己，勇往直前。展望未来，我满怀憧憬。我希望能够将我的专业知识和实践经验，应用到更广阔的领域，为社会做出更大的贡献。

生逢强国时代，强国使命催人奋进！作为一名新时代的青年人，我始终以奋斗作为青春最亮丽的底色，以实际行动展示青年的格局、能量和担当。我志在守正创新，踔厉奋发将青春融入党和人民的事业，在勇毅前行中实现人生价值。对于成绩我永不自满，对于困难我永不低头，在今后的学习、生活中，我将继续坚持德才并重、情理兼修、勇于开拓，拿出超越前人的志气、敢为人先的锐气，切实担当起光荣使命，在实现中国梦的伟大进程中放飞我的青春梦想！

华彩献流年　奋斗谱新篇

求是书院　刘圣洁

"记忆的日子里总是阳光灿烂，我们在荒废也在制造浪漫。"

时间总是走得那么快，让没有准备的我们被毕业追赶。调档、登记、盲审、答辩、毕业合照、毕业歌会、毕业篮球赛、职涯规划讲座……一条又一条的通知、一次又一次的活动，都让原本没有实感的毕业渐渐体验丰满，也让我逐渐开始害怕毕业，害怕离开这个生产了四年故事的围城，害怕同朋友、同学、老师们失去联系，害怕面对未来不确定生活的种种。四年的本科生涯被凝练在了毕业设计论文致谢的十行文字，像一封写给未来的尘封信；四年的成长被记录在本论文中，以自己的视角，见证北理工对我的培养，也回顾自我的成长。

你好，我在

时间回到2020年，我提着行李箱进入北理工的大门，热情的学长为我引路，见到了早已到宿舍的一位舍友，打完招呼便熟络起来，开始了对北理工校园地图的探索。第一次班会召开，每个人都做了简短的自我介绍，我认识了来自五湖四海的优秀同学，见到了尽心负责的班主任老师，确定了团结的班委成员，行政班2008就此缔结，织就本科四年的永久回忆。大一对我而言的确是新的开始，在这一年里，我尝试参与书院开展的运动会方阵演出、学科节，开展团委活动与班级活动，在完成学业的同时丰富了不同维度的生活体验，在开展学生工作的同时锻炼了自己的人际交往能力。

德育开题是这一学年绘卷中的点睛之笔，借此机会，我为自己制定了保研、自学知识、培养学科素养的短期目标和锻炼身体、培养创新思维的长期目标，明确了"做一个对国家、对社会有用的人"的初心与使命。作为努力的方向舵、航行的灯塔，我的德育开题有幸受到班主任、学育导师、德育导师、辅导员的指导，扣好了人生"第一粒扣子"。就这样，在开会、上课、集体自习、参加活动的循环中，一年的时光悄然飞逝。

新岁，成长

大类培养结束，我们开始了专业分流，曾经一同上课的室友因为课表不同，不再一同奔波，让我感受到了生活不再并行，也让我认识到此后的人生不应当如高中一样，所有人按照相同的步调，进行相同的活动。此外，经过一年的专业学习，行政班有人离开、有人到来，扬长避短、继往开来，每个人都在追逐梦想与认识自我的博弈中不断成长，初步引发了我对自己将行之路的思考。专业分流后我们开展了专业内通识课培养，因此遇到了新的同学和老师，建立了新的联系，学习了不同领域的知识技能，为全面提高自己的素养打下了坚实的基础。同年，我同朋友一起开拓自己未走过的道路，以鲜花、美酒、夕阳、海浪，为生活涂抹了亮色，珍藏成为美好的回忆。我积极参与了许多科创项目和竞赛，在不同的赛事中或担任队员，或担任工作人员，见证了我校科创的繁荣，也为我的科研之路积累了经验。我尝试走出自己的舒适区，选修了现代舞、流行音乐鉴赏、视觉审美与设计赏析等与专业完全不相关的课程，在提高审美、扩展视野方面贪婪地吸收知识，服务于理性独裁的自我中为数不多的浪漫主义。

彷徨，迷惘

经过了两年的积累，德育答辩开题时树立的目标也在逐步被践行。我们如期在线上开展了德育中期答辩，验收了两年来的奋斗成果，也明确了接下来的努力方向，为德育结题立下了里程碑。

大类专业完成了小方向的分流，我们也开始了专业核心课程的学习。教学班的建立，让我认识了许多志同道合的新同学，凝聚起共同努力、一同前进的共识，实现了团结一致、相互扶持的佳话。良师指导、益友陪伴，让我在关键的大三学年能够从容地面对科创结项、专业课学习、未来去向抉择等一系列的考量，化解了无处不在的任务焦虑，减轻了自己的精神压力。在完成专业课内容之外，我也对自己的升学做出了规划与尝试，积极搜寻专业相关的保研信息，参与各大高校的夏令营活动，争取推免的资格，最终在四处的奔波与深思熟虑的权衡后确定了自己的升学去向，前往北京大学，继续在材料科学领域深造。等待、抉择的过程总是煎熬的，但好在经历了山重水复疑无路的彷徨，等来了柳暗花明又一村的释然。在一切尘埃落定后，又准备重拾行囊，投入更深入的研究生学习阶段，接受专业的科研训练，以自己的绵薄之力，为祖国的科研事业做出一份贡献。

挥手，再见

离开了三年所在的良乡，启程来到中关村，近距离感受首都的繁华与富饶。前程去向尘埃落定，繁忙的课业逐渐结束，取而代之的是短暂的闲暇和毕业设计的任务。完整地开展一个陌生领域的实验确实让我充满了焦虑与不安，但经历科创项目的洗礼，实验的失败似乎并非难以接受。就这样在日夜奔波中，我一点点推进实验进度、与同门交流、与舍友争论，度过了充实完整的大四生活，也为自己的研究生生涯奠定了基础。在与新朋旧友语言交流、思想碰撞的过程中，我不断地开阔自己的视野，不断地实现自己既定的目标，不断地规划自己未来的人生，不断地思索自己的理想。随着相机快门的按下，行政班、教学班的毕业合照宣告了本科四年的完美谢幕。画面里的我们青春洋溢、朝气蓬勃，故事里的我们跌跌撞撞、奔向远方，开启各自新的生涯，继续欢笑、奔跑、跌倒、爬起、再奔跑。

回首四年，惊觉自己的成长已经超越了自己的认知，让很多进步变得无感。完成了离开父母独自生活的成长，学会了安排时间与金钱的花销，做到了处变不惊的沉稳，学到了权衡得失、承担后果的责任，结交了无话不谈、悲喜同当的朋友，结识了热情负责、亦师亦友的老师，学到了深奥的专业知识，见证了人生之路百花齐放的可能……

学习、考试、立项、结项、担任班委、参加社会实践、担任志愿者、参加学生组织社团……万千记忆汇聚成了本科生涯的万花筒，让我不禁对此感到自豪。我始终记得初见北湖夜晚的星光、北湖桥的美丽夜景；始终忘不掉陪伴我三年的食堂美餐、转角处的甜美糕点；忘不掉临近毕业学校引进的羊驼、孔雀，成为继北湖天鹅后的又一道风景名片；忘不掉空旷教室里每个自习的夜晚，那是本科最华丽的乐章；忘不掉即将建成的新楼，暗叹幸运的新生学子得以享受新设施的便捷……

经过大学四年的洗礼，"寻梦"似乎在离越来越多的朋友远去，面对前程、面向社会，更多人选择了脚踏实地而非空谈理想。一直觉得大学四年很漫长，漫长到可以忘掉理想，但转眼间，毕业催人忙。我们带不走北理工的一片云朵、一抹晚霞，但带得走老师们的祝福与谆谆教诲，带得走"德以明理、学以精工"的校训，带得走国家人民的希冀，扛得住中华民族伟大复兴的历史重担。我们将继续成长，完成从学生到社会人的蜕变，对自我负责，对家庭、社会、国家负责。我们建立了一定的知识体系，树立了正确的人生观、价值观和世界观，成为对社会有用的人才中的一分子，在不远的未来将为社会创造更多价值，为伟大祖国的建设贡献属于自己的一份力量。无论过往精彩还是平淡、无论此刻激动或是失落，人生的里程碑即将落地，就让我们怀揣梦想、展现自信，同过去告别，奔赴新的未来！

或许成长的过程就是这样，用大把的时间迷茫，在几个瞬间成长，而那些所谓的遗憾，不过是照亮前路的光。何必踟躇于身后的半亩方塘，道路前面还是道路，远方的尽头依旧是远方。

此后，我将踏雪循霜，谨记德育、学育导师的教诲，践行为国为民的理想。

此后，我将身披星尘，与校史上众多星辰一起，分享"北理工人"的光荣，赓续"北理工人"的辉煌。

北理工一场焰火，

我曾盛开过。

阅己　越己　悦己

明德书院　谭想

时间飞逝，转眼间我即将从大学毕业。这四年的大学生活，既充满了挑战，也充满了收获。回首大学生活，有过轻松，有过沉重，有过懈怠，也有过迷茫，偶尔会觉得单调，有些事情自己并没有做到最好，有些设定的目标并没有达到，自己仍存有遗憾。但我还是觉得很丰富，在这个过程中我收获了成长的快乐，获得了很多感悟，这些所得将作为我人生的宝贵财富，让我以后的道路走得更加坚实有力。

学术之路：探索与成长

四年的大学生活转瞬即逝，我在西班牙语专业的学习道路上不断前行，用坚持和努力铸就了一段难忘的学术之旅。回顾这段历程，我不仅在知识积累上取得了丰硕的成果，更在实践中不断提升自我，收获了宝贵的经验和感悟。

在学习方面，我始终保持着对西班牙语学习的热情和专注。我深知，西班牙语不仅仅是一门语言，更是一种文化、一种历史的传承。因此，我努力学习每一门课程，从语音、语法基础，到文学、历史、文化课程，不断拓宽自己的视野。通过不懈的努力，我的成绩一直名列前茅，多次获得校级奖学金和校级"优秀学生"荣誉称号。同时，我也顺利通过了西班牙语专业四级和八级考试，这两大里程碑，不仅是对我语言能力的肯定，更是对我学习态度的认可。

同时，我注重将所学应用于实践中。我积极参加学校组织的各类外语节活动，如西班牙语演讲比赛、口语角、文化展览等。这些活动不仅让我有机会展示自己的语言才华，更锻炼了我的口语表达能力和组织能力。此外，我还积极与拉美国家的朋友进行互动交流。通过参加线下外语文化节，我与来自不同国家的朋友建立了深厚的友谊。在与他们的交流中，我不仅提高了自己的口语水平，还深入了解了拉美文化及其社会风貌。这些实践经验让我更加深入地感受到了语言学习的魅力和价值。

在学习西班牙语的过程中，我遇到了许多困难和挑战，尤其是在语法和听力方面。但是，我始终相信勤能补拙的道理。我利用课余时间自主学习、请教老师、与同学交流讨论，不断克服学习中的困难。同时，我积极参加各种课外辅导和讲座活动，不断拓展自己的知识范围。这些努力让我逐渐克服了学习中的难题，并取得了显著的成绩。

个人素质：提升与修炼

大学并不仅仅是学术的殿堂，更是锻炼和实践的舞台。我珍惜每一个实践机会，努力将所学应用到实践中去。我有幸加入了建党百年"七一勋章"颁授仪式的工作人员队伍。这次经历让我深刻感受到了党和国家对历史的尊重和对未来的期许。我负责的工作虽然微小，但每一份付出都凝聚着对祖国的热爱和对党的忠诚。这次经历不仅锻炼了我的组织协调能力和团队协作能力，更让我深刻体会到作为一名中国人的自豪感和使命感。

我还有幸成为北京冬奥会奥林匹克媒体转播的实习生。这次实习让我更加深入地了解了体育赛事的运作和管理，也让我接触到了来自世界各地的媒体同行。在实习期间，我积极参与了媒体转播的各个环节，从前期筹备到现场执行，再到后期总结，每一步我都受益匪浅。我不仅学会了如何与媒体同行有效沟通，还提高了自己的应变能力和解决问题的能力。这次实习经历不仅丰富了我的人生阅历，也让我更加坚定了自己未来的职业方向。

此外，我还积极参与了影视作品译制版制作和校对的工作。在这个过程中，我深刻体会到了语言文化的魅力和挑战。为了准确传达原作的意图和情感，我反复推敲、不断修改，力求做到精益求精。同时，我积极参与学院的志愿活动，如支教、环保等，用自己的实际行动为社会贡献一份力量。这些经历不仅让我学会了感恩和奉献，也让我更加珍惜自己所拥有的生活和学习机会。

校园生活：多彩和充实

在明德书院文艺部担任部员期间，我积极参与各类文艺活动的策划和组织工作。从方案讨论、人员协调到现场执行，每一个环节都充满了挑战和乐趣。此外，我还参与组织了深秋歌会、纪念"一二·九"歌咏比赛等活动。这些经历让我更加深入地了解了校园文化和社会活动的重要性，也提高了自己的综合素质和领导能力。

在大三时，我有幸担任了北理工社团中心主席一职。这个职位让我有机会更加全面地了解社团管理和运营。我积极组织各类社团活动和比赛，如北湖音乐节、社团文化节、社团评优等，不仅丰富了同学们的课余生活，也提高了社团的凝聚力和影响力。同时，我注重加强社团之间的交流和合作，推动社团文化的繁荣发展。在这个过程中，我不仅锻炼了自己的组织协调能力和领导能力，还学会了如何与不同背景的人有效沟通、协作。

我积极学习党的理论知识，参加党支部活动。我深知作为一名大学生，要时刻关注国家大事和社会热点问题，保持高度的政治觉悟和责任感。因此，我积极参加党支部组织的各类活动，如主题党日、志愿服务等，不仅增强了自己的党性修养和政治觉悟，也提高了自己的社会责任感和奉献意识。在大三时，我顺利入党，成为一名光荣的共产党员。我时刻牢记自己的党员身份和职责使命，积极履行党员义务，为党的事业贡献自己的力量。

展望未来：规划与期待

随着保研的尘埃落定，我即将踏上新的学术旅程，前往上海外国语大学新闻学专业深造，专攻国际新闻和传媒方向。这一决定不仅是我学术道路上的一次重要跨越，更是我人生规划中浓墨重彩的一笔。

回顾过去的岁月，我深感自己在学术上的努力和坚持是正确而值得的。新闻学作为一门综合性强、实践性强的学科，要求我不仅要掌握扎实的专业理论知识，还要具备敏锐的新闻嗅觉和出色的实践能力。而西班牙语作为我本科阶段的学习重点，更是为我未来的学术发展提供了无限可能。我坚信，将西班牙语与新闻传播相结合，将成为我未来学术道路上的独特优势。

在未来的学习生涯中，我将以更加饱满的热情和坚定的决心投入新闻学的学习中。我深知，新闻学不仅仅是关于文字、图片和视频的编辑与制作，更是关于如何把握时代脉搏、传递社会声音的重要使命。因此，我将努力学习新闻学的专业理论知识，不断提高自己的专业素养和实践能力。同时，我将积极参与各类实践活动和志愿服务，通过实践锻炼自己的能力和素质，为未来的职业生涯打下坚实的基础。

在未来的道路上，我将不断反思和自省，了解自己的长处和短处、明确自己的目标和方向。我将努力发挥自己的优势、弥补自己的不足、克服自己的缺点，成为一个更加完整、更加优秀的自己。同时，我将学会将目光专注于自己，关注自己的内心世界和成长过程。我相信，只有真正了解自己、接受自己，才能够更好地突破自己、实现自我价值。

　　展望未来，我充满了信心和期待。我相信，在上海外国语大学新闻学专业的学术殿堂中，我将不断汲取知识、锻炼能力、拓宽视野；我相信，在将西班牙语与新闻传播相结合的过程中，我将不断挑战自我、突破自我、实现自我；我相信，在继续保持对生活的热爱和向往的同时，我将不断感受生活的美好、享受人生的精彩。

　　那些看似波澜不惊的日复一日，总有一天会让你看到坚持的意义。愿我们都能活出人生的无限可能性，一直走在开满鲜花的路上！

不忘初心　砥砺前行

特立书院　吴家星

大学四年，历经种种，终临毕业，我不知是应该兴奋激动还是应该感怀悲伤，思绪良多，不知该如何下笔。毕业意味着本科阶段的终点，也代表着下一阶段的起始。不管怎样，本科四年，收获颇丰，借此德育答辩机会，回顾四年历程，是总结亦是反思。站在人生的这一重要节点，心中充满了无尽的感慨：从怀揣军工报国的梦想，到踏入北京理工大学，再到即将结束本科阶段，每一步都凝聚着辛勤与汗水，在不知不觉中经历着成长与蜕变。

初识北理工，坚定信念

自幼便满怀军工报国的一腔热血，期望能为国家做出些许贡献，才算不枉此生。高考后，因缘际会来到北理工就读，跟从初心坚定地选择了机电学院的智能无人系统专业，期望能够在军工领域学有所成、学以致用。犹记得，在 2020 年入学之前，对于北理工、军工等关键词有着无限的憧憬，曾满怀壮志地写下"往昔峥嵘尽成空，无畏无念但问耕"的期许；真正踏入校园，才认识到军工报国需要的不仅仅是一腔热血，更需要脚踏实地、一步一个脚印地耕耘学习。

彼时的我，怀揣着对尖端科技的兴趣以及军工报国的理想，不可谓不斗志昂扬，然而正式开学后的课程学习却给了我当头棒喝。我开始认识到，想要成为一名综合素质高、专业能力过硬的科研工作者，足够的理论知识储备以及过硬的工程实践能力是根本前提。而对于数理基础本就薄弱的我来说，头三年的各类基础课、专业课学起来更是困难重重。在屡屡碰壁之中，我曾无比羡慕那些基础过硬、优秀机敏的同学和前辈们，他们能够轻松掌握那些在我看来晦涩难懂的理论知识以及复杂的实践工具。我也曾踌躇迷茫，甚至多次怀疑自己是否适合这个专业，自己最初的兴趣和理想是否已然成了空想而无法践行，自己是否注定要一直在挣扎中碌碌无为。

但是，对自己的怀疑没有成为阻止我前进的阻碍。我深知，这是一条充满挑战的道路。我坚信，只要我付出足够的努力，就一定能够实现梦想。

学海无涯，砥砺前行

回顾四年的大学生活，衡水中学严格的管理下养成的好习惯并没有在我的大学生活中延续，大学的松弛与自由让我一度有点找不到方向。大一时谨小慎微，大多时候是中规中矩的；大二时，整个学年的状态都很颓废，都是被动地学习；大三时，在心态以及习惯方面进行了调整，觉得有了大学生活的归属感，逐渐回归正轨；大四顺利地保研之后，进入课题组开始毕业设计以及相关项目的研究，才算真正找回了自我，找回了自己来北理工的初心。

在这四年里，我经历了无数次的挫折和失败，也体验了无数次的喜悦和成功。我始终坚持着"学海无涯，砥砺前行"的信念，不断地挑战自我，超越自我。我利用课余时间参加各种学术竞赛和实践活动，锻炼自己的实践能力和团队协作能力；我积极向老师和同学请教问题，弥补自己的知识短板；我还参加了学校的科研团队，参与一些科研项目的研究和开发工作。这些经历让我更加深刻地认识到，只有不断地学习和实践，才能不断提高自己的综合素质和专业能力。

在北理工的四年本科时光，我经历了人格的成长与心智的成熟。

遇见良师，受益匪浅

回想过去的经历，感觉自己每天都还算乐观积极，能够勇敢地面对遇到的困难和挫折，总之，尽管心情跌宕起伏，但一觉醒来，终归还是能够步入正轨，不至于自暴自弃。

我特地回顾了德育开题时写下的期许：具有良好的素质品行，践行中华传统美德。勇敢的而非怯懦的，细心的而非粗犷的，踏实的而非轻浮的，善良的而非恶毒的，包容的而非狭隘的，乐观的而非消沉的，自己应该算是做到了吧，并且在不断进步。

我觉得这一切都离不开良师益友的帮助。

在这四年里，我有幸遇到了一些优秀的老师和同学。他们不仅在学习和科研上给予我很大的帮助和支持，更在人生道路上给予我指引和启示。其中，我最感激的是我的指导老师王强老师和郝忠虎老师。他们学识渊博、谦逊温和、脚踏实地做实事，为我树立了绝佳的学习榜样。他们不仅在我的毕业设计过程中给予我悉心的指导和帮助，更在我的人生规划上给予我很多宝贵的建议。在他们的悉心指导下，我不仅掌握了扎实的专业知识和技能，更学会了如何做人、如何做事。

大学生活中宝贵的经验和教训将伴随我一生，成为我未来道路上最坚实的支撑。

投身实践，锻炼能力

除了学习和科研之外，我还积极投身到各种实践活动中去锻炼自己的能力和素质。在大学期间，我担任班级的团支书，并且在大三按期转正成为一名光荣的中共党员。

2022年，我有幸参与北京冬奥会赛事转播工作。我的英语并不好，但渴望去见一见世面。还记得在选拔培训的时候，没有评分标准，只是通过工作中HR的观察来选择录用人选。当时没有想那么多，只是觉得需要我做的并且我能做的就尽力去做，也是一个学习、接纳、进步的过程。在一次工作完成收线的时候，我帮忙收了两整卷将近1 000米的线缆，而这被HR看在眼里，我觉得我最终能够入选，可能跟此举也有一定关系。在冬奥会工作期间，我虽然英语表达水平有限，与外国友人交流存在一定困难，但我还是会主动跟他们接触，去感受不同国家的人情礼仪。写在这里，不是觉得这件事有多么难忘或值得骄傲，只是觉得这是个成长的契机。从前没有这么多和陌生人交往的机会，仅仅是在熟悉的小圈子里交友、吃喝玩乐，冬奥会的这段经历打开了我的眼界，让我有了更多不同的认知。

此外，我还积极参加了各种社会实践活动和志愿服务活动，如支教、环保、扶贫等。这些活动让我更加深刻地认识到了自己的责任和义务，也让我更加珍惜和感恩生命中的每一个机会和每一个瞬间。

展望未来，勇攀高峰

值此毕业之际，向一直给予我帮助和鼓励的师长、亲人和朋友们致以深深的感激。

四年的大学生活即将结束，但我深知自己的学习和成长之路还很长。在未来的道路上，我将继续坚持"不忘初心，砥砺前行"的信念，不断追求自己的梦想和目标。我将继续努力学习专业知识和技能，不断提高自己的学术水平；我将积极投身社会实践，提高自己的综合素质；我将关注国家和社会的发展动态，为祖国的繁荣富强贡献自己的力量。我相信，在未来的道路上，我一定能够勇攀高峰、实现自己的梦想和目标！

最后，以一首小诗作为结尾，既是对自己过往的告别，也是对自己未来的期许。

风雨晦暗何足惧？
长虹出鞘贯云天。
使命在肩多磨难，
愈挫愈勇越难关。

砥砺前行　学术精进

特立书院　王墅

大学四年的生活转瞬即逝，作为北京理工大学的一名本科生，我在这里度过了人生中最重要的阶段。回顾这四年，有得有失，但无论是学术上的成就，还是个人品质的提升，都让我深刻体会到"德以明理，学以精工"的校训精神。这篇德育答辩论文将从学业、科研、社会实践和个人成长等方面，对我的大学生活进行总结，并展望未来的职业和人生道路。

学业总结

扎实基础，砥砺前行

进入大学的第一年，我满怀憧憬与期待，加入了北京理工大学徐特立学院。这是一个充满活力与热情的地方，每一位同学都在不断追求知识与真理。在这里，我逐渐明确了自己的学术方向和志向，并坚定了在数学领域深入探索的决心。

在学院的培养下，我系统地学习了高等代数、微积分、统计学等核心课程。这些课程不仅使我掌握了扎实的基础知识，更重要的是培养了我的学习方法和研究思维。通过一年的学习，我对未来的学术道路有了明确的规划。

在课程学习过程中，我不仅注重理论知识的积累，还积极思考如何将所学知识应用于实践。课堂内外的知识探索，使我在学术上不断进步，为未来的科研工作奠定了坚实的基础。这些宝贵的学习经历不仅提高了我的学术水平，也为我未来的职业发展提供了强有力的支持。

经过一年的努力和探索，我深刻认识到，扎实的基础知识是进行科研和创新的关键。在大学的学术环境中，我不仅积累了丰富的知识，还培养了严谨的学术态度和创新精神。这些都将成为我未来继续前行的重要动力。

竞赛锻炼，才干精进

在大学期间，我积极参加各种学科竞赛，特别是在统计建模和数学建模方面投入了大量的时间和精力。这些竞赛不仅是对我学术能力的检验，更是在实践中提升自我的宝贵机会。

备战竞赛是一个系统性工程，首先需要对竞赛内容和要求进行全面了解。为了备战第九届全国大学生统计建模竞赛，我和团队成员深入研究了往年的竞赛题目和优秀作品，分析其中的数学模型和解决方案。我们利用课余时间，进行了大量的实战演练，不断模拟比赛场景，找出自身的不足并加以改进。在竞赛过程中，我们遇到了许多挑战。从数据搜集、清洗到模型构建和验证，每一步都需要高度的专注和团队的密切合作。特别是在面对复杂数据和多变的实际问题时，我们需要结合所学知识，灵活应用统计方法，最终建立可靠的数学模型。通过团队的共同努力，我们在第九届全国大学生统计建模竞赛中，赢得了北京市一等奖和全国三等奖。

在第七届中国国际"互联网+"大学生创新创业大赛中，我们团队以创新的思维和扎实的技术背景为基础，设计并提出了一个具有市场潜力的项目方案。在项目实施过程中，我们不仅需要进行技术开发，还需要调研市场需求，制订商业计划。通过对项目的不断完善，我们最终获得了全国银奖和北京市一等奖。

这些竞赛经历不仅让我在专业知识上得到了提升，更重要的是培养了我的实践能力、团队合作精神和创新思维。在竞赛过程中，我们学会了如何在高压环境下保持冷静，如何分工合作、互相支持，以及如何在困境中寻求突破。通过这些实际的竞赛经历，我深刻体会到理论知识与实践相结合的重要性。竞赛不仅是知识的比拼，更是综合能力的展示。在竞赛中遇到的各种挑战和问题，成为我成长过程中的宝贵财富。

竞赛带来的精神收获同样不可忽视。在每一次竞赛中，我都感受到团队合作的重要性，学会了如何与队友有效沟通，如何协调不同意见并达成共识。这种合作精神不仅在竞赛中得到了体现，也在我的日常学习和生活中发挥了重要作用。此外，竞赛培养了我坚韧不拔的意志和迎难而上的勇气。在面对困难和挫折时，我学会了如何保持积极的心态，如何通过不断努力和调整策略来解决问题。这些精神品质将伴随我一生，激励我在未来的道路上不断追求卓越，迎接新的挑战。

科研探索

广泛阅读，渊博学识

在大学期间，我不仅专注于课堂学习和竞赛，还积极参与科研项目，逐步走上了科研的道路。刚开始时，我对科研充满了憧憬，但面对全新的领域和专业方向，心中也充满了未知与忐忑。

我决定加入陈建斌导师的课题组，参与试验设计方向的研究。初次接触全英文的学术论文时，我感到既兴奋又有些吃力。每篇论文都是一个全新的世界，包含着丰富的理论知识和复杂的数据分析方法。尽管刚开始时阅读论文的速度很慢，但我没有退缩，通过不断地阅读和学习，我逐渐适应了这种学术研究的方式。

在这个过程中，我学会了如何高效地查找和利用学术资源，如何批判性地阅读和分析文献。阅读大量文献不仅让我对试验设计的基本理论有了更深入的理解，也开阔了我的学术视野，使我了解到统计学的前沿动态和最新研究成果。

通过不断学习和实践，我逐渐掌握了将理论知识与实践技能相结合的方法。在科研过程中，我参与了项目立项、实验设计、数据分析和论文撰写等工作，从最初的迷茫逐渐变得心应手。这些经历不仅提升了我的学术水平，也让我对统计学的前沿领域有了更深入的认识和理解。

项目实践，学术成长

科研不仅是知识的积累，更是实践能力的提升。在大学期间，我有幸参与了多个重要科研项目，其中包括"空天网信"项目。这个项目不仅需要我们在技术上有扎实的基础，还需要进行政策支持分析和可行性建议的制定。

在项目的筹备阶段，我们首先对现有的政策和技术进行了详细的调研，并与多个领域的专家进行沟通，了解他们的需求和建议。然后，我们制订了详细的项目计划和实验设计方案，并进行了多次模拟实验，验证我们的假设和模型。

在实际的项目执行过程中，我们遇到了许多意想不到的困难和挑战。数据的获取和处理、实验的反复调整和验证都需要我们团队密切合作，共同面对和解决。通过不断地尝试和改进，我们最终成功地完成了项目目标，并获得了北京市"互联网+"一等奖和全国银奖。

这一经历不仅锻炼了我的科研能力，还让我深刻认识到团队合作和跨学科交流的重要性。项目的成功离不开团队每一位成员的共同努力，在科研工作中，沟通和协作是解决问题的关键。

通过这些科研经历，我不仅积累了丰富的知识和经验，更重要的是培养了严谨的科研态度和创新精神。在面对复杂的科研问题时，我学会了如何保持冷静和理性，如何通过不断学习和探索找到解决方案。这些宝贵的经验和品质将为我未来的学术和职业发展打下坚实的基础。

克服困难，坚定科研

科研的道路并不平坦，但正是这些困难和挑战让我不断成长和进步。刚开始接触科研时，我常常感到迷茫和无助。面对大量的文献和复杂的数据分析，我一度怀疑自己是否能够胜任这项工作。然而，每当我想要放弃时，导师和同学们都会鼓励和支持我。

我逐渐认识到，科研不仅仅是知识的积累，更是一种探索和创新的精神。每一次失败和挫折，都是对我的一次锻炼和提升。在克服困难的过程中，我学会了如何调整心态，如何保持对科研的热情和专注。通过不断的努力和坚持，我不仅在学术上取得了进步，也在个人品质上得到了提升。

科研的过程让我明白，成功的背后往往伴随着无数的艰辛和付出。每一次实验的成功，每一篇论文的发表，都是对我努力和付出的肯定。我将继续保持对科研的热爱和追求，不断探索和创新，为统计学的发展贡献自己的力量。

在未来的科研道路上，我将继续努力，不断挑战自我，追求卓越。我相信，通过不断学习和实践，我一定能够实现自己的科研目标，为社会的发展和进步贡献自己的智慧和力量。

社会实践与服务

热衷奉献，服务校园

在学术和科研之外，我还积极参与校园活动和社会实践，担任了多个重要职务，如行政班班长、教学班联络人、学长团负责人和党支部书记。在这些角色中，我始终以身作则，发挥模范带头作用，为同学们搭建学习交流的平台，促进班级和谐发展。

我还组织了各种学术、科研和就业方面的活动，为同学们提供了丰富多彩的学习机会，展现了我的领导才能和组织能力。

党建工作，发挥作用

作为特立书院第十三党支部书记，我积极组织和参与各种党建活动，如八宝山革命公墓祭扫、"烽火卢沟桥"爱国主义教育实践活动、优秀党员访谈活动等。这些活动不仅拓宽了党员的视野，也提高了党员的社会责任感和爱国主义精神。

此外，我还注重联合其他党支部进行支部共建活动，在书院搭建的党建平台下，带领支部党员共同研讨党课，提升理论水平。通过这些党建工作，我不仅锻炼了自己的组织能力和领导才能，也增强了对党和国家的责任感和使命感。

志愿服务，社会责任

我深知作为一名大学生，应当肩负起社会责任，积极投身于公益事业。在大学期间，我累计志愿服务时长达400余小时，参与了多项志愿服务活动。其中，我作为发起人开展了"北理思源"活动，广泛参与校内外的实践团队，并在支教活动中深刻感受教育的重要性。

这些志愿服务经历让我深刻认识到，个人的成长和社会的进步是密不可分的。通过实际行动，我践行了"奉献、友爱、互助、进步"的志愿服务精神，为社会的和谐发展贡献了自己的力量。

个人成长与反思

心态调整，面对挑战

在大学的四年中，我经历了很多挑战和困难，但正是这些经历让我不断成长和进步。在学业上，我遇到了难题和瓶颈，但通过坚持和努力，最终取得了优异的成绩。在科研中，我遇到了技术难题和实验失败，但通过不断学习和探索，最终取得了重要的科研成果。

在这些过程中，我学会了如何面对挑战，如何调整心态，如何在失败中总结经验并不断前进。这些宝贵的经验和教训，将成为我未来人生道路上的宝贵财富。

自我认知，明确方向

通过四年的大学生活，我对自己的兴趣和方向有了更加清晰的认识。我热爱数学和统计学，热衷于科研和创新。同时，我也认识到团队合作和社会责任的重要性。这些认知不仅帮助我在大学期间取得了诸多成就，也为我未来的职业和人生规划提供了明确的方向。

我深知，未来的道路上还会有更多的挑战和困难，但我相信，通过不断的学习和努力，我一定能够实现自己的理想和目标。

未来展望

学术深造，追求卓越

在未来，我计划继续深造，攻读研究生学位，进一步深入统计学和数学相关领域。我希望能够在学术上取得更大的突破，为统计学的发展贡献自己的力量。同时，我也希望通过不断学习和实践，提升自己的科研能力和创新思维，成为一名优秀的学者和研究人员。

社会贡献，回馈社会

除了学术追求，我希望能够更多地参与社会公益事业，利用自己的知识和技能，为社会的发展和进步做出贡献。我将继续参与各种志愿服务和社会实践活动，关注教育和科技普及，为教育薄弱地区的孩子们提供更多的学习机会和资源。

我希望能够回馈社会，实现个人价值和社会价值的统一，为国家和社会的进步贡献自己的力量。

个人发展，不断进步

未来的道路充满了未知和挑战，我将保持积极向上的心态，勇敢面对各种困难和挑战。我将不断学习和成长，提升自己的综合素质和能力，实现个人的全面发展。

我深知，成功的道路并不平坦，但只要坚持努力，不断进步，最终一定能够实现自己的理想和目标。

结语

回顾大学四年，在北京理工大学我得到了全面的发展和成长。无论是学术上的成就，还是个人品质的提升，都离不开学校的培养和支持。我将铭记"德以明理，学以精工"的校训，继续努力，不断追求卓越，为未来的学术和职业发展奠定坚实的基础。

在未来的道路上，我将继续勇攀高峰，为社会的进步和发展贡献自己的力量，成为社会的栋梁之材。感谢北京理工大学，感谢所有帮助和支持我的老师和同学，是你们的鼓励和支持，让我在这四年中不断成长和进步。我将以更加积极和坚定的态度，迎接未来的挑战和机遇，不辜负母校的培养和期望。

"志之所趋,无远弗届,穷山距海,不能限也。"青春是一段追梦的旅程,而大学生活是这段旅程中最美好的篇章。要始终相信,知识可以改变命运。不言涓流细,莫道星火微,用一颗真诚的心帮助他人,用知识回馈社会,用炙热的青春激情谱写美好乐章。

第三篇 青春行

青春·在北理工·我的大学

宇航学院　覃霖志

时光如白驹过隙，稍纵即逝，一晃我的大学生活已接近了尾声。回首校园生涯和社会实践生活，有太多的回忆。在这大学时光里，我不断挑战自我、充实自己，有收获、有付出、有迷惘、有困苦，这些经历都是我人生中重要的回忆，为实现人生价值打下坚实的基础。

初来乍到

还记得刚踏入北理工的校园时，我对一切都充满新奇。这里有着优美的校园环境，绿树成荫，鸟语花香，四季青葱与缤纷交替，北湖清新宜人，成群的白鹅是校园里最灵动的点缀；这里有着浓郁的学习氛围，整洁宽敞的教学楼，肃穆安静的徐特立图书馆，神秘偏远的实训楼有许多闻所未闻的实验仪器；这里有着独特的校园文化，"德以明理、学以精工"的校训，"延安根、军工魂"的红色传承……一切都使我备感新鲜，憧憬着自己的大学生活。带着父母望子成龙的期望、远离故乡的不安、对未来学习生活的紧张、对改变自己的希望，我开启了一段难忘的学业生涯。

很快我便发现，现实与理想的割裂很残酷、很无奈。大学自由、自主、开放的学习生活方式和高中填鸭式的学习生活方式有着很大的区别，大多数的时间都需要自己去安排，学习也不再是一味地依赖老师，更不是被动地接收片面的书本信息，而是需要自己去理解、消化、质疑、求证。这对内源性动力不足的我来说，是一个巨大的挑战，需要自己用一段时间去适应。在这段适应期，通过自我的努力与同学、朋友的帮助，我艰难地踏出了第一步，开始管理自己的时间，平衡学习与娱乐，在自由中寻找自律，为大一生活交出了一份满意的答卷。

青春记忆

我不仅关注学习成绩，还积极参与各种课外活动，如志愿服务、学生组织和社团活动。

2020年，恰逢北理工80周年校庆，我迫不及待报名参与了80周年校庆的演出，参与朗诵节目《我们眼中的北理工》。虽然我在节目中并不起眼，但是在不断与同学磨合的过程中，收获了与同学的友谊。

参加学生工作，不仅是大学生活的重要组成部分，也是个人能力成长的重要途径。我曾加入院团委，担任团委培训部干事一职。此前从未接触过类似工作的我，经过一层层面试，如愿加入了所在学院的团委，在学长学姐的指导下开始学习写稿、排版、推送等工作。在工作过程中，我锻炼了自己的组织协调能力和高效执行能力，锻炼了自己的沟通技巧，培养了团队协作能力。

此外，社团活动是我大学生活中最难忘的部分之一。加入北理工舞团，使我从一个腼腆内向的小男孩，成长为开朗自信的大学生，让我有机会更好地认识自己，发现自己也有帅气奔放的一面，原来自己也可以成为舞台灯光下的焦点。从歪歪扭扭拙劣模仿的萌新小白成长为炉火纯青带领新人的队长，练舞室里与队员齐心协力挥洒汗水的身影，演出舞台聚光灯下的合影，都是我记忆里最热血的画面。

这些经历不仅丰富了我的大学生活，还让我结识了许多志同道合的朋友，拓宽了我的视野。无论是志愿活动、学生工作，还是社团活动，都是培养大学生综合素质教育的重要组成部分，它们为我提供了一个展示自我、挑战自我、超越自我的平台，帮助我在学术知识之外全面发展自己的个性和能力，是独属于我的北理工青春记忆。

困难与挫折

生活就像一场无垠的航行，而困难则是海上不期而遇的风暴。没有谁的人生会一帆风顺，我在大学生活中也遇到了自己的难题。

进入高年级后，我面临着一个全新的挑战。课程难度突然增加，让我这个一直以为自己已经做好准备的人，感到了前所未有的压力。课本上密密麻麻的公式和理论，老师口中不停跳跃的专业术语，都让我应接不暇，一时间难以适应。在这个阶段,我并没有选择减轻负担,反而又接下了社团活动和学生工作任务。我以为自己能够游刃有余,却没想到,那只是灾难的开始。

我开始陷入了顾此失彼的窘境,时间仿佛总是不够用。我试图抓住每一个细节,却发现在紧张的学习和工作中,自己的精力和注意力被无情地分散。随之而来的是学习成绩的大幅滑落。面对这一打击,我感到了前所未有的挫败。

为什么我会失败?为什么我不能像别人一样成功?这种无助像一团无法驱散的黑暗,围绕在我的心头。我一度产生了抑郁的情绪,每当夜深人静的时候,那些负面情绪就会涌上心头,让我不禁泪湿枕巾。逃避的想法开始在我脑海中盘旋。我幻想着如果能够逃离这一切,或许就不用再面对这样的痛苦和挫折。我甚至开始减少社交,避开那些曾经让我感到快乐和兴奋的活动,因为我害怕别人的目光和评价。我陷入恶性循环,越是想要逃避,就越是感到自己的无力和绝望。

在经历了一段时间的自我怀疑和挣扎之后,我意识到,逃避并不能解决问题。我开始尝试着与老师和同学沟通,寻求他们的帮助和建议。我也开始重新审视自己的学习方法和时间管理策略,试图找到更加高效和适合自己的学习方式。最重要的是,我学会了调整自己的心态,接受自己的不完美,在困难面前勇敢地站起来,而不是一味地逃避。

通过这段艰难的经历,我逐渐明白了一个道理:生活中的挑战和困难是无法避免的,只有勇敢地面对问题,积极寻找解决方案,我们才能真正地成长和进步。虽然这段经历充满了痛苦,但它让我学会了自我反思和自我调整,让我变得更加坚强和成熟。

结束与开始

时光飞逝,转眼便度过了在北理工校园里的最后一年。这一年对我来说意义重大,我遇到了令人尊敬的导师贺老师。我不是一个传统意义上的好学生,甚至是一个很差劲的学生,但是贺老师给了我一个重新开始的机会,给了我一个重新审视自己的机会。她告诉我自救者人恒救之,不论什么时候都不要放弃对自己的要求,正如她没有放弃我一般。我要向贺老师表达最深切的感谢,她不仅在学术上给予了我巨大的帮助,耐心地指导我,还在生活上给予我关心和支持。她的严谨学风和敬业精神一直是我学习的榜样。在贺老师的悉心指导与不断鼓励下,我原本觉得自己没有能力完成的毕业设计,最终得到了一个令自己满意的成绩。

  我的大学生活即将画上句号，站在这个充满感慨的节点上回望过去，每一个瞬间都如同珍贵的珍珠，串联起我青春的篇章。

  如今，我即将离开这个充满美好回忆的校园，心中既有不舍也有期待。我知道，未来的路还很长，挑战和机遇将会并存，但我相信，凭借着在大学中积累的知识和经验，我已经做好了准备。

  在此，我要感谢所有教导过我的老师，感谢所有帮助过我的同学，感谢所有陪伴我成长的朋友，是你们让我的大学生活如此精彩，是你们让我的青春更加绚丽。虽然我们即将各奔东西，但请相信，无论未来我们身在何方，这份纯真的友谊和共同的回忆都将永存心间。

  再见了，亲爱的大学，你是我人生旅途中一个美丽的驿站。虽然我即将离开，但你给我的每一份知识和每一次成长的经历，都将伴随着我，成为我继续前行的强大动力。

  在未来的日子里，我会带着这份宝贵的经历，继续在人生的舞台上探索和追求。我相信，无论前方的路有多么崎岖，只要心中有梦，脚下就有路。让我们在各自的道路上努力奔跑，不断超越，直到梦想成真的那一天。

  最后，我想对所有即将或已经毕业的同学们说：让我们以饱满的热情和坚定的信念，迎接每一个黎明和夕阳，让青春的梦想在广阔的天空中自由飞翔。祝愿我们大家未来一切顺利，梦想成真！

筑梦航天　德技并进

宇航学院　宋晋语

本文以本人在北京理工大学四年求学期间的德育实践经历为研究对象，探讨了从大一至大四不同学习阶段，如何通过参与各类活动、担任学生干部以及投身科研竞赛，促进个人品德修养、团队协作能力及社会责任感的全面发展。通过对精工书院、宇航学院及飞行器动力工程专业的学习与生活体验的回顾，本文展现了德育教育对理工科学生综合素质提升的重要作用，并提出对未来德育实践的思考与建议。

大一：精工书院的德育启蒙

精工书院的生活与学习

步入大学的校门，我满怀着憧憬与好奇，在北京理工大学精工书院展开了人生崭新的篇章。精工书院，一个融合传统与现代教育理念的摇篮，不仅致力于构建坚实的学术基础，更将人文素质教育与社会责任感的培养置于同等重要的位置。这里，知识的海洋浩瀚无垠，而个人成长的舞台同样宽广。

在精工书院的第一年，我经历了从高中到大学生活的跨越，每一步都充满了新奇与挑战。书院精心设计的课程体系，不仅覆盖了数学、物理、化学等基础科学领域，还穿插了丰富的文学、哲学、历史等人文学科内容，旨在拓宽我们的视野，让我们在追求科学技术进步的同时，不忘人文精神的滋养。正是这样的课程设置，让我深刻认识到，工程技术的背后，是对人类社会深刻的关怀与理解。

"新生引航"系列讲座和工作坊，成为我德育的启蒙之旅。学界精英、行业领袖或社会活动家，不仅分享各自领域的前沿知识，更以亲身经历向我们诠释何为责任、何为担当。在那些生动而富有启发性的对话中，我开始领悟到，作为未来的工程师，我们不仅是技术的创造者，更是社会进步的推动者。我们所设计的每一款产品、解决的每一个问题，都应当以增进人类福祉为目标。我们不仅要有精湛的专业技能，更须具备高尚的道德情操和社会责任感。

正是精工书院的这种教育理念，让我在学习之初就树立了全面发展的目标。我意识到，无论是探索宇宙的奥秘，还是改善人类的生活质量，都需要工程师具备宽广的视野、深厚的人文情怀以及强烈的社会使命感。因此，我积极参与各种社团活动与志愿服务，努力将所学知识转化为服务社会的实际行动，力求在实现个人价值的同时，为构建更加美好的世界贡献自己的力量。

总之，精工书院的第一年，是我个人品德修养与专业技能同步提升的关键时期。在这里，我不仅为成为一位优秀的工程师打下了坚实的基础，更重要的是，我学会了如何以一名有责任感、有温度的科技工作者的身份，去观察世界、理解世界，并最终改变世界。

院运会与体育部的经历

大一那一年，我参加了学院运动会。起初，我以运动员的身份参与其中，每一次奔跑、每一次跳跃，都不仅仅是对身体极限的挑战，更是对自我意志的锤炼。在汗水与欢呼声中，我感受到了竞技体育独有的魅力，以及它带给我的毅力与坚持。

然而，我的旅程并未止步于此。不久之后，我有幸被吸纳为体育部的一员，这不仅仅是一个身份的简单转换，更是我大学生活中一次重要的角色蜕变。作为体育部的新成员，我从参与者转变为组织者，这一过程让我亲身体会到幕后工作的不易与重要性。从组织日常的训练计划到策划运动会的各个环节，每一步都考验着我的组织协调能力、时间管理能力以及面对突发情况时的应变能力。我开始学习如何高效沟通，如何激发团队成员的积极性，如何在有限的资源下做出最优化的安排。这些经历，如同一块块磨刀石，逐渐打磨着我的能力，塑造着我的责任意识。

在这个过程中，我深刻体会到了团队合作的力量。无论是筹备过程中的头脑风暴，还是执行阶段的紧密配合，每一个成功都离不开团队成员之间的相互信任与支持。我们共同面对挑战，共享成功的喜悦，这份经历让我明白了集体智慧与合作精神的重要性，它们是团队取得成功不可或缺的基石。

此外，在这一系列的实践活动中，我还逐步培养了自己的领导力和执行力。领导力体现在我能够引领团队克服困难，朝着共同的目标迈进；执行力则体现在我能够将规划好的策略迅速转化为实际行动，确保任务高效完成。

这些宝贵的能力，无疑为我日后的学习、工作乃至整个人生道路铺垫了坚实的基础。

总而言之，大一期间参与院运会并加入体育部的经历，不仅让我在体育竞技中锻炼了身体，更在团队工作中磨砺了心智，收获了宝贵的组织管理经验，为个人的全面发展与领导才能的培养奠定了坚实的基础。这段时光，成为我大学记忆中最闪耀的部分之一，激励着我不断前行，勇于担当，追求卓越。

大二：宇航学院的领导力锻炼

宇航学院的学习挑战

转至宇航学院，意味着我踏入了一个全新的学术领域，这里的天空更加广阔，梦想也更加高远。宇航科学的深邃与复杂，无疑对我提出了前所未有的挑战。课程内容的深度与难度大幅度提升，涵盖了航空航天的基础理论、先进材料、飞行器设计、轨道力学等多个方面，每一门课程都要求我具备扎实的数理基础和严谨的逻辑思维能力。这样的学术环境，不仅是对知识掌握程度的考验，更是对自学能力、问题解决能力以及持续探索精神的极致挑战。为了适应这种高强度的学习节奏，我不得不重新审视并优化自己的时间管理策略，学会在繁重的课业与个人生活之间找到平衡点，确保每一分钟都能被高效利用。

与此同时，我深刻意识到，自主学习不再是选择题，而是必答题。在宇航学院，我逐渐养成了自我驱动学习，主动查阅最新科研文献，参与学术讨论，甚至尝试进行小规模的研究项目。这种主动求知的方式，不仅帮助我巩固了课堂所学，更让我在专业领域内保持了敏锐的洞察力和创新思维。

我深知，作为一名未来的航天人，除了具备过硬的专业技能外，还需要具备高尚的道德情操和社会责任感。因此，我积极参加学院组织的各类德育活动，如航天精神研讨会、科技伦理讲座等。这些活动让我深刻理解到，航天事业的发展不仅仅是技术的突破，更是人类文明进步的象征，背后承载着对未知的探索精神、对国家的忠诚以及对全人类福祉的贡献。我尝试将这些高尚的品德理念融入日常的学习与生活中，无论是对待学术的诚实严谨，还是与同学合作时的尊重互助，我都力求做到最好，不断自我反省、自我提升。

总之，转入宇航学院后，我在学术探索的道路上不断攀登高峰，同时也深化了对个人品德修养的认识，努力使自己成为一名既有深厚专业知识，又具备良好道德品质的全面发展的航天人才。这段经历，无疑为我未来投身航天事业、探索星辰大海奠定了坚实的基础。

体育部部长的角色转变

升任体育部部长，标志着我在大学生活中的角色发生了一次质的飞跃。这个职位赋予了我更多的职责，让我有机会在更广阔的舞台上施展才华。作为部长，我不仅要策划各类体育赛事和健身活动，还要确保每一项活动都能顺利实施，达到预期的效果。这无疑是一项艰巨的任务，但也是一次难得的成长机遇。

我首先面临的挑战就是如何高效沟通。我学会了根据不同情境和对象采取不同的沟通策略，无论是与学院领导的汇报交流，还是与团队成员的日常沟通，我都力求信息传递准确无误与情感真挚表达。我意识到，有效的沟通不仅仅是信息的交换，更是情感的共鸣与信任的建立，这对于团队凝聚力的增强至关重要。

激发团队成员的积极性与创造力是另一挑战。我尝试通过设立明确的目标、认可每个人的贡献、提供必要的资源和支持，以及营造一个开放、包容的工作氛围，来调动大家的积极性。通过团队建设活动和定期的反馈会议，我鼓励每个人发表意见，让每个人都能感受到自己是团队不可或缺的一部分。这种激励机制不仅提升了团队的整体表现，也增强了成员间的默契与友谊。

在组织各项活动的过程中，我面临的最大考验无疑是决策。从活动的主题设定、预算控制、场地安排到应急方案的制定，每一个环节都充满了不确定性，需要迅速而准确地做出判断。我学会了权衡利弊、周全考虑，同时也懂得了适时的决断与灵活应变的重要性。每一次成功的决策，都是对自我信心的一次累积，也是对领导力的一次加成。

通过这些活动的成功举办，我不仅在实践中锻炼了自身的领导力，更重要的是，我深刻体会到服务他人、贡献社会的深远意义。看到同学们在体育活动中洋溢的笑脸，感受到体育精神在校园里传播的正能量，我深知这些看似平凡的努力，实际上是在为构建和谐校园文化、促进学生全面发展贡献力量。这种"赠人玫瑰，手留余香"的成就感，成为我持续前进的强大动力。

总之，担任体育部部长的经历，不仅是我个人能力的一次全面升级，更是一次心灵的洗礼：真正的领导者，不仅是站在前方的向导，更应是背后默默支撑的坚实力量。

大三至大四：飞行器动力工程的科研探索与德育实践的深化

飞行器动力工程的专业深造

进入飞行器动力工程这一高度专业且充满挑战的领域后，我的学习和研究生活翻开了新的篇章。飞行器动力工程，作为航空航天技术的核心组成部分，其复杂性和重要性不言而喻。我全身心地投入这一专业的学习中，深入研读经典与前沿的教材、论文，系统掌握热力学、流体力学、燃烧学以及发动机设计等关键领域的理论知识。同时，我积极参加各类专业讲座和研讨会，与业界专家和学者交流，不断拓宽视野。

在理论学习之外，我积极参与科研实践。通过项目实践，我得以将课堂上学到的抽象概念和公式转化为解决实际问题的工具。

科研之路绝非坦途，每一个项目都充满了未知与挑战。在面对实验失败、数据不理想或理论预测与实验结果不符的情况时，我深刻体会到了科研工作的艰辛与不易。但正是这些挑战，一步步锤炼了我坚韧不拔的意志。我学会了在挫折面前不轻言放弃，冷静分析原因，调整策略，再次尝试。这种坚持不懈的精神，正是科学研究不可或缺的品质。

此外，科研项目中的每一次探索与尝试，都让我对科学的严谨态度有了更深的感悟。在处理数据、撰写报告的过程中，我必须确保每一个数字的准确无误，每一个结论都有充分的证据支持。我学会了批判性思维，对研究结果持怀疑态度，直到经过反复验证才予以接受。这种严谨求实的态度，对于保证科研成果的可靠性和科学性至关重要。

总之，进入飞行器动力工程专业的学习与科研实践，不仅让我在专业技能上得到了长足的进步，更是在精神层面获得了宝贵的财富。我学会了如何将理论与实践相结合，如何在面对困难时不屈不挠，以及如何以一种严谨而负责的态度对待科学研究。这些经历，无疑为我未来在航空领域的探索与贡献奠定了坚实的基础。

科研竞赛的历练与成长

进入大学的第三、第四年，我积极投身于"挑战杯""世纪杯""互联网+"等一系列科技竞赛。这些赛事，汇聚了来自各高校的精英学子，展示了最新的科技成果与创新思维。

在"挑战杯"中，我与团队成员共同设计一种客机的发动机叶轮，从最初的创意萌芽到方案设计、技术攻关，直至最终的产品原型制作，整个过程充满了探索与挑战。我们夜以继日地讨论、实验，不断优化设计方案。在这个过程中，我深刻体会到团队协作的力量。相互的专业特长互补，思想碰撞激发出了许多创新的火花。任何伟大的创新都不是孤立个体的成就，而是团队智慧的结晶。

"世纪杯"则让我直面技术创新的前沿。我们针对客机发动机紧迫需求，设计了一套叶轮发动机。我们不仅需要紧跟技术潮流，更需要跳出传统框架，展现出真正的创新思维。这个经历教会了我，创新不是简单的标新立异，而是在深刻理解问题本质的基础上，寻找更优解决方案。

参与"互联网+"大赛，项目在初赛阶段就遭遇了失败，但这次挫折成为宝贵的财富。我学会了如何从失败中吸取教训，如何在逆境中保持乐观与坚韧。更重要的是，这次经历让我认识到，面对失败的勇气与韧性，是科研工作者必备的素质，也是个人成长中不可或缺的一部分。

每一次竞赛的准备与参与，都是对个人意志的深度磨砺。在高压环境下，我学会了如何在保持高效工作的同时，仍然坚守学术诚信与公平竞争。这些竞赛项目多聚焦于解决社会实际问题，我深刻认识到，作为未来的科技工作者，我们肩负着用科技服务社会、推动社会进步的重大责任。这些经历，不仅提升了我的专业技能，更深化了我对社会责任感的认知，激励我在未来的学习与职业生涯中，持续探索、勇于创新，为社会的发展贡献自己的力量。

总结与展望

回顾四年的历程，从精工书院的基础熏陶到宇航学院的领导力锻炼，再到飞行器动力工程的科研探索，每一步都见证了我的持续成长。德育教育不仅丰富了我的大学生活，更为我未来的职业发展奠定了坚实的基础。

面向未来，我认为高校应进一步加强德育与专业教育的融合，鼓励学生在实践中学习，在学习中成长，特别是在理工科教育中融入更多的人文关怀和社会责任教育，培养出既具有高超专业技能又具有良好道德品质的新时代工程师。

书声琅琅　意气扬扬

宇航学院　宋哲欣

流光如箭，往事千端如烟。转眼间，我将迎来毕业。

北理工带给了我什么？望着电脑屏幕上的空白，一时凝噎。无数回忆涌现，五光十色，苦辣酸甜；路灯的昏黄融入月色，在明澈清爽的夏夜里倾泻而下，正是良辰美景，似水流年。"书声琅琅，意气扬扬"或许便是这段时光的真实写照。

书声琅琅，如琢如磨

在浩渺广袤的宇宙中，在孤独渺小的星球上，人只是一根会思考的芦苇；随着不断流逝的时光，我们只不过是每一个孤独的瞬息。有那么一段时间，我想我陷入了类似的虚无之中；但是学校和同学们用种种实际行动，告诉了我，"没有人是一座孤岛"。千般荒凉，以此为梦；万里蹀躞，以此为归。

刚入学的时刻，是最兴奋的时刻，正是如火热烈般快活，也是如火滚烫般刺痛，烧去过往的一层青涩与无知。

带着对未来的憧憬和期待，我踏进北理工，迈入新的人生旅程。新同学的面孔、新教室的布置、新老师的讲解方式，丰富多彩的课余活动，等等，这些都让我感到既新奇又兴奋。

火一样燃烧的热情让我充满期待地投入新的生活中，如饥似渴地吸收知识，像是加满燃油的汽车在人生道路上横冲直撞。但是，随着课程的深入，学业的压力逐渐沉重。另外，初离故土的惘然，独立生活的茫然，人际交往的惶然，纷纷接踵而至。起初，烈火烹油，鲜花着锦；转眼，黑夜孤寂，白昼如焚。终于，我体会到火焰的刺痛。

烈火烧真金，寒雪出梅香。在学校温暖的关怀下，在新结识的挚友帮助下，我不再是过去那个在父母羽翼下懵懂无知的少年，而是逐渐成长为有思想、有见识的青年。我开始学会独立思考，开始懂得承担责任，开始理解人生的意义和价值；在一次次的挫折中，我开始明白如何面对困难，如何调整心态。我开始懂得，学习不仅仅是为了获取知识，更是为了培养自己的思维方式和学习方法。我开始领悟，人生的一切困难和失败，都是宝贵的财富。每个人都将有"欲渡黄河冰塞川，将登太行雪满山"的时刻，但是要坚信，"长风破浪会有时，直挂云帆济沧海"。

德育开题那天，我想：我要在充分汲取学科知识的同时，"如切如磋，如琢如磨"；我要"博观而约取，厚积而薄发"，"磨而不磷，涅而不缁"；我要有"千磨万击还坚劲，任尔东西南北风"的坚韧；路途漫漫，上下求索，以梦为马，诗酒趁年华。

于是火焰点亮心间一盏明灯，烈烈至今，明耀如昨。

在那时，我拂去一身往事的灰烬，在心底发誓：我发誓不虚掷青春，我发誓不辜负韶光，我发誓不贪恋巢穴的温暖，我发誓要迎风而飞；因为我知道，我当像鸟，飞往我的山。

意气扬扬，携手同行

"长沟流月去无声，杏花疏影里，吹笛到天明。"在北理工，我体会过难忘的欢聚；"春风得意马蹄疾，一日看尽长安花。"在北理工，我体会过喜悦的成就；"闲寻旧踪迹，又酒趁哀弦，灯照离席。"在北理工，我体会过惆怅的别离。

"长沟流月去无声，杏花疏影里，吹笛到天明。"在北理工 80 周年校庆活动中，我自告奋勇，参加了朗诵节目。犹记深夜，我穿着单薄的演出服，冻得哆哆嗦嗦。手脚僵硬地捧起学校送来的紫菜汤一饮而尽，温热顺着食道一路滑入胃囊。犹记某次排练结束时已是万籁俱寂的深夜，似乎连头顶的星星都沉眠了，在如墨的夜色里，踏着如银的月光，我们低声唱着歌，女同学提着裙摆，高跟鞋在路上嗒嗒作响，男同学一身雪白西装，脖颈上鲜艳的红围巾随风飘荡，冰冷的夜里回荡着我们荒腔走板的哼唱。从北湖到丹枫，短短的一段路，却走了很长时间；那时我仰头看天，眼底酸涩，我想已不会再有那样的月夜，以迷离的光线，穿过幽暗的树林，将静谧的光辉倾泻，淡淡地，隐约地照出我们的青春时光。

"日落跌入昭昭星野，人间忽晚，山河已秋。"不知不觉间，一个月的排练时间悄然而逝，我们迎来了校庆。在校庆当天，坐在北湖树林里的我攥着朗诵稿,一遍又一遍念着早已滚瓜烂熟的词句,紧张而又激动;但是在登上白桥的刹那,一切喧嚣便都离我而去,我全身心投入表演,和大家一起,将情感融入每一句话、每一个动作,让表演更具感染力。

"赤子心,军工魂!赤子心,军工魂!军工报国,此生,无憾!"激情昂扬,目光坚定。当节目结束,掌声雷动,我深深地感受到了成功的喜悦。那一刻,所有的疲惫都烟消云散了。我深知,这次难忘的经历不仅是一次单纯的演出,更是一次心灵的洗礼。我体验到了坚持和努力的意义,也收获了与同学携手同行的快乐。这个夜晚,虽然漫长而疲惫,却是我人生中难以忘怀的一页。

"春风得意马蹄疾,一日看尽长安花。"我参加了世界大学生立方星挑战赛,我们组队"太空螃蟹",开始紧锣密鼓地准备起来。在老师专业细致的指导下,在同学们精诚合作和不懈奋斗下,我们成功获得了一等奖。那段回忆如同一颗璀璨的明珠,在我生命的星空中熠熠生辉。

它犹如一场盛世庆典的烟火,在夜幕中骤然绽放,那绚烂的色彩照彻四野,那一刻的辉煌与壮丽,仿佛将我带入一个梦幻般的世界。我和同学们一起站在世界大学生立方星挑战赛的领奖台上,手中的奖状熠熠生辉,如同烟花般闪耀着胜利的光芒,那一刻的喜悦与自豪,让我仿佛置身于一个充满无限可能的宇宙。

它又像一条奔腾不息的江河,穿越千山万水,汇聚成浩渺汪洋。在备战比赛的日子里,我与队友们并肩作战,历经风雨,共渡难关。我们像江河中的水滴,虽微小却汇聚成无坚不摧的力量,冲破重重艰难险阻,最终抵达胜利的彼岸。

它还像一幅细腻的画卷,在我眼前徐徐展开。画卷中的每一处风景都如梦似幻,栩栩如生。同样,当我回想起备赛的那一刻,也仿若看到了一幅充满希望的画卷。画中的我们,笑容灿烂如夏花,眼神中闪烁着对未来的憧憬和期待;在我们共同绘制的这幅画卷中,每一笔、每一画都凝聚着我们的智慧和汗水。

当我回首那段岁月,不由得心潮澎湃。这份成就不仅是对努力的肯定,更是对梦想的激励。它让我更加坚信,只要心怀梦想、勇往直前,我们便能创造出属于自己的光辉篇章。在未来的道路上,我将怀揣着这份力量,继续前行,书写属于我自己的精彩人生。

明媚湛蓝的天光下,我与同班同学一起,并肩迈入了实习场地,开始我们的实习生涯。在这里,我体验了专业领域的实际工作,亲身感受了典型产品的设计制作过程，了解到产品设计方法的不断变革，探索了工装结构、工艺改造方向，深入了解了生产过程自动化的原理与特点，领略了产品生产的物流过程，全面了解了质量管理的运行机制。通过参观实地和聆听专业讲座，我对附件制造、燃料系统零件机械加工、表面处理、先进工量具制造、热处理、钣金与有色金属热处理、大型结构件机械加工等多个领域的知识有了更深的了解。通过参观实际生产环境，我将书本上的知识与实际操作有机结合，对制造领域的各个环节有了更为深入的认识。通过亲身体验，我认识到产品设计、工装结构、工艺改造等方面的重要性，也更加明白了每一个环节的细微之处对最终产品质量的影响。此外，通过参加专业讲座，我进一步拓展了视野，了解了刀具量具的分类、制作要求，热处理对材料性能的影响，以及钣金加工的各种方式等。这些知识的获取让我感受到制造领域的广度和深度，也让我更加明白自己在这个领域的责任和使命。我深知，要成为工业强国的建设者和推动者，需要不断学习、不断进步，将自己的专业知识和热情投入其中。

在这里，我们同吃同住，结下深厚的情谊，却也不免迎来分别，"从别后，忆相逢，几回魂梦与君同。"

"闲寻旧踪迹，又酒趁哀弦，灯照离席。"在大学，同学、老师、辅导员……无数同行人与我携手、并肩走过青春的岁月，伴我追逐梦想，伴我面对挑战。那些日日夜夜，那些点点滴滴，都凝聚成了心中永恒的印记。人世皆攘攘，相对唯顷刻，很荣幸能在北理工度过我人生中最美好的青春时光。

如今，我将与我的朋友们各奔东西，但那份情谊却如头顶的繁星一样璀璨，永不褪色。无论身在何方，每当抬头仰望星空，总会想起那些共度的美好时光。愿我们的友谊长存，愿我们的回忆永恒。

走好脚下的每一步

机电学院　张锦程

勤勉为学

2020级新生入学时间定在了国庆节之后。9月，经过和同一大类的学长学姐的交流之后，我对于大学的课业安排、学习模式以及时间统筹上有了一定的了解，决定在学业方面采取"快跑模式"——提前预习，提前复习，查漏补缺。

入学前，我针对自己薄弱的C语言课程提前开始进行学习：一方面自学C Primer Plus教程，另一方面在大学MOOC上搜索相关课程进行听讲、练习。入校后，我依然保持自己的节奏，争取在课上理解老师的代码逻辑与流程，在课后努力复现并进行调试，并于考试周前两个星期开始复习，结合乐学练习全面查漏补缺，最终取得了99分的好成绩。

一直到大三，我始终保持着这样的习惯：课堂上始终明确"讲解为主，笔记为辅"，将重点以关键词方式记录，集中时间跟紧老师思路，做到及时思考、及时反馈、必要时记录；课后做到"架构为主，习题为辅"，主动回忆所学课程的构成与讲解体系，必要时辅助以思维导图，从而做到一脉相承、水到渠成。期末复习时，我会强化课后习题与往年真题练习，加深对知识点的理解，加强应用熟练度。在这种学习方式的指引之下，大二我在学院中纯成绩排名2/182，综合测评成绩排名1/182。

此外，习惯的养成将是贯穿整个学习过程的定海神针。无论是晨读、背单词，还是刷题、复习，切忌"三天打鱼，两天晒网"。每周我都会在Todo List上写下本周的计划，根据难易程度安排到每一天，并且合理安排放松时间，将分配细化到小时。每天完成任务时成就感的到来促使我第二天有着充沛的精力迎接新的挑战，而这也是学习的精髓所在——把握节奏，努力冲刺。

赛道竞进

如果说课业学习是大厦之基，那么科创便是那映入眼帘的高耸建筑。大一时的我一心扑在课业上，对于"挑战杯""大创"等敬而远之，认为自己始终能力不够，需要时间去培养自己的学术实力。

契机出现在大一暑假时。由于一个团队的机器人比赛缺少一名队员，因此他们向我发出了邀请。虽然我对于自己是否具有充足的知识储备感到怀疑，却想在暑假提升一下自我，于是我怀着忐忑的心情报名参加了2021年的RoboCup世界赛的视觉挑战项目。

短短的一个月时间，从Python到Ubuntu与ROS系统，再到算法的修改调试、参数的调优，最终我们组成功闯进总决赛并取得二等奖。我终于明白："科创"二字，需要的是敢闯敢拼的精神，学习的能力固然重要，但试错与纠正永远是科创之路永恒的主题。科创之路需要长久的坚持，并需要抓住沿路每一个机会、每一个可能，做到慢中有进、不骄不躁。

借此契机，我参加了中国机器人及人工智能大赛、中国智能机器人格斗及竞技大赛等科创竞赛，分别获得了2021中国智能机器人格斗及竞技大赛一等奖，第二十四届中国机器人及人工智能大赛全国总决赛一等奖。在比赛过程中，我始终保持着高度的热情，主动提出想法、主动讨论问题，敢于承担错误，在一片又一片的荆棘中开辟出一条成功之路。

在大三基本确定保研资格后，我主动联系心仪的老师，进入课题组进行项目实验，锻炼自己的实操技术。在西山校区的微博暗室现场，我实际应用了自己所学习的天线与电波传播、近感探测原理等理论知识，根据现场条件进行实际修正、误差分析，对于天线增益等多方面的知识有了更深层次的理解。

学以致用

"纸上得来终觉浅，绝知此事要躬行。"实践是学习的目的，也是知识的来源。

"我学习的课业知识，到底是如何运用到实际中的呢？"从大一开始，我就一直带着这种疑问。虽然通过物理实验、数字电路实验以及模拟电路实验等，我对于知识的运用有了一定的体会，但其终究还是受限于实验室的有限设备，以及实验内容的简单化，距离切身体验有着一段距离。

2022年的暑假，我有幸跟随宇航学院的学长一起参加了2022国际制导、导航与控制学术会议。许多青年科学家以深空探测、无人机集群、小样本目标识别等为主题进行了自己的研究汇报，我第一次切身体验到了我所学的数字/模拟电子技术、控制工程等课程知识是如何应用到大型工程项目上的。大三上学期的FPGA与DSP实验，在完成了老师的项目之后，我针对自己感兴趣的功能进行了自主编程、调试与烧录，第一次在开发板上看到自己期望的功能得到了实现，那一份喜悦，远远超过了解出一道、十道甚至上百道作业题的成就感。

实践是对所学理论知识的消化、沉淀，实践过程会孕育出崭新的想法抑或改进思路。

修身砺行

在课程中我学习到，反馈对于一个系统的稳定性有着至关重要的作用；在大学生活中，一个闭环的形成也影响着学习、生活的方方面面。而这所指向的，便是对自我的审视与反思。

入学以来，我总会问自己：我还能做些什么？我还有哪些地方没有做好？我是否选择了超出自己能力范围的事情？正是在这一次次发问当中，我不断地完善着对自己梦想中大学生活的规划。

我分别在大学英语四、六级考试当中取得了643分和623分的成绩，并且取得了普通话二级甲等的证书；我加入了校学生会融媒体中心，参与了两年深秋歌会、国韵辩论赛、权益提案大赛等校级活动的宣传策划活动，获得了"优秀部员"以及"人气负责人"的称号；我提交了入党申请书，成为一名光荣的预备党员……

自我成长是一个渐进的过程。这个过程需要反思自己的不足，肯定自己的长处，发现自己的努力空间，从而规划自己的未来之路。犯错并不可怕，但我们不能忽视对错误的反思与学习。

我非常感谢各位同学、老师以及辅导员的肯定，在今后的学习生活中，我将秉持着这份笃定与韧性，踏实地走好每一步，以今日之朝气，迎明日之朝阳。

正如党的二十大报告中所讲的"新时代的伟大成就是党和人民一道拼出来、干出来、奋斗出来的"，作为北理工的学生，我们应该秉持"德以明理，学以精工"的校训,将这份"军工魂"与课业、与国防、与实际联系起来,找准需求,明确方向,大踏步地向前迈进,努力拼搏,努力奋斗,充分用专业知识武装自己的头脑,在第二个百年奋斗目标到来之际,为祖国铸就辉煌成就贡献自己的一份力量。

  在这四年中,我逐渐体会到,人生的成功不需要多么宏观、多么伟大。作为学生,勤于课业、尊敬师长;作为子女,感恩父母、感念亲情;作为班长,认真工作、服务同学……在这些点点滴滴中,做好自己的每个身份,就是成功。

  如今,大学四年的时光如白驹过隙,我相信,在更远的未来,这场修身之旅还会继续,让我成为一个更完整的人。

积一勺以成江河　累微尘以崇峻极

机电学院　林睿

在大学,我经历了许多挑战与磨砺,也收获了无数喜悦与成长。一颗颗水滴汇聚成人生的江河,流淌着坚韧与智慧;一粒粒微尘堆积成思想的峻极,闪耀着睿智与深邃。

如今,大学的时光已经悄然逝去,我将带着这份宝贵的经历和成长,迎接未来的挑战和机遇。我相信,在未来的日子里,我会继续积水成河、积尘成山。

开篇立志

少时曾以"为天地立心,为生民立命,为往圣继绝学,为万世开太平"为座右铭,自以为一定能如此言,度此一生。直到步入大学,从青海来到首都北京,才意识到"人外有人,天外有天",自己多少有点年少轻狂。

"我像一只小羊,本来在羊群活得好好的,却被送到狼窝里寄养。"电影《少年班》中吴未这句逗笑的台词,未曾想竟应验在了我身上。

入学的第一学期,印象最深刻的,就是深夜十一点半和清晨五点半的寒月。我深知自己与同学的差距,日日都在努力追赶,却一次次被击退。在生命科学基础和大学化学考试之前,我提前一个星期复习,然而,一个星期的努力却不抵舍友半天复习的效果。这是一种什么样的滋味呢?颇有一种武侠小说里"十年磨一剑"者被武林高手一招制服的挫败与颓废。这样的事还有许多,个中滋味,谁解?

从那时起,我开始怀疑乃至否定自己,惶惶不可终日,就连寒假回家的日子也垂头丧气,眼神里失去了高中时对万事万物的期待。转折的出现缘于母亲的同事推荐我去青海省盐湖研究所实验室帮忙,省级研究所?这……我怎么可能帮得上忙?但拗不过对方的好意,答应去试试看。

由于大一第一学期的打击，我总觉得自己什么都做不好，一无是处。研究所的老师似乎看出我没有底气，鼓励我大胆些，让我和青海大学大四毕业的学姐一起试验、记录数据。在跟着两位学姐检测完不同温度烧制氧化镁活性的试验之后，一位学姐就出发去了位于辽阳的化工厂，而另一位也去了本地的化工厂。自此，实验室里帮老师做试验的本科生就剩下我一人。这时的我被孤立无援的恐惧和自我怀疑所支配，总担心自己会出错，耽误老师的课题进度。不过说实话，一个人做试验很锻炼人，从烧料、取料、称量、混合、记录一样一样着手，最终得到满意的试验数据。

在盐湖研究所的这段时间里，除了做一些轻小型实验（如测水化热、活性）之外，我还有幸和几位研究所的师兄一起做了镁质胶凝材料的试块。除了要掌握各种测强度仪器的用法外，还要有一手很好的泥瓦匠功夫。渐渐地，我可以独当一面，独立完成老师设计的试验并加上自己的想法，整理数据得出结果；渐渐地，我丢下了往日的自卑，大胆地继续追逐自己的科研梦想。

这次经历之后，我认识到"天地之功不可仓卒，艰难之业当累日月"，所有看似高端的研究，其实都是从最接地气的地方开始做起的。"我走得很慢，但我从不后退。"虽然我的基础比其他同学差，但是我笃信，只要朝着自己努力的方向奔跑，即使途中遇到许多挫折和打击，即使常常沉浸于痛苦，即使经常被眼泪包围，只要继续奔跑，就会离目标越来越近。

"宝剑锋从磨砺出，梅花香自苦寒来。"大学四年，绝对不能在安逸享乐中恍惚度日。虽然我来自教育资源不甚优秀的青海省，自觉基础薄弱，尤其是在数学方面。但是我始终相信"功不唐捐"，只要肯付出努力，就一定能赶上来，与大家一起逐梦，为国防事业做出自己的贡献。

在大学四年里，我给自己制定的目标是：第一学年努力学好数学分析，弥补自己初高中时数学基础薄弱的问题。第二学年能够完完整整地参与一次"大创"活动，最好可以成为"大创"第一负责人，完成立项和结项。第三学年将全部精力投入专业课的学习，为以后的科研发展打下坚实的基础。第四学年如果成绩未能达到保研标准，将全心全意投入考研，坚持走科研道路，让自己的学识更加广博，以便实现自己军工报国的梦想。

中篇 续力

我对自己的人生问题已经有着清晰的认识，无须再去与人讨论、咨询、诉苦或求助。路，已经明确摆在我的眼前，我只需提起一口气，哪怕步伐稍显缓慢，也要坚定地走下去，一步一个脚印，再也不能回避、逃离或拖延。

中期检查时，回首当初开题时的梦想，我深感欣慰。那时的我，怀揣着满腔热血和憧憬，为自己设定了诸多目标。如今，大部分梦想都已基本实现，甚至还有一些未曾预料的惊喜与收获。这些成就让我更加坚信，只要付出努力，就一定能够收获满满的果实。

我明白，人生就是一场不断学习和进步的旅程，只有不断充实自己，才能应对未来可能出现的挑战和机遇。因此，珍惜大学时光，充分利用各种资源，努力提升自己的专业素养和综合能力，是大学生的根本。

我相信，通过不断努力和奋斗，我一定能够实现自己的人生价值和梦想。正如古人所言："果然日日留心，则一日有一日之长进；事事留心，则一事有一事之长进。"在未来的日子里，我将继续保持这种积极向上的心态，不断追求进步，让每一天都充满收获和成长。

我深知，只有打牢专业基础，才能在未来的科研道路上走得更远。因此，要以更加严谨的态度对待每一门课程，努力掌握更多的知识和技能；同时，也要积极参加各种实践活动和学术交流，拓宽自己的视野和思路。

我同时做了两手准备。如果我的成绩未能达到保研标准，我将毫不犹豫地选择全身心投入考研。我深知，考研是一条充满挑战的道路，需要付出大量的努力和汗水。但我相信，只要我坚定信念，勇往直前，就一定能够克服一切困难，实现自己的科研梦想。

在追求军工报国的梦想道路上，我将始终保持对知识的渴望和对理想的执着。我相信，在未来的日子里，我一定能够凭借自己的学识和能力，为祖国的繁荣和富强贡献自己的力量。而这一切，都源于我对自己人生问题的清晰认识和对未来的坚定信念。我将继续努力、砥砺前行，直到实现自己的梦想。

毕业终章

时光荏苒，转眼间，与大学的告别已经近在眼前。站在这个人生的十字路口，我回首望去，那些曾经奋斗的日子历历在目。回首过去，我深感幸运与自豪，因为在德育开题和中期的梦想中，我设定了许多目标，而如今，这些目标中的许多都已经实现。

在专业上，我始终保持着对知识的渴求和对学术的热情。通过不懈努力和勤奋学习，我荣幸地成为专业综合排名第一，得到了推荐免试在本校直接攻读博士的机会。这一成就不仅是对我学术能力的肯定，更是对我过去努力的最好回报。在未来的学术道路上，我将继续砥砺前行，不断探索学术的边界，为我国的科研事业贡献自己的力量。

除了学术成就，我还获得了北京市"优秀毕业生"和北京理工大学校级"优秀毕业生"的荣誉称号。这些荣誉的获得，既是对我综合素质的认可，也是对我个人品行的肯定。我深知，这些荣誉的背后离不开学校的培养和老师的教导，也离不开同学们的鼓励和支持。因此，我会加倍珍惜这些荣誉，将其作为今后学习和工作的动力。

在奖学金方面，我也多次获得一等奖学金。这些奖学金的获得，不仅减轻了我的经济压力，更让我在精神上得到了极大的鼓舞。它们是我努力奋斗的见证，也是我不断前行的动力源泉。我会继续保持这种积极向上的精神状态，不断提升自己的综合素质和能力水平。

回顾过去，我深感收获满满；展望未来，我充满期待。我知道，未来的道路还很长，需要我不断努力和拼搏。但我相信，只要我保持对梦想的追求和对生活的热爱，就一定能够创造出更加美好的未来。

大学的成长经历让我更加珍惜现在的生活和机会。我会将这段宝贵的经历作为人生的财富，继续前行在成长的道路上。总的来说，大学的成长之路虽然充满挑战和困难，但也让我收获了丰富的知识和宝贵的经验。这些经历让我更加坚定自己的信念和目标，也让我对未来充满了信心和期待。

一段自我探索与蜕变的旅程

机电学院　刘育榕

时光飞逝，转眼间四年的大学生活已悄然结束。从初入校园时的懵懂与期待，到如今即将踏上社会的自信与成熟，这段旅程充满了欢笑、泪水、挑战与收获。在这四年里，我不仅收获了丰富的知识与技能，更重要的是，我在这段历程中不断地认识自我、完善自我。回顾这段时光，每一个瞬间都是镌刻在心中的印记，值得我用心去总结和回味。本文将回顾我在大学期间的点滴经历，分享我在学术、社交、兴趣爱好以及个人成长等方面的感悟与收获。

初识校园，探索新天地

大一是一个适应和探索的关键时期，主要任务是掌握课程内容并熟悉新的学习环境。我很快意识到，这不仅仅是学术上的挑战，也是个人成长的重要阶段。为了更好地融入校园生活，我积极加入了书院学生会，成为其中的一员。在这个组织里，我参与了多项活动的策划和执行，包括运动会、篮球赛和足球赛等。这些活动不仅锻炼了我的组织能力和团队合作精神，还让我结识了许多志同道合的朋友，建立了深厚的友谊。这些经历让我更加自信，也让我感受到集体的力量和合作的乐趣。

这个起始为我的大学生活奠定了坚实的基础，帮助我顺利融入了充满活力的校园社区。除了学术和课外活动，我还开始探索自己的兴趣和爱好。在大一这一年里，我积极参加了各种讲座，拓宽了视野，进一步加深了对不同学科的理解。通过这些活动，我不仅学到了课堂之外的知识，还发现了自己对某些领域的浓厚兴趣。

此外，我也充分利用学校丰富的文化资源，参加了音乐会、戏剧表演和艺术展览。这些活动不仅丰富了我的大学生活，还让我更好地欣赏和理解了校园内的多样文化。这些文化活动激发了我的审美情趣和艺术鉴赏能力，使我在忙碌的学业之余能够放松身心，享受生活的美好。

总体来说，大一这一年的经历对我来说是非常宝贵的。这不仅是我学术生涯的起点，也是我个人成长的重要阶段。通过参与各种活动和探索不同的兴趣，我学会了如何更好地管理时间，如何与他人合作，以及如何在多样的环境中找到自己的位置。这些经验为我接下来的大学生活奠定了坚实的基础，让我更加自信地面对未来的挑战。

承担责任，明确方向

大二期间，我担任了学生会体育部部长，领导一个由二三十名成员组成的团队。这一职位要求我全面管理和协调各种体育活动，确保书院体育工作的顺利进行。从组织校内篮球赛、足球赛到策划大型运动会，每一项活动都需要细致地计划和高效地执行。通过这些实际操作，我不仅提高了组织能力和团队合作精神，还学会了如何在压力下做出快速而有效的决策。这一年的工作锻炼大大提升了我的管理和领导能力，使我在面对复杂任务时更加自信和从容。

也是在这一年，我明确了自己出国读研究生的目标，我开始更加深入地研究自己的专业，积极寻找科研和实践的机会。我参加了多场学术会议和工作坊，与来自不同领域的学者和专家交流，拓宽了学术视野。通过与教授们的紧密联系和交流，我不仅得到了宝贵的指导和培养，还获得了许多有价值的建议和资源。

在这一年里，我也开始认真思考自己的职业规划，并为实现目标制订详细的计划。我花时间研究相关领域的发展趋势，了解行业需求，并根据自身的兴趣和优势，制定了短期和长期的职业规划。为了更好地迎接未来的挑战，我努力提升自己的专业知识和技能，同时积极参与各种实习和志愿者活动，积累实践经验。

总体来说，大二这一年的经历不仅丰富了我的大学生活，也为我的未来发展奠定了坚实的基础。通过担任学生会体育部部长和深入开展学术研究，我不仅明确了自己的职业目标，也提升了各方面的能力，为未来的挑战做好了充分的准备。

追求梦想，迎接挑战

大三是我为实现未来深造目标而全力奋斗的一年。在这一年里，我全身心投入学习和科研中，积极联系实验室，寻找接触科研项目的机会。我最终成功加入一个专注于软体机器人的实验室，负责新平台的开发。在实验室里，我通过参与实际项目，提升了自己的专业知识和技术能力，同时也体验到了科研工作的严谨和挑战。

这一年有挫折也有收获。虽然我获得了暑期国家公派留学的机会，但由于签证问题，最终未能成行。这对我来说是一个很大的打击。然而，我并没有因此气馁，而是迅速调整计划，选择在北京的一家机器人初创公司实习。这段实习经历让我学到了许多实际操作技能，从项目管理到技术开发，全面提升了我的实践能力。通过与初创公司的团队合作，我进一步坚定了在机器人领域发展的决心。

参与科研项目和实习不仅提高了我的技术能力，还教会了我坚持不懈和适应变化的重要性。在科研项目中，我学会了如何解决复杂问题，学会了在压力下工作，学会了与不同团队高效合作。

尽管这一年面临许多挑战，但我始终专注于自己的目标，不断努力实现梦想。通过这些经历，我不仅在专业上得到了成长，也在个人能力和抗压能力上得到了提升。这些宝贵的经验使我更加坚定地追求自己的梦想，并充满信心地迎接未来的每一个机遇和挑战。

面对抉择，迎接未来

大四是我大学生活中最具挑战性和转变的一年。申请研究生本来就压力如山，出于对科研的热爱，我决定大胆尝试申请博士学位，这个决定意味着我要面对更多的压力和不确定性。在不断给教授发邮件、准备材料、参加面试和申请各个学校的过程中，我经历了许多起伏和艰难的抉择。每天的生活都被申请的细节和等待结果的焦虑填满，但我始终没有放弃自己的梦想。

经过无数个日夜的努力，我终于收到了多个录取通知，包括两个全奖博士录取，以及新加坡国立大学和南洋理工大学的硕士录取。在详细权衡了研究兴趣和签证等实际问题后，我最终决定攻读硕士学位。这一选择既是对我未来发展的最佳考虑，也让我能够更好地规划自己的学术道路。

这一年不仅仅是学术上的考验，也极大地锤炼了我的韧性和应对压力的能力。申请过程的艰辛和挑战，让我学会了如何高效管理时间，如何在逆境中坚持不懈，如何保持自信。每一次的失败和挫折都成为我前进的动力，每一个小小的进步都让我离梦想更近一步。

在这段过程中，导师、朋友和家人的支持是不可或缺的。他们的鼓励和指导在我最需要的时候给了我力量，让我在迷茫和压力中找到了方向和动力。我非常感谢他们对我的信任和支持，他们的帮助使我能够保持专注，坚定地朝着目标前进。

总的来说，大四这一年是充满挑战但也收获颇丰的一年。这一年的经历不仅让我在学术上取得了重要进展，也让我在人生成长的道路上迈出了坚实的一步。通过这段艰难而宝贵的经历，我更加坚定了自己的学术目标，并充满信心地迎接未来的每一个机遇和挑战。

结 语

回顾这四年，我对北理工充满了深深的感激之情。在北理工的时光不仅充实了我的学术知识，也让我在各种体验中得到了全面发展。我通过选修课学习了手风琴，参演了戏剧，欣赏了各种文化演出，还与朋友一起旅行，这些都使我的大学生活丰富而难忘。

展望未来，我将带着这些宝贵的经验和回忆，迎接新的挑战，并以自信和决心追求我的梦想。这四年的经历和技能为我未来的道路做好了充分的准备，我迫不及待地想看看这段旅程将把我带向何方。我由衷地感谢北理工提供的平台，使我能够成长、探索和实现我的目标，我期待着将所学应用于实践，为世界带来积极的影响。

思想引领　铸就青年成长

机械与车辆学院　刘昊哲

大学对我们意味着什么？意味着专业知识的学习，为个人发展打下知识基础；意味着逐步进入社会，适应社会发展的规律；意味着思想成熟、独立思考，面临自主决策；意味着自我价值的实现与责任的承担。走过四年的求学道路，我的本科生涯即将迎来尾声，在我看来，成长一直是我大学阶段的主题。

成长主线

从我个人的成长经历上看，在进入一个新环境时我总是适应较慢，但当适应后我就会很快努力赶上。我对过去四年的总结为：大一"迷茫无措"，大二"尝试与改变"，大三"追求与奋进"，大四"收获与展望"。每个学年都有一个基本的发展主线。

在大一结束时，面对近乎 0 分的德育成绩统计表，我认识到了我的实践活动参与度不足，没有走出从课堂到宿舍"两点一线"的学习与生活模式。于是我在大二阶段尝试走出舒适区，开始主动参与一些实践创新活动。在大二结束时，我认为我在学习成绩上仍有提升的空间，并且也有获得推免的机会，因此在大三阶段更加积极地学习专业知识，保持良好的学习习惯，与组员一起认真完成相关课程设计，学业成绩取得了显著进步，大三学年平均学分绩点排名与综合排名均为专业第一。大四学年，课程学习的压力有所减小。在这一阶段我得到了推免本校的机会，也获得了 2022—2023 学年国家奖学金的评选资格，完成了自己的本科毕业设计（论文），为本科阶段交上了一份满意的答卷。仿佛之前一切的积累都在大四这一阶段取得了重大的收获，这使我增强了自信，也使我认识到我的大学一直处在一个在反思与提升相互促进的过程之中。

学习实践

专业学习一直以来是大学生活的主线，在本科四年的经历中，我在学习与实践方面取得了很大的进步。

在这个过程中，参与各项科技创新活动对我而言是极大的锻炼，也是我认为这四年来自己的最大转变之处。在大一时我没有参与任何的实践创新活动，其原因一是刚刚进入大学时自由的学习氛围与旧有学习思维之间冲突而产生的迷茫感，二是我自己"怕麻烦"。为了摆脱这种状态，我在大二时开始主动寻求改变，作为第一负责人负责了一项国家级"大创"项目与一项校级"大创"项目，除了处理技术问题，还需要协调团队成员之间的任务分配工作，分配课程学习与实践活动的时间。在参与"大创"活动的过程中，我有机会进入相关研究所实验室进行实验。在实验阶段，我与组员每周末往返于良乡校区与中关村校区，虽然很累，但每次的小成就令人快乐。同时这些项目使我建立起了对科研的初步认识，了解到相关的前沿技术和设备。除"大创"项目外，我也参加了许多其他科创竞赛。其中最令我印象深刻的是在参加第八届"互联网+"大学生创新创业大赛校级初赛评选的过程中，比赛时间与考试周复习时间出现了重合。我既要面对繁重的复习任务，也要为比赛做好充足准备。为了同时抓好两件事，我需要做到充分提高效率，做好时间分配，在此过程中，我的时间管理能力与抗压能力得到了显著提升。从现在往回看，参与各项实践创新活动对我而言已经不再是获得了更多的德育成绩，而是从科研思维、工具掌握、团队合作等多个方面提高了我的综合能力。

由于专业采用项目制课程的培养方式，我得以团队合作的模式参与许多课程设计项目。我们从设计、制造到控制整个流程实现了一个 Scara 机械臂的制造并实现特定的物流搬运任务，在这个项目中我主要负责机械臂控制程序的编写与调试。我们设计搭建出一台载有机械臂的 AGV（自动导向车），可实现在工厂场景下的部分任务。在该项目中，我主要负责 ROS 编程、底盘运动控制与导航等部分。这些项目虽然属于专业课程的内容，但它与参与实践创新赛有着极大的相似性。在项目进行的过程中，我们克服了诸多困难，多次通宵解决瓶颈问题，在最终的项目验收中取得了优异的成绩。在此过程中，我认识到集中力量可以办大事。

在大四学年，虽然课程的压力有所减少，但本科毕业设计（论文）对我而言仍是一个不小的考验。在开展毕业设计（论文）的过程中，我积极地与导师和学长学姐们交流，提升自己的文献检索、创新实践与论文写作能力，这使我在本科阶段体验到了完整的科研流程，为之后的继续学习与深造打下了基础。

思政品德

除学习与竞赛外，在了解各类优秀人物事迹、接受各项思想教育的过程中，我认识到：作为一名青年学生，不能仅重视专业课程的学习而忽略思想政治的学习。在大学期间、我积极向党组织靠拢，积极参与党组织举办的培训与活动。在党组织的培训与自我加强学习中，我逐步树立起了正确的世界观与方法论，认真学习和贯彻以习近平新时代中国特色社会主义思想为代表的党的先进理论与各项方针政策。经过党组织的长期考察，我在2023年成为一名中共预备党员。成为预备党员对我意味着更加严格的思想与行为要求，这也促使我不断地向身边的优秀党员同志看齐，不忘初心、牢记使命，积极起到党员的模范带头作用。

我积极参与班级活动，尊敬师长，团结同学，积极参与志愿服务以及各项寒暑假社会实践活动。通过这些活动，我不仅锻炼了自身的能力，也提升了自己的思想品德。

随着时间的流逝，我逐渐从一名"学弟"变成了一名"学长"。我积极为低年级同学解答课程、竞赛中的一些疑惑。我作为有经验的"过来人"多次给学弟学妹们分享课程学习方法，解答专业选择分流的困惑。在与低年级同学的交流中，我也常常会从他们的身上找到我所缺乏的一些东西，对我很有启发。

虽然专业技能学习是大学的主线，但我们不能因此忽视思想品德的提升，应当专业技能学习与思政学习两手抓，成为有能力、有担当的时代青年。

反思展望

经历了本科四年的人生阶段，我认为我在学习、政治素养与思想道德品质上都取得了较大的进步，这些经历也给我带来了许多的启发。

在我看来，作为一名大学生，首先既要有远大理想，也要有近期规划。在理想这种长远的层面，我们应当将自身的前途命运同国家、民族的命运结合起来，树立远大的理想抱负，在各自领域服务于国家重大需求，肩负起新时代的青年使命。在近期规划这种短期层面，我们也要合理规划自身的短期发展，脚踏实地，做好每一件小事，持续进步。

其次，一名大学生要做到认识自己，更好地提升和发展自己，从而服务于社会。要时常认识到自身的优点、自身的不足、自身所处的环境、自身的理想等方面。在认清自己的同时，要积极地开展自我批评，不能选择性忽视自己的错误与不足，而是要敢于正视和改正，这样才能够有针对性地提升自己，在认识自己的过程中不断发展。

最后，要敢于和善于抓住各种机会，这也是我在本科阶段所经常忽视的一点。回望过去的四年，我或许由于缺乏自信、害怕失败而失去了许多锻炼自己、提升自己的机会，这也是目前我认为急需改善也正在改善的一点。在新的起点上，我有决心去提升自己的自信心，积极抓住身边的机会，努力成为更好的自己。

在过去的四年，虽仍有些许遗憾，但我也有许多收获，做到了不负时光。本科生活即将结束，我也即将进入新的人生阶段，在未来的日子里，我将继续学习贯彻习近平新时代中国特色社会主义思想，坚定理想、努力前行，抓住机会、迎接挑战，朝着更高的目标奋斗。

青春　不过只有这些日子

光电学院　孔令玉

四年时光转瞬即逝，距离自己大学毕业只剩不到一个月时间。四年中，我无数次焦虑时光的流逝，到如今，回望过去四年中的点点滴滴，才发现我的青春已经在不知不觉中书写了大半。

诗一般的日子

前段时间整理寝室的东西，发现了一封早已被自己忘记的信，是大一时纪师兄他们给的。常常觉得自己的大学生活日复一日地相似，但看到这封信时，才猛然想起，原来大一的自己和现在如此不同。

初入大学，即将迎来期待已久的人生中最自由而美好的一段时光，我很兴奋。一进入学校，就认识了一群志同道合的朋友。他们真的很不一样，当身边人在谈论综测成绩、游戏娱乐时，他们在谈论青年的责任、民族的希望、人生的幸福、理想的种子……渴望在大学期间确立人生观的我，被这种氛围深深吸引。北湖的落日下、行政楼的朝阳前、图书馆的研讨室，都留下了我们探讨、学习与读书的身影。与他们的许多对话，现在已不能全部回忆起来了，但他们的思想是那么的有力量，在后来的许多日子里，潜移默化地影响着我。

印象最深的是这样一句话："未来的二三十年，我们这一代人会是整个社会的中流砥柱，我们的样子决定了国家未来的样子。"那是我第一次认识到自己身份的转变，之前一直觉得自己还是个孩子，但师兄的这句话让我开始意识到，我已经是一个青年了，我应该去思考青年人应当承担的责任，去关心"无穷的远方与无数的人们"。

大一，最痴迷的事情应该是打辩论了，每次比赛的前一周，我都不知疲倦地和队友查资料、想论点。还没有为学习熬过夜的我，竟然为了打辩论准备到深夜。赛前准备、赛后复盘、训练强化，那的确是一段忙碌但快乐的记忆。"辩论的首要原则是阐述道理，能够让听众受到启发。所以，请务必讲述出最精妙的道理，讲出让人耳目一新的逻辑，而不是强词夺理，也不要废话连篇。"这是我在辩论笔记上写下的第一段话，也是我认为的辩论的意义。在后来学习辩论的日子里，学习攻防、学习定义，执着于证明辩题的正确性而常常忘记发掘每一道辩题背后所蕴含的真理。我被辩论场上那些经典而有思想的发言所吸引，却没能在辩论场上表达过什么真正的思想，这是很遗憾的。但那段时间所学习到的经验、所遇到的人，以及专注的自己，现在回想起来，都是很宝贵的。

之后大一的暑假，我和同学一起参加了社会实践，去到了北京市通州区的尹家河村，进行了为期一周的实地走访、调研。那里环境比较脏乱，刚到住宿的地方，同学们便放下行李大扫除，洒扫、整理、布置……每个人都打扫得格外认真，我们会交流谁擦玻璃又快又干净，谁拔草省力又快速。劳动的目的不光是要打扫干净，还要创造美。简单的打扫过后，我们还对屋内进行了布置装饰。在焕然一新的环境中，刚被挂好的七彩风车被风吹动，劳动的快乐也随风吹进了我的心中。平日里学习的集体主义精神、乐观主义精神，在厨房互相帮助的身影上、面对黑糊排骨的笑脸中、泥泞道路上的歌声中有了具象化的表现。

迷雾中的日子

大一的生活是丰富多彩的，大二的日子则更多的是迷茫。

小学期紧凑的课表配上早晚的军训，一瞬间把我从假期拉回到紧张的课业中。早上五点起床准备集合军训，之后一天的时间几乎被小学期的课程所占满，晚上再次集合军训。这样的生活不能不算作充实，至少作息是很规律的，但忙碌剥夺了本属于心灵的自由。每日脑中被各种日程安排、作业要求所填满，我好像很少再去思考人生的使命，很少再去记录生命的感悟。

分专业后的课程把我带入一个新的世界，课程所讲述的内容是那样的陌生。我身处在校园，眼中是陌生的课程与书本，手中是变化万千的网络世界，心中是无尽的焦虑与迷茫。这些复杂的课程，对我而言好像只是分数而已，而我绝不希望被分数限制住人生。我从没有认真思考过这些课程除去分数之外所能带给我的东西，从没有看到书本背后所体现出的智慧与付出。我的生活好像少了点什么，但我不知道少了什么，每天不断接受着新的任务，然后赶在截止日期前完成，任由时间流逝，焦虑、迷茫延续着，直至麻木。

在这迷茫的一年里，我参加了很多志愿活动，希望通过这些活动为自己的生活增添一些不一样的记忆。在这些活动中，我看到了大型赛事下每个保障服务人员的微小付出，看到了困难面前每位志愿者的积极乐观。也许迷茫的时候，做出一些小事，会让生活流动起来。

前进中的日子

很幸运，到了大三，我终于渐渐体会到光电的魅力所在。或许大二的我丢失了对生活的主动性以及对人生追求的执着吧。大二暑假，长辈对我说，学习工科是在培养自己解决问题的能力，举了很多用科技改变生活的例子。其实这些道理我一直都知道，只是从未将学校所学与自己的生活、与社会联系在一起。大三的我，终于意识到"不被分数限制住自己的人生"只是自己不想只为了分数而学，其实课程内容所带来的看待世界的不同角度、解决生活实际问题的能力远不该被分数遮盖掉。我总在想什么是青年的责任，想着自己要有什么样的理想，其实做好自己正在做的每一件事，已经是每个人的责任了。

大三前后，我积极参加科创活动，和队友们共同努力，应用自己所学的知识去解决问题。在这个过程中，我了解了所学专业领域的研究内容，确立了自己的兴趣所在。

课堂上很多老师很有魅力，他们在课堂上传达出的生活态度引起了我很多思考，在授课过程中所体现出的研究热情也深深感染着我。看到了他们对自己研究领域的热爱，我也开始思考我的热爱究竟是什么。其实这也回到了大一自己常常思考的问题，有什么事业是我愿意用一生去追求的吗？保研选方向的时候，我毫不犹豫地选择了激光。其实我对这个方向还不能算是热爱，但我觉得这个方向很有趣，希望今后通过不断地探索能够从中发现让我热爱的地方。

这一年，我不能算作干劲十足，有时也依然会感到迷茫。每当这个时候，我就会去读书，让书籍带领着我去到遥远的过去和未来。读书时的思考不同于与朋友探讨时的思考，也不同于打辩论时的思考，读书时不必去想自己的语言传达得是否准确，不必去想自己的观点是否正确到无懈可击，只是带着疑问、带着思考让想象力自由地穿梭古今，在人类的精神世界漫游。

行文至此，思绪渐渐从大一入学回到了现在即将毕业的时候。突然发现，原来自己现在的所思所行都有迹可循。我时常觉得自己的大学生活没有像自己入学时期待的那样恣意飞扬，自己好像浪费了好多时间，很多课程没有认真学习，没有坚持体育锻炼，没有参加很多社会实践，从德育答辩的角度，这实在不能算是一份高分的答卷。

　　但从人生的角度，我认为这场青春的期中考试，我给了自己一份高分的答卷。大一时，我曾经思考，我认为大学期间最重要的是什么。也许学习很重要，但在大学这个美好而自由的时光里，我更希望自己可以发展自我、找到自我。如今看来，大一入学前我对自己最大的期望已经实现了。此刻的我，对生活依然有感知力，对未来有想法、有方向，在忙碌的生活中不会忘记心灵的平和与自由，每一天都在真实地度过，这就足够了。

青春印记

光电学院　楚明坤

大学四年，是我们人生中最美好、最宝贵的时光之一。在这段青春岁月里，我们经历了许多人生的第一次，也收获了许多宝贵的经验和教训。回首这四年的历程，我不禁感慨万分，有欢笑，有泪水，有成功，也有失败。但正是这些经历，让我成长为一个更加独立、自信和坚定的人。

大学四年，是我人生中的一个重要转折点。在这里，我遇到了许多优秀的老师和朋友，他们的言传身教和关爱支持，让我受益匪浅。同时，我也经历了一些挫折和困难，但这些挑战并没有击垮我，反而让我更加坚定了自己的信念和追求。

大学四年，是我人生中最充实、最精彩的时光之一。在这里，我不仅学到了专业知识，还学到了许多关于人生、社会和自己的道理。我参加了各种社团活动，拓宽了自己的眼界和人际关系；我参加了实习和比赛，提升了自己的能力和竞争力；我结交了许多志同道合的朋友，一起度过了难忘的时光。

大学四年，是我人生中的宝贵财富。在这里，我收获了许多美好，也塑造了自己。我相信，这些经历和收获将伴随我一生，成为我人生路上的指南针和动力源泉。

因此，我想通过这篇文章，总结大学四年的经历，反思成败得失。我希望通过自己的故事和感悟，能够给读者带来一些启示和思考，让我们一起珍惜这段宝贵的青春岁月，为实现自己的人生目标而努力奋斗。

青春上阳月，结伴戏京华

大学四年，是我人生中最难忘的时光之一。在这里，我遇到了许多可爱的人和有趣的事，留下了许多美好的回忆。

记得刚入学的时候，我对大学生活充满了好奇和期待。我加入了学生会，积极参与各种社团活动，拓展了自己的兴趣爱好。我还参加了一些比赛，如数学建模、英语演讲等，提升了自己的能力和竞争力。这些经历让我感受到了大学的活力和魅力，也让我结识了许多志同道合的朋友。

在学习方面，我努力拼搏、追求卓越。我参加了一些学术研究项目，如大学生创新创业项目、毕业论文等，锻炼了自己的科研能力和创新精神。我还利用课余时间自学了一些编程技能，为自己的未来职业发展打下了基础。这些经历让我明白了知识的重要性，感受到学习的乐趣，也让我更加坚定了自己的学术追求。

在生活方面，我学会了独立和自律。我学会了如何合理安排时间，平衡学习、工作和娱乐。我学会了如何与人相处，尊重他人的意见和感受。我学会了如何面对挫折和困难，保持乐观和坚强。这些经历让我成长为一个更加成熟、独立和自信的人。

当然，大学生活并非一帆风顺。我也曾遇到过一些挫折和困难，如考试失利、实验不顺利等。但这些挑战并没有击垮我，反而让我更加坚定了自己的信念和追求。我明白了失败并不可怕，关键是要勇敢面对和总结经验教训。我明白了人生不可能一帆风顺，关键是要保持积极的心态和坚定的信念。

回首大学四年的历程，我感慨万分。这段青春岁月让我收获了知识、能力和品质，也让我结识了许多优秀的老师和同学。我将永远珍藏这些美好的回忆，它们将成为我人生路上的宝贵财富和动力源泉。

白日不到处，青春恰自来

大学四年的成败得失，让我对青春有了更深刻的感悟。在这段宝贵的时光里，我明白了青春不仅是年轻的资本，更是奋斗的舞台。

首先，我认识到成功并非一蹴而就，而是通过不断地努力和积累逐渐实现的。在大学期间，我曾为了一个比赛通宵达旦地准备，虽然最终未能获得理想的名次，但这个过程让我学会了坚持和拼搏。我也曾为了一个科研项目反复试验，历经多次失败后才取得突破，这让我明白了失败是成功的前奏，只要不放弃，总会有收获。

其次，我体会到青春的价值在于不断尝试和探索。大学期间，我尝试了各种各样的事物，有的让我找到了兴趣所在，有的则让我认识到自己的局限。这些尝试让我更加了解自己，也为我未来的职业规划提供了方向。

此外，我深刻理解到人际关系的重要性。在大学里，我结识了来自不同背景的朋友，他们的故事和经历拓宽了我的视野。我也学会了如何与人沟通、合作，这些技能在我后来的工作和生活中发挥了巨大的作用。

最后，我认识到青春是自我成长的宝贵时期。在大学四年里，我不仅学到了专业知识，还学会了独立思考、自我管理。这些能力和品质将伴随我一生，成为我不断前行的动力。

总之，大学四年的成败得失让我更加珍惜青春，明白它的宝贵和短暂。我相信，只要我们勇敢地去追求梦想，不断地学习和成长，我们的青春就一定会绽放出绚丽的光彩。

大鹏一日同风起，扶摇直上九万里

大学四年的经历和感悟，对我的未来人生志向产生了深远的影响。在这段宝贵的时光里，我逐渐明确了自己的职业规划和人生目标，并为之努力奋斗。

首先，在大学期间，我发现自己对科技创新和学术研究有着浓厚的兴趣。我参与了一些科研项目，与导师和同学们一起探索未知领域，这种探索和发现的过程让我充满了成就感。因此，我决定将学术研究作为自己的职业方向，并立志在相关领域取得一定的成就。

其次，我也意识到自己在团队协作和领导力方面有一定的潜力。在学生会和社团活动中，我担任过一些职务，负责组织和协调各项工作。这些经历让我学会了如何与他人合作、沟通和解决问题，也锻炼了我的领导能力。因此，我希望在未来的职业生涯中，能够担任一个团队领导者，带领团队取得更大的成功。

此外，在大学期间，我也关注到了社会问题和公益事业。我参与了一些志愿者活动，为社区和弱势群体提供帮助。这些经历让我深刻认识到社会责任的重要性，也激发了我为社会做出贡献的动力。因此，我决定将公益事业作为自己人生的重要组成部分，并积极参与其中。

最后，我认识到人生的意义不仅仅在于个人的成就和满足，更在于对他人和社会的影响。我希望通过自己的努力和贡献，能够为这个世界带来一些正面的改变和进步。

总之，大学四年的经历让我明确了自己的人生志向和目标，并为之努力奋斗。我相信，只要我坚持不懈地追求和努力，我的人生一定会充满意义和价值。

感恩在心，不在虚言

在此，我想向所有在大学四年成长道路上给予我帮助和支持的人表示衷心的感谢。

首先，我要感谢辛勤付出的老师们。你们的教诲和悉心指导，让我在学术和个人成长方面取得了丰硕的成果；你们用自己的知识和智慧为我们点亮了前行的道路。感谢你们无私的奉献和关爱。

其次，我要感谢亲爱的同学们。我们一起度过了许多难忘的时光，共同学习、进步和成长。感谢你们在我遇到困难和挫折时给予的鼓励和支持，是你们的陪伴让我更加坚定地走下去。

我要感谢我的家人。是你们一直以来的关爱和鼓励，让我在远离家乡的大学校园里感受到了家的温暖。感谢你们为我付出的一切，我会用实际行动回报你们的期望和信任。

我要感谢大学期间结识的朋友们。我们一起参加社团活动、实习和比赛，共同度过了许多难忘的时光。感谢你们带给我快乐、成长和启发，希望我们的友谊长存。

最后，我要感谢这段大学时光。感谢你给了我无数美好的回忆和宝贵的成长经历。我将永远珍藏这些回忆，它们将成为我人生路上的不竭动力。

再次向所有关心、帮助和支持我的人表示衷心的感谢。愿我们未来的道路充满阳光，携手共进，共创美好未来！

白日莫空过，青春不再来

回首大学四年的历程，我感慨万分。这段青春岁月让我成长为一个更加独立、自信和坚定的人，也让我收获了知识、能力和品质。在这里，我遇到了许多优秀的老师和朋友，他们的关爱和支持让我受益匪浅。同时，我也经历了一些挫折和困难，但这些挑战并没有击垮我，反而让我更加坚定了自己的信念和追求。

大学四年，我将永远珍藏这些美好的回忆。让我们怀揣着梦想和激情，勇敢地迈向未来的征程，为实现自己的人生目标而努力奋斗！

跑起来 才有风

自动化学院 孔子月

大学四年是一段充实而难忘的旅程，每一次的努力与坚持，都让我更加坚定了未来的方向。只有跑起来，才能感受到风的力量，才能在奔跑中不断超越自己，迎接更加美好的明天。

回望大学的"改变"

迈出自己的舒适圈

只有勇敢地去尝试，才能真正成长。回想起自己初高中的时候，总是躲避着陌生人的目光，不愿意和不熟悉的人交流，也很少参加集体活动。进入大学之后，我下定决心要迈出自己的舒适圈，从内心深处改变自己，改变自己的社恐属性，勇敢地面对挑战。

初入大学，我开始积极参与各种活动和比赛，加入了睿信书院分团委和校记者团，在自己力所能及的地方一步步找到自信，锻炼自己的社交沟通与组织能力。每一次的尝试和挑战都让我变得更加坚强、更加自信，也更加热爱生活，让我意识到自己的力量也能够发光发热。我学会了用温暖的眼光看待这个世界，用爱心去感受生活的美好，用努力去实现自己的梦想。

自律·自立·自由

"所谓自由，不是随心所欲，而是自我主宰。"大学四年的学习和思考不断加深我对自由的理解。相比于初高中完全被学校既定的时间安排支配，大学凸显出的这份自由则不仅仅是时间上的自主权，更是一种心灵上的解放和自我探索、自我认知的机会。

没有了以往紧凑的课表和老师的严格管控，我们可以自主安排学习和生活。然而，这份自由也伴随着更大的责任。大学的课程往往要求更多的自主学习和深度思考，课业的压力并没有减轻，而是转变为需要自我驱动的学习方式。如何在自由中找到自律，合理安排时间，成为我们必须掌握的能力。自由的背后是对自己未来的负责，这是一种更高层次的责任感。

大学是一个充满机遇的平台，提供了各种资源和机会供学生探索。无论是学术研究、社团活动、实习经历，还是各种讲座和交流活动，都为我们提供了广阔的舞台。在这个过程中，我们可以发现自己的兴趣所在，挖掘潜力，锻炼能力。这种自由探索的机会，是大学生活中最宝贵的部分。在这里，我们有机会尝试新的事物，在挫折中学习和成长。

大学生活中，我们有更多的机会结识来自不同背景和文化的同学。我们可以自由选择自己的社交圈子，参加各种社团和活动，培养和发展人际关系。在这个过程中，我们不仅学会了如何与人相处，如何处理冲突，也学会了如何在多元的环境中尊重和理解他人。这种社交自由，不仅丰富了我们的大学生活，也为我们未来的社会生活打下了坚实的基础。

真正的自由并非外在环境的宽松，而在于自己的内心是否足够强大。大学提供了一个平台，让我们有机会去认识自我，了解自己的价值观和人生目标。在这个过程中，我学会了如何独立思考，如何做出符合自己价值观的选择。真正的自由，是能够在各种诱惑和压力面前，坚持自己的原则和目标，不被外界所左右。这种自我主宰的能力，是大学赋予我们的最重要的财富。

大学的自由，是一种赋予我们更多选择和探索机会的自由。然而，这种自由并不意味着可以随心所欲，而是要求我们在享受自由的同时，学会自律和承担责任。自律是成功的基石，只有通过严格的自我约束，我们才能有效管理时间和精力，专注于目标的实现。自立是成长的标志，通过独立思考和行动，我们学会了面对挑战和承担责任，逐渐走向成熟。自由则是内心的解放，当我们实现了自律和自立，才能真正掌握自己的命运，享受由内而外的心灵自由。只有在自律中培养自立，才能在自立中体验真正的自由。在这个过程中，不断探索自我、培养能力，最终实现心灵的自由和自我主宰。我逐渐明白了在自由中成长的意义，并努力朝着追寻本心的方向奔跑。

回忆大学的"相遇"

专业学习篇：栉风沐雨，踔厉奋发

怀梦想，至远方。在学习生活中，不忘初心，保持自我方向，不被环境干扰；在大学生活中，抓住机遇，清楚自己的方向，通过实践去实现。我始终保持学习的热情，以严谨认真的态度学习专业知识，取得了优异的成绩，并保研至本学院模式识别与智能系统研究所继续攻读研究生。我能够乐观地面对遇到的各类问题，针对性地寻找解决办法，在未来，我将发扬并保持钻研创新的精神，在专业领域进行深造。

无法尽善尽美就去追求完美，不甘碌碌无为就去追求卓越。保持一种奋斗的状态，用学习、竞赛、科研充实自我，提升自我，坚定向前。在勇于追求成功的同时正视成功与失败的结果，从复盘结果中提升自我，避免被成功冲昏或被失败打倒。我利用课余时间积极参加数学建模、数学竞赛、电子设计竞赛等活动培养自己的应用能力与专业水平，增强创新能力。这些经历也让我明白，只有通过不断地学习和实践，才能真正掌握知识并应用于实际。

个人成长篇：知行合一，笃行致远

四年的大学生活，让我变得更加独立、自信和坚韧。每一次的挑战和挫折，都是成长的契机。面对专业学习上的压力，学生工作中的忙碌，我都选择迎难而上。正是这些经历，让我明白了只有不断努力、不断奔跑，才能迎来属于自己的风景。

在政治思想方面，我始终坚持学习领悟党的基本理论和重要会议精神，积极参加党组织的各项活动，不断提升自己的思想觉悟和政治素质，严格要求自己，与同学们交流互助，发挥模范带头作用，既在思想上保持先进性，更在行动上践行党的宗旨，服务同学，奉献社会。

在学生工作方面，我能够细心高效地完成各项任务，很好地平衡学习和工作的关系。我曾担任睿信书院分团委组织部副部长、主席团秘书长，负责安排日常团务工作。我学会了如何组织和协调团队，如何高效地管理时间和资源，如何在紧张的工作中保持冷静和专注。现在，我担任2020级自动化3班的班长，在班务工作中服务同学，锻炼综合能力。这些经历不仅提高了我的组织管理能力，也增强了我的责任感和奉献精神。

在未来的路上，我会继续保持这份激情和努力，勇敢迎接每一个挑战。我相信，只有跑起来，才能感受到风的力量，才能在奔跑中不断超越自己，迎接更加美好的明天。

志愿服务篇：路虽远，行则至

我利用寒暑假期间参加了"三下乡"支教调研等重点社会实践项目，切身感受工程技术在科教与社会发展中的价值，深入方山、洛宁，分别了解当地教育、产业振兴的发展，并在实践结束后认真总结归纳团队成果，进行项目延伸，深化对"青年一代如何为乡村振兴注入新生力量"实践调研的思考。我深刻体会到，青年一代在乡村振兴中肩负着重要责任，需要不断学习和创新，以实际行动推动社会进步。

通过这些志愿与实践工作，我深刻认识到专业知识不是我们生活的全部，只有在实践与实习中了解社会、拥抱社会，才能在未来更好地投身社会。社会实践不仅让我学会了如何运用所学知识解决实际问题，更让我懂得了团队合作和沟通的重要性。在与不同背景和文化的人的交流中，我开阔了视野，增长了见识，也增强了对社会的责任感和使命感。

追逐未来的脚步

志之所趋，无远弗届，心中有梦想，脚底有方向。四年的大学生活，让我从一个小社恐转变为一个自信坚强的人。无论前路如何坎坷，我都会坚定信念，继续奔跑，追逐属于自己的梦想。大学四年虽然看起来长，但时光逆旅，眨眼即逝，我现在所达到的离我真正的目标还有很长的路要走，所以我要继续努力，以更加坚实的脚步向未来迈步，我也坚信，路虽远，行则至。

任何美好的事物背后必然都会蕴含一番艰辛与曲折。唯有朴实沉毅、脚踏实地、追求卓越，日益精进，才能实现自己对于社会、对于国家的人生价值。遇到困难不轻易屈服，取得成就不骄傲自满，不断沉潜积蓄，传承红色基因，砥砺报国之志，肩负强国使命，志存高远，努力成长为具备前瞻性、批判性、颠覆性思维和扎实跨学科学术基础的智能无人系统及其平台领域的领军领导人才，在青春的赛道上奋力奔跑。

青春的颜色

网络空间安全学院　陈泽昆

青春的颜色，那是真情的颜色，风吹雨打仍旧灿烂着。

四年大学生活已近尾声，回望过去，只看到一片一片颜色代表的美好，绿色、红色、紫色构成了我的大学生活。

绿色篇——学生组织经历

参与学生组织总是给我一种轻松、愉悦的感觉，所以对我而言，它是绿色的，让人见到后便很放松。

一进入校园，我就对各种学生组织充满了兴趣，怀着激动的心情加入了睿信书院的学生科技协会。那时，我对专业相关的技术和知识一无所知，像个无头苍蝇一样乱飞乱撞，撞进了科协的组织部。

部门的主要工作就是进行相关活动的策划和具体安排，主要通过一周一次的组会进行布置。每次开会，组织内的学长都会询问我们关于大学生活中的疑问和具体状况，并能够针对性地给予我们建议。整个组织内的气氛很好。作为大一新生，其实承担的工作很少，大都是在学长的安排下进行。

到大二，组织进行换届选举，出于对组织的热爱，我选择了继续留任，部门仍旧不变，不过负责的东西越来越多了，不仅仅局限于过去的职责范围。我开始接触到更多层面的管理和协调工作，从策划活动到监督执行，从与校内其他组织的沟通到争取外部资源，每一项任务都充满了挑战和机遇。印象最为深刻的是组织冬至包饺子的活动。为了给大家良好的体验，需要前期收集大家对活动的意见，比如饺子馅的选择、活动场地和时间的安排，等等。其中对于饮食方面，首先需要注意的就是避开禁忌，防止出现不愉快的事情；其次就是要充分尊重大家的需求，尽量满足每个人的要求；最后也是最为关键的，合理安排活动时间。当时正处于期末阶段，同学们的复习任务繁重，应当选择一个让大家都可以接受的时间。经过一系列安排，活动取得了预期的效果。

大三，课业更加繁忙，大多数同学都选择退出组织，我仍选择了留任。当然，所负责的事情就更多了。而且与之前不同的是，我需要协调科协内不同组织间的工作。在这个过程中，我学会了以更加全面的视角看待问题，特别是在团队合作上有了更加深刻的理解。在这一年里，我们成功地举办了"屠龙"比赛，收获了同学们的一致好评。

时至今日，我已退出组织一年，但是这一段经历始终不能忘怀。在科协，我遇见了很多可爱可敬的人，从他们身上我学到了很多，也为我平淡的生活增添了色彩。

红色篇——专业学习

之所以想用红色来表示专业学习部分，是因为大学的学习是紧张又刺激的。

大一，刚刚入学之际，第一次接触到C语言。在此之前，我连电脑都没怎么用过，所以学起来较为困难。我记得，其中最头疼的是打字问题——我的打字速度太慢了，十几行的代码都得花费很长时间。所以心理上很抗拒写代码这件事情，进而导致对C语言相关语法的了解很薄弱。但幸好，我遇到了一群好舍友。每次写代码作业时，我们都聚在一起，互相讨论其中的难点，大多时候是我在询问。这样经过一个多月，情况改善了很多，C语言看起来也并不是特别难了。但是唯一遗憾的是，在期末考试中，由于语法记得不牢靠，使得代码尽管在Dev C++平台上运行正常，但是在乐学平台上无法运行，因此考得并不是很好。也正是因为这样，我了解到了不同编译的区别。总而言之，大一的课程都是较为基础的，并且部分与高中所学还有较强的联系，因此在充分花时间的前提下，还是能够轻松应对的。

大二，进入了网络空间安全学院，课程趋向于专业化，知识更加繁杂艰深。特别是模拟电路和电磁场，这两门课程对于数理要求较高，其内容较为抽象。但是授课老师的水平很高，总是能够将抽象的知识具象化，并以通俗易懂的方式讲述。所以尽管课程本身很难，但是学起来并非想象中那样吃力。通过花费大量的时间看上课录播视频和做题，我基本上能够较好地掌握基础的知识点。在整个学习过程中，我慢慢地摸索出了一套适合自己的学习方法：先大致了解该课程核心内容的发展历史，明白课程的实际意义；在此基础上梳理出主要知识的联系，并且随着课程进度不断更新；最后通过做题的方式将主干知识和非主干知识联系起来，形成完整的知识体系。这样做的好处是能让自己始终明白自己在学什么，知道知识在整个框架中的位置，不至于迷失在繁杂的知识海洋中。一言以蔽之，即先不求甚解，囫囵吞枣，再顺藤摸瓜，精益求精。

进入大三，担心学分不够，所以我一股脑选了很多的课程。当然除了这个因素，主要还是因为学院设置的课程我都十分感兴趣，诸如侧信道技术、密码工程、通信工程、信息论、移动无线通信，等等。特别是在信息论课程的学习过程中，我越发感受到了技术发展的蓬勃伟力：谁能想到，香农的一篇论文彻底改变了人类通信的方式。虽然自知没有香农那般天才的能力，但是我在心中一次又一次地坚定了投身于安全通信领域的决心。当然我深知，我学到的东西还很少很少。

幸运的是，经过前三年的努力，我成功保研本校，这意味着我还要在这片校园里度过六年的科研生涯，对此我充满期待。大四阶段，我深入学习了阵列信号处理和机器学习理论。感谢三年前的自己，报名了人工智能辅修专业，让我能够游刃有余地将机器学习技术应用于本专业研究。

紫色篇——科研竞赛

在大学生活中，除了学习和学生工作，重要的还有科研竞赛。科研竞赛给我的感觉更多的是学习生活的补充，就如紫色一般柔和而美好。

其中印象最为深刻的是数学建模竞赛。该类型的竞赛较多并且不限制专业和年级，所以是我参加过最多的比赛类别。该竞赛主要是给定一个具体的实际场景，提出相关的问题，我们需要根据所学知识和相关文献，给出自己的求解方法及结果。

在这个过程中，我主要锻炼了两项能力：一是团队协作的能力。三人一组，需要共同完成一篇论文，因此我们需要充分发挥每个人的优点，分配合适的工作以获得最高的效率。在一次一次的磨合中，我学会了更加有效简洁的沟通方式，并且能够站在对方角度思考问题，这使得团队效率和工作质量大大提高。二是代码编写能力。我在团队中主要承担编写代码来实现算法的任务。由于时间的紧迫性，我必须在短时间内理解算法并使用合适的语言进行实现，然后给出相应结果。通过一次次的磨炼，我对模型评价算法、分类预测算法和机器学习方法有了更加深入的了解，并且能够根据算法特性在较短的时间内实现具体的方案。这一能力使我能够更加轻松地面对实验类课程的大作业，并且获得较好的分数。

最重要的是，在比赛过程中，我结识了一群志同道合的小伙伴，我们一起参加了很多的比赛，我们互相学习、互相鼓励。"一个人固然可以走得很快，但是一群人才能走得更远。"如果没有伙伴们的支持和帮助，很难想象自己如何走到现在。在此，向大学生活中帮助过我的朋友们表达衷心的感谢。

绿色、红色和紫色构成了我精彩的大学生活，也成就了现在的我，一个更加自信、更加优秀的我。曾经以为大学四年会很漫长，在写这篇论文时，那一幕幕就如发生在昨天一样。我们的一生中会遇到很多的人，大多数人只能暂时与我们同行，我很珍惜每一段彼此陪伴走过的旅程。我不喜欢"天下无不散的筵席"这句话，我相信，只要心中的情谊仍在，我们的筵席仍旧留存，期待着再次共饮！

感谢北京理工大学，给了我一个足够精彩的平台；感谢老师们，让我领略到不一样的世界，让我得到成长；感谢同学们，帮助我解决了一个又一个的难题。

青春在三种颜色外，还有更多的颜色，我已收拾好行囊，准备好再次出发，期待能够遇见彩虹。

做大学生活的导演
写大学生活的剧本

网络空间安全学院　梅偲妍

落笔之前,我翻看了自己大一时写下的文章,以"做大学生活的导演"为题的文档写满了那时对大学生活的所有设想。惭愧的是,四年后的我并没有实现全部的理想与期望,我没有做到百分百的优良率,没有参加很多竞赛,也没有获得很多荣誉……诚然,我并不是一个优秀的"演员",没有达到"导演"预期的目标。但或许,大学生活本该如此,四年的时间让我诠释了独属于自己大学生活的"剧本",让我在不断成长与试错的过程中思考大学的意义。

深植厚壤,头顶星空

选择北理工——深植厚壤,脚踏实地

人生是选择的总和,而北京理工大学是我作为一个成年人做出的第一个选择。选择北理工,是我深思熟虑后做出的决定。因此,我愿意坚守这个选择,踏寻广大,触摸精微。

走进北理工,让我明白这个选择是沉甸甸的责任,是以探索真理为己任,以造福人类为理想。北理工以团结为力量,和谐友爱,互相帮助,沿着先行者的脚步走光明璀璨之道。北理工以勤奋为美德,执着不懈,不屈不挠,用赤诚之心走强国富民之道。北理工以求实为根本,穷究毫厘,不骄不躁,用稳重的心态走求真务实之道。北理工以创新为目标,俯瞰大地,仰望星河,担当有为走科研强盛之道。

面对如此远大的责任,北理工用四年的时间教会我们如何做一个能够担当起这份责任的青年。北理工为我们提供了最优质的学习环境和教育资源,让我们接触最前沿的科学知识和研究领域。社会实践给我们带来广阔的视野,增强我们的就业竞争力。我很庆幸自己的选择得到了这样的回应。因此，为自己的选择负责，深植厚壤，脚踏实地，这是大学教给我的第一课。

选择网安——头顶星空，砥砺前行

经过一年的基础知识学习，我迎来了又一个选择。在这一轮抉择中，网络空间安全成为我的最终决定。然而，选择网络空间安全专业并不是源于热爱，甚至在大一的那个期末，我还对"热爱"一词不甚了解，对自己选择的专业同样知之甚少。但我抱着对网络空间安全专业的兴趣，怀着将国家需要作为个人理想的抱负，向这一方向不断探索。

在不断探索的过程中，我逐渐对网络空间安全这一专业产生敬畏。随着互联网的快速发展与普及，网络安全的重要性不言而喻，但"没有网络安全就没有国家安全"这句话却让我费解许久。直到我接触这个专业，学习了相关课程，才理解其中的含义。网络在造福社会、造福人民的同时，也是一把"双刃剑"，它同样也会成为损害社会公共利益者的工具。因此，没有网络安全就没有国家安全，没有网络安全就没有经济社会的稳定运行，没有网络安全就难以保障广大人民群众的利益。于是，网络空间安全专业应运而生。我很幸运地成为北理工第一届网络空间安全专业的本科生，并在学习过程中收获了热爱与成长。

俗话说，术业有专攻，挨过沉寂，方得出众。我深知只有热爱难以在一个专业中出类拔萃，更要怀着对专业的敬畏与执着，脚踏实地，扎实掌握专业知识，头顶星空，心怀理想，不断创新，砥砺前行。

心怀热爱，追光而遇

关于生活——心怀热爱，不忘初心

大学生活丰富多彩，其中学习是必不可少的部分。通过这四年的学习，我对大学学习有了新的定义：它不是升学的敲门砖，而是实现自我追求的途径。于是，学习的目的不再是获得好看的分数，而是满足自己对世界的好奇。我在自主学习过程中，汲取的不仅仅是知识，更有对学习、对世界的热爱。回顾大学四年的学习生活，我能够努力学好专业知识，尽力掌握更多技能；能够积极参与学科竞赛，主动争取各项荣誉。因此，在学业方面，我收获了较为优异的成绩，成功取得了保研资格；在技能方面，我较好地掌握了语言、办公等实用技能；在竞赛与荣誉方面，虽然未能如理想般样样出众，但竭尽全力的我仍旧值得自豪与骄傲。所以说，大学生活带给我的自由不应来自远离父母与老师管束的放纵，而是来自不变的初心与心中的热爱。

在学习之余，大学生活给了我更多时间去找寻自己的爱好、发挥自己的特长。在学生活动中，我加入了学院的文艺部，组织同学们排练啦啦操，跟部门同事组织各项活动；在体育赛事中，我积极参与每一届运动会，赛场上总能看到我奔跑的身影；在志愿活动中，我是热心的迎新学姐，也是负责任的赛事志愿者……除此之外，我还培养了自己的爱好，打球、健身成为我放松身心的方式。在这个纯粹而蓬勃的阶段，能够饱含热情和勇气地去探索不同的领域、寻找自己的兴趣所在，是我对大学生活最好的诠释。

关于社交——追光而遇，与友长兮

大学生活提供了广阔的交友平台，让我收获了很多学习上的伙伴与生活上的挚友。在课堂上，我们团结协作，不同的思维相互碰撞、相互启发，共同克服学习上的难关。渐渐地，我明白了朋友之间既要学会付出与合作，又要学会求助与竞争，在影响他人的同时，成就更好的自己。而在课堂外，我们拥有共同的爱好，总是有聊不完的话题。我们一起参加社团活动、体育锻炼、志愿服务等，这些活动不仅丰富了我们的大学生活，也加深了我们的友谊。在相互陪伴的过程中，我们共同成长，成为彼此生活中不可或缺的一部分。

在我的诸多好友中，亦有独特的存在。我们在同一个校园中各自奔赴自己的梦想，又被互相吸引。原来，遇见他的前提是努力做好自己，认真学习、提高能力，首先让自己熠熠闪光，才能体面地迎接同样优秀的他。在与他度过的三载春秋里，我们走过了校园里的每一个角落，也领略了祖国的大好河山。我们交流各自的爱好，互相分享生活中的点滴，一起努力成长，一起追逐梦想。于是，这段亲密关系不再是一瞬间的感动，而是长久陪伴中的彼此尊重、彼此成就。

常怀感恩，春风作伴

行文至此，在这里想对大学生活中所有陪伴、帮助过我的人致以最诚挚的感谢！

首先，由衷感谢在我求知过程中指导过我的各位老师，感谢老师们对我科研学习的帮助与指导。老师们亦师亦友，总是让自己背负沉重的责任和压力，真诚地培养每一个学子。在他们身上，我看到了一个个不断求学的优秀学者。我敬佩老师们治学严谨、学识渊博，更钦佩他们对专业的热爱、对学习的坚持。他们用自己的行动无声地告诉我们学海无涯、奋楫笃行。

　　借此机会，还想对我的家人道一声感谢。多年在外求学，对家人的陪伴少之又少，可他们依然支持我成长中的每一个决定。感谢他们对我不求回报的付出，提供我丰富的衣食与良好的教育，让我能去实现自己的价值与梦想。感谢他们为我收拾亲情的行囊，让我想到家时，充满力量。未来的路还有很长，我会带着家人的期许与亲情的行囊继续前行，做一个被爱的小孩，游走四方。

　　途有好友，不觉长远。感谢我的挚友们，谢谢可爱善良的他们陪伴我、治愈我，带给我无数欢笑与屡败屡战的勇气，教会我接纳自己的平庸、包容自己的缺点。感谢他们在生活和学习上对我的帮助与关怀，让我四年的生活更加丰富有趣。在之后的旅程中，我们或许会分别，但我们都将告别与不舍藏进嬉笑的言语中，因为我们相信，终有一天，我们还会再次相遇。

　　最后，感谢这四年一路以来努力、乐观的自己。在面对人生的抉择时，我能够勇敢抉择，落子无悔。这种勇敢和果断，让我在人生的棋盘上走出了坚定而自信的步伐。同时，也感谢热爱生活的自己，始终保持对世界的好奇心和探索欲，珍惜每一个与朋友相聚的时刻，享受每一次与大自然亲近的时光。始终保持对知识的渴求，不断丰富自己的内心世界。这种热爱生活的态度，让我的大学生活充满了色彩和活力。

　　道阻且长，行则将至，愿我保持热爱，鹏程万里；愿吾师、吾亲、吾友平安顺遂，万事胜意。

青春风华　扬帆前行

经管书院　王晓丽

青春是人生中最美好的时光，而大学生活则是这段青春中最重要的篇章。作为一名中共党员，我在这四年的大学生活中不仅致力于学业的精进，更在学生工作、志愿服务和社会实践中得到了充分的锻炼和成长。我愿将这些宝贵的经历分享出来，以期能激励更多的同学共同进步。

党员身份　肩负重任

大一时，我递交了入党申请书，表达了对党的信仰和对共产主义事业的坚定追求。2021年12月，我光荣地成为同年级首批预备党员。这一身份不仅赋予了我荣誉，更加深了我对党和人民的责任感。我深知，作为一名党员，不仅要在学业上出类拔萃，更要在思想和行动上发挥模范作用。

我认真学习、恪尽职守，努力在学业上取得优异成绩。在专业学习中，我始终保持着强烈的求知欲和进取心，前六个学期的优良率达到了94.37%，专业排名第三（前20%），曾多次获得校级"优秀共产党员""优秀学生干部"等荣誉称号。

作为学生代表，我积极参与学校建设，担任校学代会常任代表、团代会代表等职务。2023年11月，在校人才培养大会上，我以学生组代表的身份上台发言，为学校的人才培养工作献计献策。此外，我还多次参与观摩北京市政协会议，参加全国政协开放日活动，并接受《人民政协报》的采访。这些经历不仅提升了我的政治素养和参与意识，更增强了我的社会责任感和使命感。

通过这些经历，我学会了如何在不同的场合展示自己的观点，如何与不同的人交流，以及如何在关键时刻承担责任。这些都是作为一名共产党员所必需的素质。我坚信，只有不断提高自身的综合素质，才能更好地为人民服务，才能更好地履行共产党员的职责。

实践拼搏　彰显担当

在大学生活中，我始终坚持理论与实践相结合，积极参与各类志愿服务和社会实践活动。作为一名学生党员，我充分发挥先锋模范作用。在北京冬奥会、中关村论坛、世界杯大跳台滑雪赛事等重大活动中，我积极参与并贡献力量。在北京冬奥会期间，我展现了卓越的组织能力和服务精神。

担任管理与经济学院青年志愿者协会会长期间，我带领学生骨干前往山西省方山县、北京市房山区朱岗子村，服务乡村振兴；组织志愿者团队积极参与中超联赛赛会服务、养老院慰问老党员、招生宣传、中医文化进校园、思源计划等专项志愿服务项目。我们的团队因此获得了校级优秀团队、"秋实杯"一等奖等多项荣誉，而我个人也连续两年获评校级优秀实践团员。

2023年12月，首钢园再次举办大型冰雪赛事——国际雪联单板及自由式滑雪大跳台世界杯。作为学校志愿者负责人，我迅速行动，参与前期调度会，精心安排志愿者的调度工作，确保赛事的顺利举办。由于我的出色表现，我获得了石景山区2023年"优秀志愿者"荣誉称号。

我的努力不仅为学校增添了荣誉，也为社会贡献了热情与力量。未来，我将继续秉持先锋模范的作风，为社会事业不懈努力，为冰雪运动的推广和发展贡献自己的一份力量。

在这些志愿服务和社会实践中，我不仅学到了如何更好地服务他人，也深刻体会到了团队合作的重要性。无论是面对艰苦的条件，还是解决复杂的问题，团队的力量总是能够帮助我们克服困难、实现目标。这些经历让我明白，作为一名党员，必须时刻以服务社会、服务人民为己任，不断提升自己的综合素质和服务能力。

综合素质　全面提升

在大学期间，我不仅注重学业成绩的提升，更注重个人综合素质的全面发展。担任经管书院兼职辅导员、本科生第二党支部书记、行政班班长等职务，使我在组织管理、沟通协调和团队合作等方面得到了全方位的锻炼。我带领班级荣获校级优秀班集体，并引领学生组织取得"雷锋团队""优秀实践团队"的殊荣。在这些工作中，我始终坚持以身作则，用实际行动引领身边的同学，带动向上向善的良好氛围。

在这些角色中，我学会了如何有效地管理一个团队，如何在团队中发挥自己的作用，以及如何在工作中保持高效。这些能力不仅在学术和工作中对我有所帮助，也在日常生活中让我受益匪浅。通过这些经历，我不仅提升了自己的领导能力和组织能力，也增强了我的沟通技巧和解决问题的能力。

此外，我还积极参与学院优秀学生先进事迹宣讲活动，以真实的奋斗经历感染、激励更多的学弟学妹。在演讲中，我传递着对知识的热爱、对社会的责任感，成为学院的典范和引领者。通过这些活动，我不仅能够分享自己的经验和心得，也能够从他人的故事中汲取力量，不断提升自己。

我还积极参加各种校内外的比赛和活动，通过这些平台展示自己的才华和能力。例如，我曾参加全国大学生数学建模竞赛并获得奖项，这不仅提升了我的学术水平，也让我锻炼了解决实际问题的能力。这些经历让我深刻体会到，只有不断挑战自己，才能不断进步，才能在未来的竞争中立于不败之地。

我计划在研究生阶段继续参与学校和社会的各项志愿服务活动，特别是那些与专业相关的公益项目，通过自己的专业知识为社会贡献力量。此外，我将积极参加各类学术交流和社会实践活动，提升自己的学术水平和综合能力，为未来的职业发展打下坚实基础。

青春风华　扬帆前行

刚入学时，我对大学生活充满了期待和迷茫。然而，凭借自己的努力和不断探索，我逐步明确了自己的目标和方向。

我加入了中国共产党，成为一名光荣的党员。这不仅体现了我对政治的热情和认同，也展示了我在思想上的成熟和进步。

作为学生骨干，我在各种学生组织和活动中发挥了重要作用。无论是组织活动、协调团队，还是解决问题，我都在这些过程中积累了丰富的经验，提升了自己的领导能力和组织能力。

经过四年的不懈努力，我被评为优秀毕业生。这不仅是对我在学业上出色表现的认可，也是对我在综合素质方面全面发展的肯定。我在大学四年间的奋斗和努力，为我未来的职业生涯和个人发展开辟了更广阔的天地。

在这四年里，我不断摸索，寻找一条适合自己的发展之道。通过自己的努力和坚持，我找到了方向，取得了显著的成绩。这段大学经历，不仅是我人生中的宝贵财富，也是我未来不断前行的重要动力。我希望在未来的道路上继续保持这种积极向上的态度，迎接更多的挑战，实现更大的梦想。

青春风华，扬帆前行，我将继续燃烧奋斗之志，为实现中华民族伟大复兴而不懈努力！

深入调研出真知　青年强而勇担当

经管书院　翟建桥

在我的本科生涯中，我有幸与优秀的师长和同学们一起，追逐梦想，深入科研，探索知识的边界。自大一起我便积极向党组织靠拢，勤学习、勤做事，现已成为一名光荣的中共党员。学业上，优良率95%，综合成绩位列班级第一，专业前10%。曾获得"优秀学生""优秀干事""追光领军"荣誉以及校级奖学金、高数"红树林"奖学金，等等。目前，我已取得推免名额，将进入北京理工大学管理与经济学院的管理科学与工程专业继续深造。

作为本科生的我们，理应把学习当作第一要务。学习是我们构建未来的基石，是实现抱负和目标的必由之路。通过扎实的学习，我们不仅能够掌握专业知识和技能，还能够培养自己的思维能力、创新能力和解决问题的能力。打好坚实的学习基础，意味着我们要认真对待每一门课程，积极参与课堂讨论，勤奋完成作业和课外阅读。只有掌握了基础知识，我们才能够在未来的学习和工作中游刃有余，更好地应对各种挑战。

同时，坚实的学习基础也是我们实现抱负和目标的保障。无论是考研、出国留学还是就业，都需要扎实的学术基础和优秀的学习成绩作为支撑。只有通过不懈的努力，才能够取得优异的成绩，进而实现自己的梦想和目标。因此，让我们认真对待每一次学习机会，珍惜每一次学习时光，努力打好坚实的学习基础，为自己的未来铺平一条通往成功的道路。

不忘初心，牢记使命

无论我们走到哪里，都不应忘记自己的出发点和追求的目标。我来自河北省唐山市，一个面临能源转型问题的重工业城市。我相信，大家或多或少对我的家乡有所耳闻。唐山是中国近代工业的摇篮。特别是最近几年，在国家"双碳"转型战略目标下，唐山加速了钢铁、煤化工、建材等支柱产业的升级和现代化改造的进程，并因地制宜大力发展光伏、海上风电、氢能、锂电池和材料回收等新能源产业。

如何更好地响应"双碳"政策，帮助家乡从钢铁围城、重化围城、煤电围城的污染困局之中走出来呢？又该如何点石成金，让传统产业"老树开新花"？一座资源型城市又该怎样迈向现代工业城市？这是我科研和学术研究的重中之重，也是我的初心所在。自从跟随我的导师开展研究，我就一直把目光放到"双碳"发展、发电企业碳交易、电力系统优化、环保策略评估等方面，渴望在这些领域响应国家的号召，做出自己的贡献。

在科研项目方面，我主持或参与了多个科研项目，包括国家级和北京市级"大创"项目，如"碳市场覆盖企业最优纳入门槛选择建模研究""发电企业'双碳'目标路径实现"等，项目真正帮我从碳市场的角度和发电企业角度，看到了目前碳交易面临的难点和痛点，也为我日后的深造指明了方向。

勇于探索，敢于挑战

在广袤的知识海洋中，我们永远都是无尽探索的旅者。每一次探索，都是一次深入思考的历程，是对未知世界的勇敢追问，是对知识边界的不懈拓展。这个旅程不仅仅是一种求知的过程，更是一次心灵的洗礼和思想的升华。在探索的路上，我们不断地发现新的问题、新的挑战，而这些问题和挑战正是激励我们不断学习、不断进步的动力源泉。正如一位智者所言："知识是一个无底洞，而探索是无尽的旅程。"在这片知识的海洋中，我们不仅学会了如何汲取知识的营养，更学会了如何运用知识去解决现实生活中的难题，去改变世界的现状。每一次探索都让我们成长一分、进步一步，让我们更加深刻地理解自己和这个世界。

竞赛是青春的另一种展现。大学四年，我在多个领域内深耕细作，实现了从一个普通学子到创新先锋的转变。在科研和学术之外，我带领团队在国内外多个赛事中获奖。我带领的团队在 GMC 全球企业管理挑战赛中获得了中国赛区特等奖，在美国大学生数学建模竞赛中荣获国际二等奖。同时，在 2023 年全国大学生课外学术科技作品竞赛中，我们的项目"直面'尖峰时刻'：如何解决我国区域短时电荒问题"经过一年多的艰苦筹备和实地调研，最终夺得全国最高奖项，首次为书院赢得了这项全国性大奖的特等奖。这份殊荣不仅是对我们团队辛勤努力的认可，更是对我们不懈追求创新、团队默契合作的高度肯定。在无数个周末的不懈修改中，通过上百次的反复排练，以及几十版的 PPT 制作，我们深刻领悟到了团队合作的无价之处。这不仅是一场竞赛，更是一次对我们团队凝聚力和执行力的磨砺。我们不仅仅赢得了奖项，更是在这个过程中不断成长、不断完善。我们所收集的 41 650 份有效问卷，是对我们研究的广泛认可和支持。而我们所开发的多源异构大数据平台和智能算法，则为我们实现"通过调研守护国家能源安全，做出最科学、最实用的决策"提供了坚实的技术支撑和保障。这不仅仅是一次成功的竞赛经历，更是我们团队不断努力和探索的结晶，为未来的道路打下了更加坚实的基础。

报国有为，务实行动

我的科研之路，是一条深入实际、服务社会的充满挑战与收获的旅程。我深知，知识的力量不仅仅局限于学术成就，它可以在实践中发挥更为深远的影响。在我的科研探索中，我始终秉持着将理论与实践相结合的原则，力求将学术成果转化为解决现实问题的有效工具。通过参与各种科研项目和竞赛，我学会了将抽象的理论知识与实际情况相结合，从而更好地服务社会。例如，在面对我国区域短时电荒问题时，我们不仅仅局限于学术讨论，而是深入实地进行调研，探索解决方案。我们收集了大量的数据，并运用先进的算法进行分析和预测，最终提出了一系列切实可行的解决方案，为国家能源安全保驾护航。此外，我也积极参与了各种社会实践活动，例如志愿服务、社区帮扶等，通过自己的行动影响和改变着周围的环境。我相信，真正的知识分子应该将自己所学所知转化为实际行动，为社会的进步和发展贡献自己的力量。因此，我的科研之路不仅是对学术领域的探索，更是对社会的责任担当。我将继续努力，不断学习和探索，用知识和智慧为社会的发展贡献一份绵薄之力。

习近平总书记曾提出"用脚步丈量祖国大地，用眼睛发现中国精神，用耳朵倾听人民呼声，用内心感应时代脉搏"。于是我走出了校园，深入江西、福建、北京、河北等地，开展了多次实践调研活动，用我所学服务社会、贡献国家。从江西到福建，从新疆到北京郊区，我带领"尖峰时刻"团队开展大规模问卷调研，深入调查研究，渴望寻求破解难题的"源头活水"。并通过构建多目标协同优化模型，为我国极端天气下的电力缺口问题提供了科学合理的解决方案。在导师的指导下，我带领的"京工智碳"团队深入张家口等地，探究当地电力行业的碳交易、碳资产开发实际情况，渴望通过北理工自己的力量，在实现"双碳"目标行动中，为国家贡献青年智慧和力量。

每一次脚步的迈出，都让我更加深切地感受到，作为一名青年学子，我们有能力也有责任为社会、为国家的发展贡献出自己的一份力量。这一过程，不仅让我深刻理解到理论与实践的结合之重要，更加坚定了我服务国家、贡献社会的决心。

拾级看路，勿忘前行

时代赋予我们青年一代以重任，我们一定要
不忘初心，牢记使命，矢志领军追求；
勇于探索，敢于挑战，锻造领军能力；
报国有为，务实行动，树立领军意识；
为祖国贡献一份青春的力量，为时代增添一份微弱的薪火。

青春不负　未来可期

求是书院　孙嫣璐

"青春不负　未来可期",这是四年前高中毕业典礼的主题,总觉得高考结束还没多久,但毕业照拍摄、毕业论文答辩、德育论文答辩、调档及户籍转出等事宜的如期而至好像在一遍又一遍地提醒我:BIT体验卡余额不足。距离2020年秋天懵懵懂懂地开启大学生活竟已过去了将近四年,这个夏天要和本科生涯说再见了。

在北理工的四年

大一:考验如火,正在淬炼真金

没有什么比你内心的信念更加真切,没有什么比你内心的力量更加坚忍,像水滴击穿岩石,像火焰照亮星空。

——《南方周末》2020年新年献词

2020年8月,"祝贺你!经批准,你已被录取为北京理工大学智能制造与车辆实验班专业学生。请于10月9日凭录取通知书来校报到。"

2020年9月,强基数学校内选拔,我参加了面试,未通过。在大学的第一个学期,我深刻体会到了大学生活与中学生活的不同,课程的数量和难度都有了明显的提升,因此也经历了一段焦虑和迷茫的时间,不确定自己能不能适应好大学生活,不确定自己能不能成功地转专业,也不确定压线进入北理工的自己能不能跟得上周围同学的脚步……

大学化学是进入大学之后的一大难关。和身边的绝大多数同学不太一样,由于来自高考综合改革的省份,高考时只需要在七门课程中任选三门,而我并没有选择化学,因此仅有的化学基础停留在高一时合格考的水平,而且大部分知识点已经被遗忘。大学化学课程的节奏很快,于我而言就像是在听天书。但这是一门必修课的事实无法改变，只好努力克服困难，遇到学不会的就从慕课平台找网课看、向老师和同学们请教……学习的过程是艰难的，好在最后擦线过了及格线，有惊无险，没有挂科。

2021年1月，参加转专业面试。2021年3月，求是书院2020—2021学年第一学期接收转专业学生最终结果公示，公示名单上有我的名字。我来到了2020年擦肩而过的求是书院，距离心心念念的数学与统计学院又近了一步。

和很多新生一样，大一的我对大学生活充满好奇，参加了各种各样的活动，加入学校阳光服务队、参加校运会啦啦操表演、去国家大剧院看音乐会、参加"五四"越野跑、初次接触数学建模、初次接触科创项目、作为工作人员参加"七一勋章"颁授仪式，等等。

2021年7月，专业分流，如愿进入数学与统计学院。

大二：每一次抉择都期待一场苦尽甘来

无论大小，每一次抉择，都是一次主动求变，都期待一场苦尽甘来。正如每一棵破土的新芽，都带着穿透时光的倔强。落子无悔，抉择本身就是向前。

——《南方周末》2022年新年献词

步入大二，虽然如愿进入了数学与统计学院，但各种各样的挑战接踵而至。在数院的第一个学期是忙碌的、疲惫的。延期的军训被放在了早课之前和晚课之后，持续了40多天。学业压力也大大增加，一边是专业课的难度大幅提升，一边是转专业带来的一些补修课程占用了不少的时间，课表被排得满满当当的。睡眠时间的不足大大降低了学习效率，而学习效率的降低又导致不得不挤占睡眠时间来完成一些任务。除了学习，还得兼顾其他方面的一些任务，担任朋辈导师、备战数学建模竞赛、参加"大创"项目，等等。早起、上课、复习、写作业，在各个校区之间来回赶路……仿佛每一天都由这些元素构成，不断重复。印象很深刻，2022年《南方周末》的新年献词是"每一次抉择都期待一场苦尽甘来"，看到这句话的时候我正在经历本科期间考试最密集的一个考试周，当时觉得这句话给了我特别大的鼓舞。那段时间对自己说了无数次，"熬过这段时间就好了""自己选的转专业，再难也要熬过去""加油，你可以"。尽管那个学期的学业成绩并不理想，但仍然很感谢那个目标坚定、努力坚持的自己。

大二是充满遗憾的一年，但也收获了不少。借助学校、学院提供的平台，我在科创方面解锁了许多的"第一次"，第一次参加大学生创新创业计划项目，第一次参与国际会议、发表会议论文，第一次参与一个软件的开发并申请了软件著作权……这一年也参与了很多社会实践和志愿服务，暑假期间参与慈溪市"家燕归巢"暑期社会实践，担任"青春慈溪代言人"，为家乡代言；参与浙江省招生工作，扩大北理工的知名度；参与网络迎新工作，为学弟学妹们答疑解惑……

大三：总有奋不顾身的相信，总要坚韧恒久的勇气

春天终将回馈每一个在冬天里的抱薪者、坚守者、发光者，在现在与未来间，是跳动、更新、寓瞬息于无穷的光焰。

——《南方周末》2023年新年献词

大三最重要的事情是准备升学和思考未来规划。综合考虑前两年的学习情况后，觉得自己无缘保研，于是开始搜索考研目标。想读本专业或者相关专业的学硕，希望是北京地区的学校，希望考试科目是自己擅长的……在这些条件的筛选下，其实选择的余地并不大，所以锁定目标的过程并没有花费很长时间。考研的竞争无疑是很激烈的，我不确定能不能一战上岸。不过早点开始准备总是没有坏处的，2022年年底结束期末考试之后我便投入了考研的准备中。

寒假期间的学习状态还不错，但开学后备考和必修课程的时间分配成了我不得不面临的难题。开学后不久，学院公布了前五学期的排名，我发现自己的排名没有预想得那么糟糕，还有希望保研，但是也没有十足的把握，想保到外校更是难上加难。纠结了几天之后，我还是决定继续准备考研。

2023年5月9日是一个重要的转折点。一场竞赛结果的公布似乎把我从边缘往保研名单里拉了一把，我意识到可能需要转变方向了。比起考研，保研这条路似乎更加稳妥一些，但并不突出的排名决定了成功保研概率不会太高。我犹豫了。既然暂时无法做出决定，那就两手抓。考研在继续，夏令营申请也投递了一些。

2023年6月21日，我收到了第一份入营通知。也是在那一天，我决定暂停考研，转战保研。之后的三个月，有室友搬离校区而我独自留下的孤独，有准备考试的紧张，有和朋友、家人一起旅行时的轻松愉悦，有等待结果的焦虑不安，有无缘梦校的遗憾，也有对大四生活的憧憬和期待。

2023年9月29日，中秋节，随着推免系统的开放，尘埃落定。

大三这一年是收获的一年。这一年去了很多城市，第一次在现场看了深秋歌会，第一次在天安门广场看了升旗，第一次拿专业第一，成为一名共产党员，成为准研究生……

大四：守住不惑的底线，选择做最值得的自己

即使不知道答案，即使不清楚前路，仍可选择做最值得的自己：去思考、去行动，去迎接、去探索。

——《南方周末》2024年新年献词

大四忙碌而充实。这一年必修的课程比较少，意味着我能够自由地安排更多的时间，我开始尝试着把前三年想做但因为各种原因没有完成的事项一个一个填进我的课余时间里。

这一年，我提高了体育锻炼的频率，享受运动带来的快乐和放松，还参加了"延河杯"游泳运动会，幸运地获得了100米蛙泳的铜牌，这是我第一次在校级体育赛事上获得个人项目的奖牌。

这一年，我有幸选到了一些让我解锁新技能的选修课。在油画综合实践课上，我学习了油画的各种画派和一些基本的绘画技巧，感受到了色彩带来的乐趣；在茶文化与陶瓷茶器具创作实践课中，我不仅学习了茶文化的渊源与发展，也感受到了一整天沉浸于陶艺创作的专注、平静和解压；在高级游泳课上，主攻蛙泳的我终于学会了自由泳，也学会了跳台出发、转身等技术动作。

这一年，我再次参加了陪伴我多年的数学建模竞赛，没有了升学和综测加分的压力，我能够更加享受比赛带来的兴奋感和找到问题解决方案的成就感。

这一年，我第一次接触了数据分析类的实习，提高了自己的数据分析能力和技术水平，积累了工作经验，同时也结识了新朋友。

此外，早在2020年就和朋友约定好的旅行也终于得以成行，考驾照等事项也提上了日程……

当然，学业和科研也是生活的重要组成部分。确定升学去向后，我联系了导师，开始接触新的领域的学习和研究，为下一个求学阶段打好基础、做好准备。到目前为止，本科毕业论文已经通过盲评，硕士期间的研究课题也在按计划推进。

很喜欢这一年的生活状态，希望今后的自己能够一直这么活力满满。

展望与规划

凡是过往，皆为序章。在北理工的四年旅程即将走到终点，但求学路仍在继续，前方是崭新的、充满无限可能的新阶段。在此，我想为即将开启的新阶段设定一些目标。

短期目标

在毕业之前再逛一次校园，打卡一些在这个校园待了四年都没去过的地方，用相机记录一些平时注意不到的角角落落。

好好珍惜最后一个时间长、压力小的暑假，合理安排时间，保持学习状态，也要多出去走走，多陪伴家人，多和老朋友聚一聚。

为研究生英语入学考试做准备。希望9月开学后能尽快适应新的环境，平衡好课程和科研。

长期目标

按时推进课题，坚持阅读文献，坚持学习英语，坚持体育锻炼（跑步、游泳、其他运动），坚持做自己喜欢的事。把握当下，踏实地完成好各个阶段的任务，接受普通，努力出众。

感谢遇见

在北理工的日子已经进入倒计时了，除了万般不舍，还有很多很多的感谢要说。

感谢北京理工大学提供良好的校园环境和学习平台，感谢精工书院、机械与车辆学院、求是书院、数学与统计学院提供丰富的学习资源。感谢浙江省慈溪中学，那里是梦想生根发芽的地方。祝愿母校和母院蒸蒸日上、人才济济。

感谢老师们的答疑解惑、悉心栽培和鼓励。祝愿老师们事业顺利、身体健康、桃李满天下。

感谢家人们的关心、照顾和支持，家永远是最安心的港湾和最坚实的后盾。祝愿我的家人们平安、健康、幸福、快乐。

感谢无话不谈的挚友们、朝夕相伴的室友们、一起参加竞赛和"大创"的队友们、一起完成小组作业的伙伴们以及2020级全体同学，很幸运能和大家一起并肩作战，很荣幸我们见证了彼此的成长。感谢所有朋友们的倾听、陪伴和帮助。祝愿我们都有光明的未来，都能在各自热爱的领域闪闪发光。

感谢统计学带我探索数据背后的故事。和统计学的相遇并不容易，但至今都觉得转专业来到数学与统计学院是我在本科四年里做出的最勇敢、最正确的决定。

感谢数学建模给我的大学生活增添了很多珍贵的回忆。从 2021 年到 2024 年，从大一到大四，3 年时间、6 轮校赛、3 次国赛、3 次美赛，数学建模几乎贯穿了整个本科阶段。这段经历不仅仅带来了数学模型的知识储备，还有来自不同专业、不同年级的思维碰撞，也带来了方方面面的成长。

感谢良乡东路 7~9 号院、中关村南大街 5 号院的一切，感谢所有的相遇构成了这段平凡而珍贵的记忆。

最后的感谢送给自己，感谢你走得很慢但一直坚持向前。希望你大胆地去做想做的事，勇敢地去成为想成为的人，普普通通也要肆意成长。祝愿你永远保持一颗求知的心，向阳而生，笃行不息。道阻且长，行则将至，接下来的日子还请继续努力。

是结束也是开始。毕业快乐，未来加油！

成长　成就

明德书院　车俊霖

大学四年里，不知建立了多少个文档、敲下了多少字符，但这应该是最后一次写下三千字的论文。也曾幻想过很多次写下一篇洋洋洒洒的毕业总结，可是打开电脑，却不知从何说起，比起以往写任何一篇作文都要困难。我想只用简单的大一、大二、大三、大四来衡量这曲折起伏的四年时光未免有点儿太过割裂，用一些概括性的短语又显得太过形式。那该怎样讲述我的故事呢？

我想是：在告别之后等待出发，成长到能取得成就。最后，祝自己毕业快乐！

告别

大学时代正向我挥手告别，我说别离开我，它该如何回答。

18岁的我，与80岁的北理工相遇，在此我实现了很多年少时的奢望。四年匆匆岁月里，或因不安而频频回首，或因迷茫而惴惴不安，又或因期许而孜孜不怠。终于，四年也不过是弹指一挥。

如今要做个总结了，我要在这篇论文里写些什么呢？没有理论、没有实证，也没有文献可以总结，它是只属于我的故事。故事写完，也就宣告着我人生的一个阶段结束了。其实真的感觉已经开始告别很久了，但直到填写毕业登记表的学习经历，才突然发现真的要离开了。也许这样分别的情绪持续得足够长，在离开时也就被消解得差不多了。7月，我将会和许许多多的毕业生一样，打包好行李，静静离开甘棠园，用一张毕业照告别北理工。其实不过是和平常的假期一样，换乘4次地铁，来到北京站，再坐上北京开往吉林的火车。不变的是，两个月后还是回到北京，不过这次终点不再是良乡大学城北，而是人民大学。

离别和出发其实是同义词，上一段的离别终点，也同时是下一段的出发起点。如果人生真的有旷野和轨道的分别，那么一定会被这样的离别所串联。辞别北理工，辞别甘棠，辞别我的四年。不知道未来我的道路是否会再一次与你相交，也许真的有缘再见，我这样期待着。

成长

"成长起来了吗？成长到什么样子呢？"

"不知道。"

是用拥有了什么来衡量，还是用行为模式来判断？太难回答了。我只凭着对自己长久的观察与认知来给出结论，应该是清晰地意识到被人生面临的选择与分歧推着走。在人生中做出许多选择，带着这些选择继续生活，是最难的一课。人生就是在不断失控，好一些的人生可能是在精准地失控。所幸，直到今天我还在那条被设计好的轨道上，但也有可能明天就不在了呢。还是要放轻松吧，我这样劝自己。在开始缓缓积淀的过程中，我告诉自己要踏实，不要想结果；在遇到瓶颈内耗时，我说应该向外探求一下，给自己一点时间；在马上就要看到成功时，我觉得我得再多点耐心，看淡成败荣辱。

或许我总想同时踏入两条河流，一条是奔涌的滔滔江水，另一条是平静的潺潺溪流。练习到今天，依旧是个四处踩水花的人，也许还要见过更多激流险滩才能实现吧。

成就

"老一辈儿说，人生最难看破的只有四件事：生死、是非、成败、荣辱。其实就一个字，我。"我们来自同一个深渊，然而人人都在奔向自己的目的地，试图跃出深渊，我们可以彼此理解，然而能解读自己的人只有自己。

四年过去了，我更加看清自己了吗？我又到底拥有了什么？

那是一些闪着光但又被阴霾半遮的岁月，从充满期待到收获结果，虽然席间也常与遗憾碰面。4个学年，8个学期，75门课程，我总在为了每一个学分奔忙，教学楼、图书馆、自习室，电脑屏幕上映着的从窗户的影子到自己的脸再到教室的白色灯箱，这些被人称作"积淀"的岁月，承载着我许多成就。

还有四年中所有的兴奋、激动、感动、怀疑、不甘、绝望……这酸甜苦辣的情绪，都是我成长路上获得的奖章，感谢它们诚实地记录着我解锁的人生成就。绝望之为虚妄，正与希望相同，最后都要带上它们一起出发。

等待出发

"判断某种意义，再反求诸己，进而躬身生活，对人类要求过高，大于傲慢，近于荒诞。只有兼容着等待。面对真理不可说不能触碰，只能很偶尔地瞥见一眼后惊心动魄复归平静。凭借这偶尔的瞥见，坚定等待的信心。"可以说我们人类所有的智慧都集中在了五个字里，等待与希望。而我讨厌等待，缺乏耐心，尤其是对于那些好的结果，却又抱有着最迫切的希望。

"人生须臾如流水，沧海一粟不胜追。"尽管是在如此短暂的人生中，我还是希望自己可以给足时间和耐心，有勇气地、热烈地去追求一些更好的结果。尤其是对于那些我们不赞同的人和事，更要加倍努力地培养耐心、礼貌和想象力。

在做好这些准备后，可以出发了吗？生命的自己远比自己的自己更大，更不可掌握，所以出发后会走去哪里？有终点吗？

是更高的学府吗？是更宽的前途吗？会登上人生的巅峰吗？是睥睨天下的巍巍高山，还是只是一座无人山岗？也许不必爬得这么高，也可以离它这么近。

启程后，有谁将出现，又该与谁同行？

师长、朋友，还有来自远方但终将相会的陌生人。山和山相连，人与人相遇，人生旅途注定是投身人海，又孑然而归。拥有的只会是途中的经历，和所有的体验。泰戈尔有一首诗《用生命影响生命》，他说："把自己活成一道光，因为你不知道，谁会借着你的光，走出了黑暗。""请相信自己的力量，因为你不知道，谁会因为相信你，开始相信了自己。"既然不知道会遇见谁，那就先把自己活成自己的光。

我曾一直幻想当一个写作者，记录下发生的一切感受，给人们带去慰藉。但写着写着我发现，我其实不擅长抒情，更谈不上煽情，所以就转而看别人的故事，体会别人的情感，这四年里读的四五十本书，千万个字的积累带给我的大概是学习兼容。兼容，比它要兼容的任何名词都更有意义，它使那个最终信念成为可能——阅尽千帆，过眼云烟，行走天下，四海为家。

祝福

最后，写一段祝词吧。祝愿听起来很宽阔，但如果是给自己的，那其实就是自我肯定与自我期待。最想祝自己些什么呢？可能保持现状也是好事一桩，谁说祝福一定就是有所改变呢？越长大，就越不想成为什么，还是祝愿自己敢想、敢做、敢于正视吧。敢于将每一个想法付于行动，敢于为平淡的生活加点挑战，敢于接纳任何面目的自己。毕竟费费说过，人要活得精彩，各个领域都要勇于尝试，永远保持童真般的热情，一切都会得偿所愿的。

"真诚是勇气的替代品、怯懦的托词。真诚不能豁免任何错，只是可以在人群中亮一下底牌，闪到愿意原谅你的人，乞求不愿的人闪开。它隐含着一种不想放弃，不想放弃头上的星空、手边的酒杯，居然也不想放弃心中的道德律令。不想放弃爱，然而并不知道那是什么。"是一种我知道我不够好，可我还是都想要的期望。"热烈洒脱，真诚勇敢"是两年前写给自己的祝福，到今天还是祝自己继续保持真诚吧。

除了祝愿自己，还想祝点别的。祝福我的良师益友健康快乐，祝福我的学院人才济济，祝福我的母校枝繁叶茂，祝福这个时代写就新的传奇。还有在这条成长的路上，和我一样的千千万万的同伴，同一时代的求学者，我想说，是你们给了我很多前行的动力，也是你们让我一次次怀疑却又笃信自己，祝福你们越来越好。

今年一过就23岁了，梦一样，在我一生的黄金时代，我留下了什么呢？往回倒几年，懵懂时对20岁之后的生活抱有希冀和憧憬，幻想着再过几年就会远渡重洋，学有所成；幻想着有朝一日登上三尺讲台，教书育人；幻想着松弛平淡的简单生活……如今的我正向着很近的未来前行着，我猜想幻想可能会实现其中二三，剩下的可以继续作为幻想存在着。

未来不可知，但只要坚定把握此刻，朝着目标不断努力，就算走几年弯路，也一定会回到最初的方向。《天命之诗》里写着："窗外，风正从每个洞穴，吹响繁花满枝的春树，阳光抵过万卷书，往昔已去，来日风生水起。"

往昔已去，来日风生水起。

自强者胜　无远弗届

特立书院　韩昊豫

人生写到这里，又迎来一个章节的休止符。四载岁月如箭，回首望，自认为自己是中庸之人，做了一些中庸之事，得到了一些中庸之果。每个岔路口所做的选择最终成就了现在的我。所幸，一路走来，有自强为伴，有良人作陪，坎坷真是不足道了。

不忘初心，青春向党，勇担重任

我深知，我能够一步一步走到今天，离不开党和国家提供的支持。因此，我心怀感激，热爱着强大的祖国，憧憬着成为中国共产党的一员。四年里，我们见证了世界的冲突与动荡。正所谓，我并不生在一个和平的年代，只是背后有强大的祖国。昔日默念，只觉得荡气回肠，如今再去理解，更知背后的深意。如此种种，更加坚定了我加入共产党、建设祖国的信念。从入学第一天开始，我便严格要求自己，积极向党组织靠拢。开学伊始，我便提交了入党申请书，现已经过党组织的考察，成为一名光荣的中共党员。在这四年中，我以党员身份要求自己，不断提高自己的思想境界、开阔自己的眼界，立志将小我投身于大我中。

建党百年庆祝大会是我永远骄傲的记忆。从北航的晨星音乐厅，到良乡校区南操场酣畅淋漓的体能训练，再到南苑机场和军乐团驻地烈日下的一遍遍排练，最后到天安门广场的正式演出，我永远记得这点点滴滴：永远记得一群最好的老师和同学，永远记得军乐团于海老师讲授的国歌课，永远记得英姿飒爽的国旗护卫队，永远记得耳麦中习近平总书记铿锵的声音、一浪高过一浪的掌声，永远记得我所在的点位"W-39-31"。排练强度很大，时间也没有确定性。当时还是积极分子的我，切实体会到党员的使命感与纪律性，感受到党员不惧辛苦挥洒汗水的顽强毅力、坚守岗位随时待命的责任担当。

大学 青春 人生——第三篇 青春行

一路走来，有汗水，有感动，有欢笑，有自豪！

作为学生党员，我在学习生活中充分发挥模范带头作用，积极参与各种活动。我曾跟随学院参加"延安行，延河情"活动，赴延安学习实践，感受红色圣地厚重的革命底蕴；我曾参观"奋进新时代"主题成就展，切身感受十余年间的历史成就和伟大变革；我曾参加党支部组织的学习实践，前往中国共产党历史展览馆学习，体会百年大党波澜壮阔的奋进历程；我曾奔赴卢沟桥纪念馆，学习那段沉重又富有激情的历史，缅怀先辈的英勇付出……这一切加深了我对党的理解和向往，指引我将理论学习和实践感悟相结合，向优秀的党员前辈学习。除此之外，我踊跃参加学院的传帮带活动，积极参与特立书院积极分子培训班，并分享自己的入党初心和历程，号召更多的同学投身共产主义的伟大事业中。

知行合一，自强不息，砥砺奋进

从小历经坎坷的我深知学习的重要意义，了解"笨鸟先飞"朴素的真理，因此在本科期间，我努力学习、积极科研，不负社会和学校提供的优渥条件，不负家庭多年的鼎力支持。大一的我同样懵懂和迷茫，但多年的经历告诉我，不努力一定不会有收获，因此我努力啃下每一个知识点，读懂每一行公式和定理。正因为努力，大二伊始，我成功被选入计算机科学拔尖班，在更优秀的同学身边，努力靠拢、完善自身。我学业成绩优秀，屡获各级奖学金和校级"优秀学生"荣誉称号。大三开始，我跟随计算机学院王树良老师做科研，在老师和学长的帮助下迅速汲取养分，适应科研过程。目前，我参与发表了一篇 IEEE 顶级刊物 TGRS 论文，参与申请了一项国家专利，另有参与一篇论文投稿 CCF – A 顶级会议 KDD。

除去学业和科研外，我还积极参与各项科创竞赛，丰富自己的视野，理解研究的现实意义。我将自己在实验室内参与的研究工作进行整理完善，带队参加第九届"互联网+"大学生创新创业大赛和第十八届"挑战杯"全国大学生课外学术科技作品竞赛，均获得校二等奖的成绩。通过这些经历，我进一步了解了学习和科研的最终目的是应用实际、服务社会，而不只是简单的数据、代码、模型的研究。

大学期间，我利用周末空闲时间，辅修了经济学双学位，拓宽自己的思维和视野，完善考虑问题的角度。我认为，经济学学到的不只是冰冷理性的公式和模型，还有数字背后一个个复杂鲜活的个体。计算机给了我缜密的逻辑，经济学给了我人文的情怀。惊回首，我已不再是懵懂的高中生，目光早已能够看到更远的地方，思想早已能接受不同的碰撞。经济这个从未远离又不曾深究的领域，我在三年内初识其真面目。经济也好，计算机也罢，大抵是互补的：技术绝对不是冰冷的代码与数据，人文也不是笔下有千言、胸中无一策。

学校不只有学习，大学期间有丰富的体验机会，五彩斑斓、熠熠生辉。我从大一开始就积极参与学生工作和文艺活动，服务他人，丰富自身。我曾任团校/共学会主席，多次组织承办了新生班团干训、暑期学生骨干培训等重要项目，获评校"优秀团员""优秀团干部"荣誉称号。三年在团校/共学会的经历，从部员到主席，从排版到统筹，我增长的不只有能力，还有不同角色的思维方式。作为校合唱团和校钢琴团的成员，我曾参加《百年春颂》《夏声·青语》等文艺表演。感谢音乐，我结交了许多优秀的同学，学到的不只是技巧，更是文化的交融和传递，以及笑对生活的态度。团校是家一般的地方，有温暖优秀的先行者和热情优秀的后来人，衷心祝他们越来越好。感谢音乐，感谢遇见。

甘于奉献，躬身力行，服务社会

感受到社会大爱的我，更明白人间自有真情，更期望将温暖传递。因此，我在学习之余，积极参与各项志愿活动，尽自己努力回馈学校和社会。

在校期间，我积极参与各种志愿服务，不畏严寒酷暑，永远在路上。从入学时自己办理绿色通道，到为新生办理绿色通道，不仅仅是身份的变化，更是传承的体现。特立书院的迎新活动也活跃着我的身影，身为党员的我奔走在酷暑的第一线，为新生送上属于北理工的清风。北理工承办了第十三届"挑战杯"全国大学生创业计划竞赛决赛，我报名安检区志愿服务，积极工作，展现了北理工的风采，获评优秀志愿者。

2023年的夏天，我第二次来到方山参加暑期支教活动。"教育是一棵树摇动另一棵树，一朵云推动另一朵云，一个灵魂唤醒另一个灵魂。"短短数日的时间，无法传授太多知识，我尽力为他们打开一扇窗，告诉他们，窗外还有更美的世界，山外还有更广的天地，去努力创造自己梦想的未来。方山的孩子们很感激我，感激我带来了大孩子、大城市的很多故事和道理；我也很感激孩子们，从他们的眼中我看到了往日的自己，对知识的渴望、对新奇的向往、对生活的热情。曾经的我也是在师长的指引下一路跌跌撞撞向前跑。

那时，我深深体会到了何为传承。

"志之所趋，无远弗届，穷山距海，不能限也。"我始终相信，知识可以改变命运。不言涓流细，莫道星火微，我将继续用一颗真诚的心帮助他人、回馈社会，用炙热的青春激情谱写生命的乐章。

最后，总归是值得这么一句：好风凭借力，送我上青云！

18岁时的清风与骄阳裹挟着我急急忙忙地向前奔去，无知也无畏地闯出一条路来。22岁的我停驻在此刻，平静且坦然地面对这一路的得失，今天的我总感觉昨天的我很幼稚，这大抵就是成长吧！希望未来前行无惧，不后悔自己所做的每一个决定，只尽力将做的每个决定做到最好。

第四篇 人生梦

才德兼备　砥砺前行

宇航学院　胡木林

在我看来，大学四年的求学历程就像是一场在浩瀚的知识海洋中自我发现与超越的旅程。作为一名即将从北京理工大学毕业的大四学生，回望过去的四年，我在学习与科研上步步攀登，在思想境界、品德修养与身心健康上全方位成长。本文将从学术生活、思想品德两个方面，总结并反思这段丰富多彩的大学生活，以期为同学们提供一丝启发与共鸣。

学术与生活上的砥砺前行

学海无涯，勤为舟

大一刚入学，我就在学习上对自己提出了较高的要求。大一与大二，我以优异的成绩连续两年荣获"优秀学生"称号，并且获得了每学期的学业奖学金。这不仅是对我学习态度和成绩的肯定，更是对我自律与勤奋的嘉奖。那些无数个在图书馆的日日夜夜里，我沉浸在数学的抽象逻辑、物理学的奇妙定律、计算机编程的严谨语法中，这些看似枯燥乏味的知识点，在我心中却如同珍宝，激发了我无限的好奇与探索欲。大二分流到宇航学院，追逐我梦想中的星辰大海；大三时专业分流，我选择了宇航学院的飞行器动力工程专业，系统学习了流体力学、发动机原理、热力学等发动机的基础课程。经过三年的努力，在大三保研过程中，我的综合成绩排名第一，如愿拿到了保研名额，选择了自己喜欢的导师。我逐渐意识到，学术之路如同攀登山峰，每一步虽艰难，但登顶后的风景足以让人忘却一切辛劳。

竞赛舞台，挑战自我

准备竞赛的过程，仿佛一场深入未知领域的探险。我首先系统回顾了大学物理的核心理论，从牛顿力学的基础到电磁学，从量子力学的奇妙到热力学的宏观规律，每一章节我都力求融会贯通。在这个过程中，我遇到了许多困惑和挑战，比如电磁学的复杂性、量子力学相关的抽象概念等，这些问题一度让我感到迷茫和挫败。然而，正是这种挑战激发了我的求知欲，促使我不断向教授请教、与同学讨论、与老师沟通，终于在心中有了明确的答案。

最终，我出现在全国部分地区大学生物理竞赛三等奖的获奖名单中，当时的喜悦难以言表。这份荣誉不仅是对我努力的认可，更是一种鞭策，提醒我未来的路还很长，科学探索永无止境。更重要的是，这次竞赛经历让我明白了，学术研究不仅仅关乎智力的比拼，更是一场对意志力、交流协作、心理承受力的综合考验。它教会了我在面对未知和挑战时，如何保持冷静，如何在压力下激发出最大的潜能。

注重课外，拓宽视野

在宇航学科的严谨逻辑与精确计算之外，我还勇于拓宽视野，探索课堂之外的领域，这不仅丰富了我的大学生活，更拓展了我对世界的认知。2022—2023学年，我主动走出舒适区，参加了精工书院新闻知识竞赛，并意外地荣获了一等奖，这一成就成了我大学生活的精彩注脚。与此同时，我还积极响应书院号召，参与了院运会，并在多项比赛中取得了优异成绩。

参加精工书院新闻知识竞赛，起初源于对未知的好奇与挑战自我的渴望。我意识到，在科技日益发展的今天，作为一名理工科学生，同样需要具备广泛的人文素养和社会责任感。在准备过程中，我广泛阅读了国内外时政新闻、历史文化书籍，深入学习了新闻学、法学、传播学等社科知识，这一过程极大地拓宽了我的视野，让我学会了从多元视角审视问题。竞赛中，我不仅展现了自己的知识积累，更是在团队合作、知识抢答等环节锻炼了快速反应与表达能力。最终一等奖的获得是对我努力的肯定，也是对我继续探索人文社科领域的激励。

如果说新闻知识竞赛是对心智的挑战，那么参加院运会则是对身体与意志的双重考验。院运会中，我拿到了踢毽子第五名的成绩。此外，在繁忙的学术研究之余，我坚持每天进行两千米跑步训练，每一次挥汗如雨都是对自我极限的挑战。我深刻理解到，体育运动不仅是对体能的锻炼，更是一种精神的洗礼。

此外，我参加了全国大学生等离子体科技创新竞赛并摘得国家级二等奖。这个竞赛是一个国家级别的舞台，聚集了众多对等离子体科学充满热情的青年才俊。此次竞赛并非单枪匹马的战斗，我有幸与几位志同道合的同学组成了参赛团队。我们的团队成员各有专长，有的擅长理论分析，有的精通实验操作，而我则在几何建模方面有着独到之处。在准备过程中，我们充分发挥各自的优势，相互学习，相互启发。团队讨论常常持续至深夜，思维的火花在一次次碰撞中迸发。我们共同攻克了一个又一个难题，从最初的陌生到后来的默契配合。这一过程不仅锻炼了我的科研能力，更重要的是让我体验到了团队合作的力量，以及科学研究服务于国家的责任感和使命感。

思想品德上的觉醒与升华

在大学四载的求学之旅中，我深刻认识到品德和思想的塑造与知识的积累同等重要。在这段旅程中，我不仅致力于学术的精进，更注重个人品德与社会责任的同步提升。

信仰引领，党员的责任与使命

小时候，家里人便教育我"没有共产党就没有新中国"的道理，家中爷爷和姐姐作为党员对我的言传身教，让我从小便对党充满了憧憬。在大学期间，我积极向党组织靠拢，通过不断学习党的理论知识，同时积极参与书院党组织的各项活动，逐步加深了对党的认识与理解。在思想上，我坚定了共产主义的理想信念，认识到作为新时代的青年学子，应当将自己的理想同国家的前途命运紧密结合。经过严格的考察，我有幸成为同级同学中第一批入党的学生党员，目前在宇航学院本科生党支部担任宣传委员。党员的身份是一种责任，它激励我在日常学习、生活中发挥先锋模范作用，用实际行动践行党的宗旨，服务师生，回馈社会。

心系社会，点滴汇聚大爱

从大一开始，我就加入了北京理工大学"延河之星"志愿者组织，开启了我志愿服务的旅程。在课余时间，我参与了多次环境保护、校园服务、儿童关怀等活动。每一次的志愿服务，都让我深切感受到，个人的力量虽微小，但当无数微光汇聚，便能照亮社会的角落。这份经历让我学会了倾听他人、理解差异，更懂得了责任与担当。2020—2021学年，我被评为优秀志愿者。这份荣誉不仅是对我志愿服务的肯定，更是对我未来持续贡献社会的鞭策。

总结

总之，大学四年的生活，让我深刻意识到，个人的价值实现离不开社会的土壤，只有将个人理想融入强国建设、民族复兴中，才能实现真正的自我超越。未来的日子里，我将继续以严格标准要求自己，不断学习，不断实践，为社会贡献更多的光和热，努力成为德才兼备的新时代青年。

乔木亭亭倚盖苍　栉风沐雨自担当

机械与车辆学院　张凌骏

清清延河水，让我四年充实成长；悠悠校训石，让我深爱北理工。仿佛还是昨日，拿着录取通知书，怀着挥斥方遒的心境进入美丽的校园。四年时光如流水而过，留在我心底的，是老师的春风化雨，是同学们的兄友弟恭，是家长的默默陪伴，立德立言，让我能继续拥有更多的人生选择。

相遇北理工

时光荏苒，大学四年时光匆匆而过，我永远无法忘怀良乡的生活，也无法忘怀中关村的科研工作，这一切共同塑造了成长的我。大一学年结束时，我作为年级第一名，带着对能源与动力工程专业的兴趣开启了专业生活。之后在老师们的帮助与引导下，我找到了攻读方向，有机会进入清华大学继续深造。

我要感谢北理工老师细心、温柔的教诲，让我对大学生活充满信心。我坚信自己能做到学习优秀，与老师的教导和鼓励是分不开的。我要感谢老师的启发和开导，一次次推心置腹的谈心，帮助我面对诸多困难，让我对未来不再迷茫。感谢四年中传授我知识、教我做人的老师，是你们的帮助与教诲，成就了今天的我，感谢遇见。

回顾所得

精思建业，工笔图强

我在课程学习方面，一直严格要求自己，尤其注重数理基础的学习，专业课和基础课都取得了优异的成绩，七学期成绩优良率百分之百，纯成绩加权95.18，37门课程95分以上，62门课程90分以上，连续三学年纯成绩排名与综合成绩排名位列专业第一。这给了我充足的自信与勇气，使我能进入清华大学继续深造。

全力以赴，力争上游

我连续三年获得国家奖学金，获评北京市三好学生、北京理工大学优秀学生标兵与优秀班干部。2023 年，作为精工书院徐特立奖学金本科生候选人参加最终答辩；2024 年，作为机械与车辆学院徐特立奖学金候选人参加最终答辩。虽然两次都没有获得最终的认可，但在准备过程中仍然收获良多。

我积极参与科研工作，对疲劳断裂样件进行断面观察，建立合理的疲劳寿命预测模型。通过论文的撰写，我收获了参与科研的乐趣，对未来充满向往。保研之后，我主动加入课题组的重点项目，参与两项科技部重点专项，利用航拍十字路口数据集，实现模糊阈值提取；在亦庄国家智能汽车创新园区完成全量包采集的实车试验。

青春向党，奋斗强国

大一下学期，我作为工作人员，参与百年建党活动服务，近距离感受革命前辈前仆后继、矢志不渝的精神。大三下学期，我担任精工书院第六党支部副书记，现任机械与车辆学院本科四党支部学生书记，带领党支部开展组织生活等工作。身为共产党员，我不怕困难，主动担任楼层长，志愿服务同学，获评"五四"优秀团干部。

乔木亭亭倚盖苍，栉风沐雨自担当

大一时，我作为班长，带领班级获评优秀班集体；作为朋辈导师，我参与了班级考前答疑、专业解惑等工作，获评优秀"三全育人"导师。同时我积极参加学生工作，获评北京理工大学校学生会优秀干事。作为北京理工大学第三十三届学代会常任代表，我想在力所能及的范围内，有一份热，发一份光。

五育并举，青春理应多姿多彩

在第 58 届校运会上，我获得了跳高第三名，在第 59 届校运动会上，我作为队长带领队员获得集体跳绳项目第一名。通过运动，我对生活更加充满激情；通过运动，我结识了志向相同的朋友。

我还获得"诗颂百年"优秀节目奖；在《前线》杂志上发表文章。2023 年 8 月，我作为助教跟随地面机动装备国家级实验教学示范中心前往深圳北理莫斯科大学开展智造装甲创新实践项目，负责 60 多名中学生答疑。

总结与反思

在人生目标的建立过程中，我一直关注国家需求，渴望与国家战略相契合，在智能网联汽车发展大背景下，为国家汽车事业贡献一份力量。

　　回顾我的大学时光，每一年都是耕耘与收获并进，春耕秋硕。"特立潮头，开创未来"的精神追求让我在比赛征途中忘却疲惫；"德以明理，学以精工"的校训让我在学业上不断进取；"延安根、军工魂"的坚定信念让我在科研中勇攀高峰。

　　"要成功就得奋斗，要奋斗就有失败，但不奋斗永远也不会成功。"这是我的人生信条。我用自己的信念与努力谱写着绚丽的青春乐章。青春路上没有驿站，面对鲜花和掌声，我依然迈着前行的步伐，一步一个脚印……

　　大学四年我最深的感悟是：每一名大学生都应该培养"学习"和"积极"的心态。当你用这样的心态去学习、工作，你的大学生活一定是精彩的。我将会更加努力地提高自身的素质和修养，提高自己的工作能力，发扬优点，克服缺点和不足，做一名更优秀的新世纪大学生，在不久的将来为国家和社会贡献自己的力量。

　　最后，感谢学院的培养，让我在人生的旅途，可以有勇气、有底气、有毅力一路向前！

当平凡开出花　长出新的枝丫

光电学院　陈欣宇

"白日不到处，青春恰自来。苔花如米小，也学牡丹开。"18岁时的清风与骄阳裹挟着我急急忙忙地向前奔去，无知也无畏地闯出一条路来。22岁，我停驻在此刻，平静且坦然地面对这一路的得失，落下字句，回顾我的四年，回顾这独特而明媚的校园时光。

我与校园

学业与科研

大学四年中，无论是专业能力还是创新思维，我都得到了显著提升。刚入学时面对老师飞快的讲课节奏，手足无措的自己无论如何也想不到可以在短短一年后自学新的编程语言、新的软件，可以带领队伍参加比赛，可以自信、游刃有余地解决遇到的问题。

作为测控技术与仪器专业的学生，在四年中我共修了80门课程，包括应用光学、物理光学、数字电子技术基础和精密机械设计等，均取得了较好的成绩。我在课堂上认真听讲，课后虚心请教，打下了扎实的专业基础。多次获得学校学业奖学金、迪文奖学金以及校级优秀学生等荣誉，在大四时，以专业第三的成绩保研至本校信息光子技术方向。

此外，在大一"大创"双选会时，我认识了现在的导师谢玮霖教授，连续两年在谢老师的指导下作为队长参加"大创"项目，并在大二时加入实验室，为之后的科研工作奠定了一定的基础。连续两年作为队长参加光电赛，获得了华北赛区二等奖；以第二作者的身份发表了计算机领域的论文，被EI收录；同时多方面多领域进行尝试，"集创赛""美赛""电赛"……每一次比赛中和队友努力的日夜都让我受益匪浅，虽然有一些比赛并未获得理想的成绩。在备赛过程中，我与队友共同拼搏的友情、学习到的新知识和一份新的人生经历已经远远超过了奖项的价值。

当然也有过失败的尝试。在初入光电智能感知工作室时选择了不适合自己也不感兴趣的专业方向，但好在及时止损。现在，我在工作室担任总负责人，在为同学们创造更好平台的同时也得到了更多学习的机会，找到了真正感兴趣的学习方向。

学生工作与社团

除了学术上的收获，我还积极参加了学校的各类社团活动和学生工作。在大一时，我加入了学生会宣传部，负责学院内活动推送、海报的制作；我还加入了护航者协会课程部，参与了"解忧杂货铺"活动，和河北乡镇的孩子互通信件，同时负责日常支教活动中的教案审核工作。我担任支教队的课程组长，与"益微青年"开展合作，并在"五一"期间前往成都参加课程组长集训营，在那里与全国各地的公益人交流学习，学到了许多关于儿童心理、大学生成长、课程设计等方面的知识，同时也与"益微"结缘，成了月捐伙伴。大二时，我在护航者协会留任，成为课程部副部长，作为日常支教的总负责人负责大部分工作。工作中，我结识了很多优秀的同学，我们为乡村小学的孩子们带去了一堂堂精彩的课程。看到孩子们的欢笑与成长，我非常开心。支教工作让我看到了我在活动组织上的能力与能量，建立了自信，为我以后战胜困难储备了信心与力量。我作为支教队的传播组长，与支教队的其他队友一起前往山西忻州代县西北镇中心小学，开展为期两周的乡村夏令营活动。我们和小朋友们一起上课、一起玩耍，工作忙碌却很快乐。我被评为"最受孩子欢迎的姐姐"和"最会做助教、最会带孩子的姐姐"。我的相机中留下了孩子们明媚的笑脸，也留存了那个夏天最珍贵的记忆。

那些人儿

大学四年，我结识了一群真诚的朋友。有来自同专业、同教学班的，我们一起上课，一起学习，一起做实验，一起讨论问题，一起复习。面对庞大工作量的大作业也能团结协作，一次又一次攻克难关，学会新的知识。和社团的朋友们在一起工作，每周的例会是我精神最放松的时候，我们一起头脑风暴，思考怎样设计出更好的课程，怎样解决团队中的问题；我们一起分享成功的喜悦，一起总结工作中的不足。这些友情在我的大学生活中留下了深深的印记，也让我更加懂得了珍惜和感恩。

探索世界

在学习活动之余，我还利用北京的资源优势和地理优势尝试了很多"第一次"。第一次去看冰演，线下近距离追星成功；第一次看话剧；第一次看音乐剧；第一次听音乐会、演唱会……其中很多都慢慢有了第二次、第三次……看了很多画展、艺术展，逛了很多公园和博物馆。走出去，看世界，看形形色色的人，看斑驳的历史。

在大三的暑假，我报名了"益微青年"的走访志愿者，走访了河南的两支志愿者团队，与他们中的很多人度过了难忘的时光，留下了珍贵的回忆。以全新的视角看待夏令营让我有了更深的体验，让我更多地去思考关于公益、关于大学生群体成长的核心要义。

驻足当下，展望未来

我是一个极不喜欢循规蹈矩的人，一直坚信人生是旷野，未来的我将走向什么样的道路永远无法预测。无心插柳柳成荫，一切都是最好的安排。回首德育开题时为自己立下的目标，我已完成大半：将自己的学业成绩提高，多参与竞赛与创新赛，成功保研，进入自己感兴趣的实验室；同时坚持志愿服务、支教活动，所在支教团获市重点团队；坚持运动，连续两年参加纪念"一二·九"长跑与校运会；能够保持好奇心与热爱生活的态度。

在毕业论文完成之际，我也在享受这为数不多的、自由而悠闲的本科时光。回首望去，自己竟已走出这么长的路。希望在未来的道路上我能够知行合一，能够心安，能够在越来越累越来越忙的生活中不丢掉自己的本心，一直坚持自己对人生的规划，脚踏实地去实现它。

结 语

感谢这一路一直陪伴我或只是陪伴我某一段路的所有人。感谢父母的支持与理解，是你们为人处世的态度和对我完全的信任与包容，让我能够坚持追寻自己所热爱的事业与兴趣，自由自在地野蛮生长；感谢我的好朋友，陪伴我走过青涩走向阳光，虽然远隔千里但情谊难消；感谢我的室友、我社团的所有好朋友，感谢我的男朋友，陪我欢笑，陪我经历很多很多难忘的事情，陪我走出低谷，解决困难；感谢教导过我的所有老师，特别是我的导师，为我指明了学习的方向，给我树立了榜样，在学习生活中都给了我很多关怀与帮助。感谢所有陪伴过我的人，是你们让我的大学生活更加光彩夺目。

　　当平凡开出花，长出新的枝丫，感谢一路向前走到今天的自己，往事暗沉不可追，来日之路光明灿烂。

青春四载　砥砺前行

光电学院　蓝澜

大学四年的时光仿佛转瞬即逝，这段旅程中，我收获了无数的宝贵经历与成长。在这段青春岁月中，我有幸遇到了一群志同道合的好友，我们不仅在生活中温暖陪伴，更在学业上相互扶持，共同面对挑战。他们的陪伴与支持，让我更加坚定了自己的方向，也让我更加珍惜这份难得的友谊。

我遇到了一批敬业而富有激情的老师。他们在课堂上传授我专业知识，在科创竞赛中给予我丰富的指导和建议。正是他们的悉心教导，让我在光电专业的学习上逐渐找到了自己的兴趣点，为我未来的学术道路奠定了坚实的基础。

我积极参与学校举办的各类活动，如音乐节、演出、辩论比赛等。这些活动不仅丰富了我的课余生活，更让我在实践中锻炼了自己的能力，拓宽了视野。在这些活动中，我结识了来自不同领域的人才，他们的思想和观点为我提供了全新的思考角度。

我从一个对光电专业一无所知的新生，成长为一个可以在学习和课题研究上独当一面的学生。每一步成长，都离不开老师们的悉心教导和同学们的陪伴与支持。这段经历让我更加深刻地认识到自己的潜力和价值，也让我对未来充满了信心和期待。

科创竞赛：探索与成长

科创比赛

在大学的学术殿堂中，科创竞赛无疑是一处充满挑战与机遇的圣地。在这里，我不仅锻炼了自己的创新思维和实践能力，更在每一次的竞赛中收获了宝贵的经验和成长。

2022年11月，作为团队的一员，我有幸参与了校级"大创"项目。在这个项目中，我主要负责沙氏激光雷达反演消光系数的 Matlab 图像复现以及 Matlab App 中 Designer 程序界面的编写。面对复杂的激光雷达数据和图像处理任务，我始终保持对知识的渴求和对挑战的热爱。在不断地探索和尝试中，我深入理解了激光雷达的工作原理，并掌握了 Matlab 在图像处理方面的强大功能。这个过程不仅锻炼了我的专业技能，更培养了我面对困难时的坚韧和毅力。

进入 2023 年，我迎来了更多的挑战与机遇。在北京市"青智攻坚"创新赋能专项赛中，我凭借对 Filmaster 软件的深入研究和实践经验，自主调研并实现了一个创新方案。我成功设计了一款高透过率的窄带通 222 纳米紫外滤光片，这一成果在答辩角逐中脱颖而出，最终荣获市级一等奖。这次经历让我深刻体会到了自主调研和实现方案的重要性，也让我更加坚信自己的创新能力和实践能力。

学科竞赛

2023 年 5 月，我作为队长参加了校级"歌尔杯"光学设计大赛。在这个项目中，我带领团队设计搭建了一个非接触酒精测量系统，并独立开发了配套的 Matlab App 测量软件。这个系统具有高度的创新性和实用性。经过激烈的角逐，我们最终获得了校级二等奖，并得到了进入省赛的推荐。7 月，我带领团队对之前的非接触酒精测量系统进行了改进和优化。我们完善了测量软件设计，改进了数据处理算法，使系统的测量精度和稳定性得到了显著提升。这一努力在第十一届全国大学生光电设计竞赛华北赛区中得到了认可，我们荣获了二等奖。这个成绩不仅是对我们团队努力的肯定，更是对我们创新能力和实践能力的认可。

6 月，我作为队长参加了第十一届全国大学生光学设计竞赛"宇瞳杯"光学设计赛道。在这个国家级别的竞赛中，我们团队面临更大的挑战和更高的要求。我们设计了一款小型大视场角视讯镜头，以满足比赛要求的各项指标。经过多次的修改和完善，我们最终成功完成了设计任务，并在比赛中获得了三等奖，这个成绩凝聚了我们团队的智慧和汗水。

回顾这些科创竞赛的经历，我深感自己在其中得到了极大的锻炼和成长。我不仅提升了自己的专业技能和创新能力，更学会了如何面对困难和挑战，如何与他人合作解决问题。这些宝贵的经验将对我的未来学术和职业发展产生深远的影响。我相信，在未来的道路上，我将继续秉持着对知识的热爱，勇敢面对挑战，不断追求更高的目标和更好的自己。

文艺生活：青春舞蹈之旅

舞梦启航，校园舞台展英姿

我的校园生活总是充满了激情和活力。记得刚入学不久，学校为了纪念"一二·九"运动85周年，举办了一场盛大的歌咏比赛。当我在年级群里看到辅导员发布的比赛介绍和报名通知时，心中涌起了一股强烈的参与欲望。一直以来，我对舞蹈都有着深深的热爱，于是我迅速将自己的信息和舞蹈特长填入报名表，希望能为这次活动贡献自己的一份力量。不久后，我意外地收到了辅导员的邀请，担任伴舞部分的总负责人。这是一个既充满挑战又充满机遇的角色。我深知责任重大，不仅要编排舞蹈，还要选择合适的服装和道具。我迅速行动起来，与其他报名的同学们紧密合作，共同投入排练中。

在排练过程中，我充分发挥了自己的舞蹈才能和领导力。我为伴舞部分设计了独特的动作和队形，并积极与合唱的老师和同学们沟通，确保舞蹈与歌声能够完美融合。我的努力和付出得到了大家的一致认可，也为整个团队注入强大的动力。

最终，在比赛当天，我们凭借出色的表现荣获了一等奖。这次成功的经历让我更加坚定了对舞蹈的热爱和追求。

在2021年"五四"红色舞蹈展演中，我再次展现了自己的舞蹈才华。经过老师和同学们的认可，我有幸担任了领舞的角色。这次，我用舞蹈讲述一位西藏少女卓玛的故事。我通过优美的舞姿和深情的表演，将卓玛的坚韧和勇敢展现得淋漓尽致，赢得了观众的阵阵掌声。

我并没有因此而满足，而是继续投身于舞蹈的海洋中。在纪念"一二·九"运动88周年歌咏比赛中，我再次报名参与伴舞，并取得了三等奖的好成绩。我的舞蹈才华和不懈的努力让我赢得了更多的赞誉和认可。我乐此不疲地投身于舞蹈中，用舞蹈书写着自己的青春篇章。

舞韵生活，课余分享传魅力

在紧张而充实的学习之余，我展现出了对舞蹈的非凡热情和毅力。我积极投身于学术探索的同时，也毫不犹豫地加入了北理工舞团，与一群志同道合的同学们一同在舞蹈的世界里挥洒汗水，追求着艺术的极致。

每一次排练，我都以极其认真的态度参与其中。我与舞团成员们相互切磋，共同进步，每一次的转身、跳跃都力求完美。我仿佛能感受到身体与音乐融为一体，每一个动作都充满了力量和美感，仿佛在诉说着一个又一个动人的故事。

在深秋歌会、社团文化节、篮球比赛、街舞讲座等校园内外的各大活动中，我们舞团的小伙伴们都以精湛的舞蹈和热情非凡的表演，为观众带来了一次次震撼心灵的视觉盛宴。每一次站在舞台上，我都能感受到来自观众的热烈掌声和欢呼声，这让我感到无比的自豪和满足。

除了在校内的舞台上尽情展现自己的才华，我也热衷于在社交平台上分享舞团的排练日常和精彩瞬间。我精心剪辑的舞蹈视频，不仅展示了我和同学们的高超技艺，更传递了舞蹈所蕴含的无穷魅力和纯粹快乐。通过这些视频，我希望能够感染更多的人，让他们感受到舞蹈的魅力和我们舞团成员的热情。

舞蹈不仅丰富了我的课余生活，更使我在追求艺术的道路上收获了成长和无尽的快乐。我用舞蹈诠释着青春的热情与活力，用舞台上的每一个瞬间诠释着对舞蹈的热爱与执着。在北理工舞团这个大家庭中，我找到了属于自己的舞台，也找到了与志同道合的朋友们共同追逐梦想的快乐。

文艺璀璨，高校比赛显身手

为了见识到更广阔的平台，我加入了北京理工大学"意舞啦啦操队"。在这个更讲究专业性的舞蹈团队里，我展现出了坚持和热情。每一次的排练，对我来说都是一次挑战和突破，让我不断超越自我。

在这段时光里，我结识了许多出众的伙伴。我们来自不同的专业背景，但都对舞蹈怀有同样的热爱。大家互相鼓励、互相学习，共同为每一次的演出和比赛做准备。这种默契和团队精神，让我们在舞台上更加自信和从容。

终于，在2020—2021年全国啦啦操联赛（北京站）中，我和队友们凭借默契的配合和出色的表现，一举夺得了爵士示范套路的冠军。这次的成功，不仅是对我们日常努力的最好回馈，更是对我们专业水平的认可。那一刻，我们所有的付出和汗水都化作了喜悦和自豪。

紧接着，在2021年首都高等院校啦啦操比赛中，我们团队以流畅的动作、激情四溢的表演，赢得了爵士混合组的冠军，为学校赢得了荣誉。那一刻，我深感自己的责任和使命，也更加珍惜与队友们共同奋斗的时光。

同年，在首都高等学校第二届两操比赛（艺术体操）中，我们凭借独特的艺术表现力和优秀的舞蹈技巧，获得了三级纱巾组的第三名。虽然名次不是最高的，但对我们来说，每一次的参与和尝试都是一次宝贵的经验。我们会在未来的日子里，继续努力、不断突破，为自己的舞蹈梦想而奋斗。

青春无句号，昂首大步走

回顾我的大学生活，科创与舞蹈成为我成长道路上不可或缺的两大支柱。在科创的海洋中，我感受到了知识的力量与探索的乐趣，每一次的实验和项目都让我更加深入地理解了科学的奥秘。而在舞蹈的世界里，我找到了释放自我、表达情感的舞台，每一次的排练和演出都让我更加坚定了对舞蹈的热爱和执着。

这两方面的经历让我认识到，大学生活不仅仅是为了获取知识，更是为了培养自己的综合素质和兴趣爱好。在科创中，我学会了如何与团队成员合作、如何解决问题，这些能力将在我未来的职业生涯中发挥重要作用。而在舞蹈中，我锻炼了身体的柔韧性和协调性，也培养了自信心和毅力，让我在人生的道路上更加勇敢和坚定。

更为重要的是，科创与舞蹈都让我更加深刻地认识到自己的兴趣和激情所在。在追求梦想的道路上，我们不仅要勇敢地去尝试和探索，更要保持一颗热爱和执着的心。只有这样，我们才能在未来的道路上走得更远、更稳。

这个夏天

信息与电子学院　陈奕霏

记忆中的离别好像总会发生在夏天，但我依然很爱夏天。总感觉夏天代表着鲜活的生命力，永远有着朝气，永远奔向自由。有时我会很想变老，羡慕父母辈，我肯定中年的自己一定比现在镇定、勇敢、坦然。妈妈却说："我们才羡慕你，人生刚刚开始。"

回忆是目前人类穿梭时空的唯一方式

我是真的不舍得丢东西，从前的小纸条、笔记本、信件、同学录、纸质大头贴，到现在手机里的备忘录、照片、博文、朋友圈，太多太多回忆无法割舍，偶尔拿出来看看，仍觉得当时的人、事、物都还在身边，拥有这些才觉得人生有来路。

记忆像一本有意思的书，不同时期的我翻出阅读都有趣至极。它们都是我人生里的特殊烙印，看似无名无姓，但每一次的翻阅都会把我带回到那个时刻，感受那一刻的喜怒哀乐。我喜欢这种感觉，好像自己可以任意穿梭回到自己想要回到的时间里。记忆无声无息，记忆生生不息。

最近总结出这四年的感受是：真切地活着。

我会在飘柳絮之前去北京的很多个公园、很多个角落，去看摄影师镜头里的春和景明；穿舒服的衬衫在树影里穿行，靠在长椅上，晒在阳光里。遇到天晴的时候，天蓝得发烫，偶尔也会遇上一场猝不及防的雨。

周末，我会找一家新开的咖啡厅坐一整个下午，阳光穿过光秃的树杈洒在桌上的时候，总让人觉得晃眼，而加满冰块的柠檬茶和明亮的落地窗让人明朗。

一次生病，我浑身烧得滚烫，但脑子却活泛得厉害。我拿本书，缩在宿舍里看《我们仨》，心变得软软的，容易流泪，像个多愁善感的老头。

小时候印象里20岁绝对是大人的标签了。时间辗转过，只见20，却未见成熟痕迹。清晰记得大三这个时段自己在为推免准备个人简历时，翻看着网上的各式模板和教程，却为里面需要精心筛选的、向别人大张旗鼓展示的内容犯了难。就觉得，其实我也做了好多事情，只是都上不了台面，写不进履历。

纵然无法展现为可观测、可量化的世俗成就，但这些记忆碎片不是没有意义的，它们如实构成了现在的我，是我在任何倒放人生的时刻都可以心安自己确凿存在过的证明，无论存在得怎样琐碎庸常。

记忆之体总会在某一瞬间拆除，所以我会多多拍照片，用摄像机对抗遗忘，把热情记录的生命力一直持续到未来。

不擅长离别

妈妈总说我还是一脸孩子相。我想，一是我天生圆脸的加持，二是一路走来总是被太多人照顾和惦念，这不是因为我很好，而是因为大家很好。我会怀疑自己是否太过差劲，会在一瞬间感到茫然，会被生活打击。可每当独自蜷缩在那个昏暗角落时，总会有人提着灯朝我走来，安静地坐在我身边。我便这样一次次被细碎生活里渺小的爱所治愈，一次又一次重新热爱生活。

我很喜欢机场、车站这些地方，有种为前程、情谊奔波的氛围。但可能因为中国人身体里流淌着的那些含蓄和难为情，我们思念时不说思念，只说天上的月亮。我们还喜欢说中庸，说恰到好处，说喜怒不形于色。我们很少会在离别时认真表达出心中的不舍，却又总是在离别后的某年某月某天某个不经意的黄昏或是夜晚突然间想起当时的场景，然后懊悔起离别时故意做出的仓促、淡漠和无所谓，以及没有认真地哭丧着脸说一句——"我好舍不得你"。但或许只有这样，年老后躺在椅子上晒太阳时才有可回忆的东西。

我非常珍惜我的朋友们，我非常享受和她们之间的默契，在一起的时候大家轻松自由、绝对坦诚，分开的时间也各自努力、独立勇敢，我为此骄傲。我十分感谢我的同学们，很开心有机会与他们一同成长，共同度过生命中格外珍贵的四年时光。

其实时间本身并不是熠熠生辉的，是因为陪伴，因为一起度过那段时光的人，我们一起，才让那段回忆闪着光。站在这个时间节点，那就祝我们的未来更广阔、更自由，祝我们可以通过不同的工作方式和这个世界达成更多美好的合作！

合当奋意向人生

在朋友圈里看到最熟的 Tony 老师已经换第二辆车子了。他对自己的事业充满激情，熬到大年三十，然后很快返岗。每天在朋友圈都很兴奋，永远说"还有位置的，来吧，等你"。人也是一直笑眯眯的，热情地夸你的鞋子、外套、气质。颂文老师那句话也可以形容他："自己热爱的怎么会累？并且还会乐在其中。"他永远充满热情地做自己的专业。

这个世界上有很多人做着不喜欢的事赚钱，有人做着喜欢的事不赚钱，只有很小一部分人能够做着喜欢的事情赚钱。不能说羡慕，因为太羡慕他人对自己的心态不好，只希望漫长的人生中我也有机会做这样的人。

都说人的全部本领无非是耐心和时间的混合物。我一向很喜欢有规律的事物，也热衷于探寻规律，仿佛可以使生活中的一切变得有迹可循、有法可解。这使我心安。

我逐渐开始把自己"推出去"，鼓励自己去尝试一些新事物，只要完成就是好事，不需要完美，迈出第一步只需要一点点行动力就可以。出人意料的是，有些事情一开始只是想完成就好，最后竟走得比我预想中远得多。

我对自己的期待是，年轻的时候好好生活，一直努力，老了不让孩子操心。有机会就年轻的时候看世界，没机会的话，老了再去看世界。那些在小红书首页刷到的日出日落、冰山大海、重峦叠嶂、异国风情，还有李娟书里的冬牧场，我都想去看看。我得吹过嘉陵江边的晚风，看过三亚翻滚打浪的大海，走过新疆壮美辽阔的土地，淋过加州蒙蒙湿润的雨，度过成都温热的初夏。我得看了，我才相信。

我现在仍然不知道自己三年后会生活在哪一座城市，从事怎样的工作。我潜意识里总是庆幸自己还有时间去犹豫，去选择。"如果你站在童年的位置展望未来，你会说你前途未卜，你会说你前途无量。但要是你站在终点看你生命的轨迹，你看到的只有一条路，你就只能看到一条命定之路，不知道命运是什么，才知道什么是命运。"我很喜欢花骨朵，开放有无限可能，但就算永远不盛开的话也同样漂亮。现在在做选择前还是会左右摇摆，但我从来不去后悔自己做过的决定，既然已经做出了选择，最好还是先假定自己是对的，焦虑未来和后悔过去，只经历一个就够了。

尾声

所以人还是要不断向前走，因为有无限希望，可以有很多很多的机会去做不同的事情。人生真的是体验，是旷野。别担心，别焦虑，开心健康地长大才是第一。我们还年轻，长长的人生还可以迎接一点风浪。我们也都会老去，这唯一一次的入场券，一定一定好好体验。

今天听到一句话："在有限的生命里多感受就是在延长生命。"我先前觉得读书最重要，后来觉得行万里路更重要，此时此刻忽然觉得，其实感知力才是最重要的。作为成年人，我们已经对这个世界习以为常，甚至像山脉、满月或另一个人的爱这样的奇迹都变成了理所当然的事。为了再次看到它们的壮丽，或许我们需要学会用新的眼光来看待。是谁说一定得出类拔萃才会幸福，我坚信更重要的是拥有感知幸福的能力。有时，我们也可能因为种种原因无法抵达目的地，但依旧可以感受当下，或是从他人的文字、影片里汲取营养，飞速成长。

所以我觉得"做自己"不是 be yourself，而应该是 make yourself。做自己是一个需要持续升级的过程，需要拥有一套自洽的内在价值观体系作为后盾，是在清晰认识自己和世界之后不断生成出来的，它让我成长为自己想要的模样。而我当下所经历的生活正是自己性格、价值观、喜好等的投射，是从做的每个选择一点一滴地积累成现在的样子的。不管是否与最初的想象背道而驰，它都反映的是最真实的我自己。

虽然站在未来的入口前依然还是会迷茫和无措，但我依旧会对明天的生活抱有热忱和期待。所以在这个夏天，在生日愿望里，我偷偷许下：祝我们好，祝我们越来越好！

一个"伪励志"故事

集成电路与电子学院　秦鼎轩

四年的大学生活，恍如一梦，每个人的梦中都编织着一段独特的篇章，每段篇章都自带其特有的色彩与韵味。然而，若真要给我的这段时光找寻一个贴切的形容词，我想，"伪励志"或许最为贴切。何以如此？请容我慢慢道来。

缘起北理工

时光倒流至2018年那个明媚的春日，我正就读于清华附中的高一，一场奇妙的缘分悄然降临。4月16日，一个普通却又意义非凡的下午，清华附中的"水木讲堂——对话大家"系列讲座荣幸地邀请到了毛二可院士。他以"雷达技术及其应用"为题，为我们这群渴望知识的少年带来了一场精彩绝伦的讲座。

毛院士以深入浅出的方式，为我们揭开了雷达技术的神秘面纱。他先从"雷达"一词的起源讲起，仿佛引领我们穿越时光隧道，探寻这一技术的历史脉络。他巧妙地将复杂的雷达知识与高中物理相结合，让我们在轻松愉快的氛围中感受到科学的魅力。

在讲座中，毛院士还特别提到了几位在雷达技术发展史上举足轻重的物理学家，他们的创新精神、抽象思维以及实验方法论证，无不彰显着物理学科的独特魅力。这让我们深刻认识到，只有具备这些优秀品质，才能在科学研究中取得卓越的成就。

当然，毛院士也没有忘记向我们展示雷达技术在军事领域的应用。他结合英德大战、珍珠港空袭等历史事件，生动形象地描述了雷达在战争中的重要地位。那一刻，我们仿佛穿越到了"二战"时期，亲眼见证了雷达技术如何改变战局，决定胜负。

讲座的最后，毛院士还向我们介绍了雷达技术的前沿发展。他通过一些生活中的实例，让我们对雷达成像技术有了更加直观的认识。当他谈到我国在这一领域的迅猛发展时，我们无不为之自豪。

　　那场讲座虽然只有短短的一小时，但它在我心中留下了深刻的烙印。我不仅拓宽了视野，更对雷达技术产生了浓厚的兴趣。也是从那一刻起，我坚定了未来选择雷达作为我的研究方向的决心。正因如此，当我高考后有幸被北京理工大学信息与电子学院录取后，我的第一想法就是在未来能够进入雷达技术研究所进行研究，为我国在这一领域的发展贡献自己的力量。

　　不过，我也深知，雷达技术研究所作为北理工的璀璨明珠，其门槛之高，非同一般，想要成为其中的一员，绝非易事。故我立志要在本科的求学之路上，披荆斩棘，勇攀学术高峰，以优异的成绩为自己赢得一张通往雷达所的入场券。

风云突变

　　然而，命运之轮总有莫测之变，或许是因为背负了过重的心理枷锁，又或许是因为努力尚未触及极致，大一的上学期，我并未能摘得理想的硕果。那一季，我的专业成绩定格在87.53，综合排名仅居45%，远未能触及我心中的期望，更未能跨越雷达所设定的门槛。这对于当时怀揣满腔热血的我而言，犹如晴空之下突降的惊雷，让我措手不及。我曾在那一刻陷入深深的失落，无法接受这样的结果，仿佛整个世界都失去了色彩。我沉沦在自责与迷茫之中，前行的动力似乎也在那一刻悄然消失。

　　不过，就在我即将沉溺于这无尽的黑暗之时，一位老师的话语如晨曦之光，照亮了我前行的道路。"你还有五个学期的机会，何必因一学期的挫折而自怨自艾？"老师的话语如清泉般流淌在心间，让我恍然大悟。是啊，虽然人们常说"好的开始是成功的一半"，但成功的另一半，不正是我们不懈的努力与坚持吗？即便失去了那"一半"的开始，我们依然拥有50%的机会去创造属于自己的辉煌。

　　于是，借着大一下学期德育开题，我卸下了身上沉重的包袱，重新振作起来，为自己设立了目标。当时，我的计划是在大一的下半学期加倍付出，力求在学业上取得显著的进步，至少提升10%的名次，以此弥补上学期的不利局面；每年都保持这样的提升幅度，稳扎稳打，步步为营。如此，我便有信心实现保研至雷达所的目标。怀揣着这样的信念与期待，我在大一下学期，付出了前所未有的努力与汗水，只为实现心中的理想。

"芜湖起飞"

坦白讲，我从未料到幸福会如此猝不及防地降临。或许，这幸福来得有些猛烈，让我都有些措手不及。在大一下学期，我意外地获得了 94.22 的高分，竟然比第二名高出了整整 2.5 分，这简直让我有些飘飘欲仙。这一成绩，无疑是对我大一上学期劣势的一次有力回击。我像是从沉睡中苏醒的雄狮，一举扭转了之前的颓势。而最终，在大一这一学年结束时，我的专业排名和综合排名都荣登榜首，真正实现了从"咸鱼"到"王者"的华丽转身。并且在之后的三年里，我也再没有掉过队，始终保持着成绩的领先。

大一下学期这突如其来的幸福，让我有些应接不暇，这感觉就像是本来想书写一篇励志故事，却写成了"重生之我是秦始皇"般的网络爽文。不过不管怎样，提前完成了成绩目标也不算是坏事，我可以重新追逐最开始那进入雷达所进行研究的梦想了。

也正因如此，在大二上学期一开始，我就报名参加了北京理工大学雷达俱乐部——依托北京理工大学雷达技术研究所建立的学生科创组织，实现了进入雷达所的第一步。

在雷达所的三年时光，我始终致力于自我提升与知识积累。这段岁月不仅见证了我学术上的显著进步，更是成为我个人成长历程中不可或缺的重要篇章。初入研究所时，我对雷达技术的了解尚显浅薄。然而，通过参与各类活动、讲座及实践项目，我逐渐深入探索了雷达原理、信号处理及成像技术等领域的奥秘。在资深导师的悉心指导与引领下，我的思辨能力与学习能力均得到了显著提升。

特别是在毫米波层析 SAR 高分辨三维成像方法的研究过程中，我学会了从多角度审视问题，提出假设并付诸实践加以验证。这一过程不仅锻炼了我的科研能力，更培养了我独立思考与解决复杂问题的素养。导师们深厚的学术造诣与丰富的科研经验为我提供了宝贵的启示与思路，使我得以更加系统地掌握并应用所学知识。

得益于在雷达所的深入学习与扎实研究，我有幸以项目主持人的身份成功申报并实施了国家级大学生创新创业训练计划项目——"毫米波层析 SAR 高分辨三维成像方法研究"。该项目为我提供了将理论知识应用于实际问题的宝贵机会，使我在解决实际技术难题过程中不断成长。通过这一项目的实施，我的科研能力得到了进一步提升，对科研领域的信心也越发坚定。

此外，我还积极参与各类学术竞赛并取得了优异成绩。在"挑战杯"全国大学生课外学术科技作品竞赛中，我们团队凭借出色的表现荣获一等奖。这一荣誉不仅是对我们团队努力的肯定，更是对雷达所教学成果的检验。同时，在"互联网+"大学生创新创业大赛中，我们团队所负责的项目亦荣获银奖。这些荣誉让我备感自豪，也进一步激发了我对科研事业的热情与追求。

回首这段时光，我深刻体会到科研之路需要扎实的理论基础、丰富的实践经验以及不懈的努力与创新精神。每一个项目的成功都离不开团队的紧密协作与共同努力，而我也在这一过程中不断成长、不断进步。这段宝贵的经历将成为我未来科研道路上的坚实基石，激励我不断前行、追求卓越。

每一次的挫败与失利，皆成为我人生中熠熠生辉的宝贵经验与深刻教训。正是在这些充满挑战与磨砺的境遇中，我逐渐学会了坚韧不拔地追求目标，并勇敢地克服重重困难，从而在科研的道路上稳步前行。

对于雷达所给予我的悉心培养与无私帮助，我始终心怀感激之情。这里不仅是我汲取知识、锻炼能力的殿堂，更是我人生中一段难以忘怀的重要历程。在这里，我不仅收获了丰富的专业知识和技能，更结识了一群志同道合的朋友与导师。他们的鼓励与支持，如同明灯般照亮我前行的道路，让我在科研的征途上越发坚定与自信。

新的旅程

说来惭愧的是，虽然我成功参加并通过了雷达所的保研面试，但我最后并没有选择实现我最初的梦想，而是去到了清华大学的集成电路学院。这个决定对我来说并不容易，因为雷达所一直是我心中的理想之地。我曾经无数次幻想过自己在雷达所进行深入研究，与一群志同道合的同学和老师一起攻克技术难题。然而，当真正面临选择的时候，我感到了一种前所未有的纠结与迷茫。

在这个关键时刻，我决定向雷达所的老师们寻求建议。他们以丰富的经验和深厚的知识背景，为我提供了宝贵的意见。尤其是一位资深教授，他耐心地倾听了我的困惑，并分享了他自己年轻时的经历。"年轻的时候，就要在多个不同环境下进行历练。"他说道。他的话语如同醍醐灌顶，让我豁然开朗。这不仅仅是对我学术生涯的建议，更是对我人生道路的指引。

大学 青春 人生——第四篇 人生梦

正是因为这份建议，我做出了最终的选择，决定走出自己的舒适区，去到一个全新的环境，接受新的挑战和机遇。清华大学的集成电路学院，作为国内顶尖的研究机构之一，拥有世界一流的科研条件和师资力量。虽然放弃了雷达所让我感到遗憾，但我相信，这段新的旅程将为我带来更多的成长和收获。

即使未来几年将不在雷达所深造，我也绝不会忘记雷达所对我的栽培与恩情。在那里，我不仅学到了专业知识，更重要的是培养了严谨的科研态度和团队合作精神。雷达所的老师们不仅是我的导师，更是我人生道路上的引路人。他们的教诲和鼓励，将永远铭刻在我的心中。

同时，我也在内心决定，以后如果有机会，我一定会回到北京理工大学任教，以此来报答北理工和雷达所对我的培养与塑造。我希望能够将自己所学到的知识和经验传授给下一代学子，帮助他们成长和发展。这样，不仅是对母校的回馈，也是对自己学术道路的一种延续。

总之，尽管放弃了雷达所的机会让我感到些许遗憾，但我相信，每一个选择都有其独特的价值和意义。清华大学的集成电路学院将为我打开一扇新的大门，而雷达所的教诲将继续激励我前行。无论未来的道路如何，我都会怀着感恩的心，勇敢地迎接每一个挑战。

不知至此，诸君能否明白我的大学故事何以被冠名"伪励志"？其实，我的大学故事，并没有那些光鲜亮丽的学霸光环，也没有那些跌宕起伏的逆袭传奇。它更像是一首平淡而真实的诗，记录着我成长的点点滴滴。就比如一贫如洗的我却怀揣着对未来的无限憧憬，渴望通过自己的努力，一点一滴地积累财富，实现咸鱼翻身的梦想。然而，命运和我开了个玩笑。在努力了一段时间后，我意外地中了一张彩票，奖金高达一千万元。

在大一这一学年，我就好像换了个人，换了个剧本，从励志剧本换成了开挂剧本。不过这真的只是偶然吗？我想或许不是，真正让我成功更换剧本的原因，在于我心态上的蜕变与升华。"以瓦注者巧，以钩注者惮，以黄金注者殙。其巧一也，而有所矜，则重外也。凡外重者内拙。"现在想来，大一上学期我并未取得理想成绩的原因，或许正是我为了能够到雷达所进行研究而过分看重成绩，导致我反而出了差错。这就好似我们想绘制一幅完美的画，却在提笔之时在白纸上沾染了墨渍。

我们当然可以换纸重画，但是人生又怎会像画稿一样说换就换。我们真正应该做的就是卸下包袱，接受不完美，秉持着"行到水穷处，坐看云起时"的恬淡与从容，将不完美绘成独属于你的精彩。我想，也正因我在失利之后及时地卸下了包袱，才得以迎来涅槃重生。

人生正是因为有着"酸甜苦辣"多种味道才得以焕发光彩。在未来的日子里，我将以"行到水穷处，坐看云起时"的心态看待每一件事情。毕竟，人生不如意事常八九，接受失败与不完美，才能得到真正的完美。

大学 青春 人生——第四篇 人生梦

探险的途中每一瞬都可以成为风景

计算机学院　许文斌

岁月如梭，光阴似箭。大学四年的时光仿佛白驹过隙，转瞬即逝。人生如逆旅，我亦是行人。生活如探险一般，我们都是生活中的旅行者。在北理工的这四年旅途，教会我的很重要一点就是，不要总是追寻旅途的终点，想象到达后是怎样的世外桃源、花团锦簇，不要总是为了某一目的做事，想象达到之后会创造什么辉煌或成就。旅途的意义不在于终点，旅途的本身就是意义。

我是离开小镇上的人

2020年10月，经历过高考延期的我们，终于迎来了入学的时刻。10月9日报到，我和父母特意早来了三天，趁着这个契机，从没离开家乡旅游的我们一家准备逛逛北京，当时"特种兵旅游"这个词还没火，但是我们那三天确实是比特种兵还要特种兵了。我们一块去了天安门、高考的时候出现在试卷上的天坛（还特意数了数地砖）、鸟巢（国家体育场）、水立方（国家游泳中心）、北京动物园、北海公园等好多地方。想起来真的很开心，节省了半辈子的父母终于愿意为他们的快乐埋单，我也终于见到了之前仅存在于书本上的北京。天安门原来不是很大，但是确实十分庄严；鸟巢和水立方原来在一个地方，晚上水立方蓝蓝的，很好看。

开学那天，父母帮着我在门口采购需要的物品，当东西都搬到寝室后，临别之际，有幸碰到了人民网的记者，他帮我们照了一张合照，我们一家人笑容灿烂，幸福洋溢。开学后我们召开了第一次班会，要选出班干部。我其实特别想当班长，在家的时候甚至就在想竞选的时候该怎么做能让大家给我投票，为此还排练了一首歌，是张信哲的《信仰》。竞选的时候我发表了激情澎湃的演讲，最后也唱了我准备的歌。可惜，生活不是一直顺心如意的，

194

我没有被选上。不过，我当选了班级的文艺委员。文艺委员也不错。这件事告诉我，在追求不到 plan A 时也不要气馁，可能 plan B 也不错。

和大多数同学一样，在逐渐适应大学生活之后，就是枯燥重复的学习和考试。我自己感觉我不是一个很聪明的人，我只是一个比较会应试的人，不过我有比较好的一点就是认真，无论听课还是办事，都很认真。考试前我积极准备，认真复习，也感谢大一时的闫晓霞老师、张杰老师等优秀的老师们对我的指导，大一我取得了还不错的成绩，拿到了奖学金，让我这个离开小镇的孩子也有了一些自豪感。

让双脚去腾空，让我们去感受

"人生是旷野，不是轨道。"探险过程中每一瞬都可以成为风景。为了给自己的枯燥生活增添一些乐趣，我积极参加了一些活动。大一上学期就开始排练的话剧，由于各种原因一直推迟，到大一下学期快结束才演出，虽然话剧很短，虽然台下的观众也不多，但是登上舞台表演还是让我找到了属于自己的新天地。那个暑假我自己一个人去了趟天津，第一次见到大海，湛蓝又深邃，我深深地被它吸引。当时遇到了一位教书多年的老先生，我们交流了很多，但是具体细节我都忘记了，唯一有印象的就是他对初次相识的我有很高的期许，我也和老先生有忘年交的感觉。我参加了两次网络迎新活动，在群里解答将要入学的学弟学妹们的问题，我事无巨细地回答，因为我知道我就是这么过来的，不是每个人上大学前都已经熟练掌握了各项技能。学会当一个倾听者、一个解惑者、一个引导者，不仅是帮助了他人，也是帮助了当时的自己。

我积极参加书院的活动，积极学习先进思想，积极为人民服务，最终我如愿成为一名中共党员。你要问我怎么理解为人民服务，在我看来，首先是做好自己，其次是力所能及地帮助别人。我是一个认真的人，不仅对自己的事认真，别人需要我帮忙的事我也会很认真、很尽力地去做。

我赋予自己很多角色：迎新志愿者、睿信书院朋辈导师、校话剧团外联部部长。每个角色都是一次新尝试，每次经历都是宝贵的财富。

大学期间最不后悔的决定就是参加了数学建模比赛，让我感到高兴的不是我取得了什么好的成绩，而是认识了浩轩和博涵两位优秀的朋友。浩轩阳光而热情，博涵沉稳而深邃。我们一起熬夜建模、写论文、做项目计划书，等等，我们是一个战壕里出来的战友。探险中遇到的每一个愿意和你同行、结伴的人都是你的财富和幸运。好好珍惜他们，不要一心只想着追寻终点。

在勇敢尝试的过程中，我还认识到，只要付出努力去做，你追寻的目标也许会"无心插柳柳成荫"。我和博涵、浩轩抱着试一试的态度参加了"互联网+"的比赛，没想到我们赶制的 PPT 和项目计划书最终拿到了校内金奖、北京市三等奖的好成绩。

我还拓展了自己的兴趣爱好，受舍友李金涛的影响，我开始接触足球这项运动，开始关注利物浦这支球队。"摇滚足球"进入了我的生活，之前不明白足球比赛有什么乐趣，但是现在我感觉足球是一项个人与团队作用都很重要的运动。球场和生活一样，可能大多时候波澜不惊，但是只要积蓄着力量和拼劲，进球得分总会到来，你想要的目标也终归会实现。利物浦的口号是"You'll never walk alone"。你永不独行！总有人相伴着你朝着目标前进，你的旅程并不孤独。

我遇见谁，会有怎样的对白

感谢大学四年遇到的每一位帮助过我的人，感谢静园 B342 宿舍的五个兄弟，李金涛、徐修远、张灏泽、胡耀中、王嘉磊，感谢他们对我的包容。我们求同存异、相互帮助，每个人都积极进取，我们没有荒废大学四年的时光。我们每个人都很优秀，都会有光明美好的未来。感谢每一位耐心负责的任课老师。闫晓霞老师教授我们两学期的工科数学分析课程，我担任了两学期的课代表，每次和闫老师交流都觉得如沐春风。闫老师和蔼可亲，耐心地回答我的问题，关心我的生活，每次交流都询问我的状况。薛少华老师的"人工智能与机器人伦理学"和"科幻电影与认知哲学"，总是能给我带来一些新奇的观点，给我启示和感悟。朱然老师的课风趣幽默，且富有热情。感谢我的毕业设计导师张全新老师，张老师亦师亦友，给我提供了很多帮助。感谢郭前琛和张才华两位辅导员，在我遇到困难寻求帮助时，他们能够及时为我答疑解惑。感谢我的父母，他们文化不高，但是对于我的学习十分上心，他们支持我关于学习的一切决定。没有他们的支持和影响，我不能来到北理工，更不能成为现在热情、认真、大方、无畏的我。

再见

大学四年转瞬即逝，再有不到一个月的时间我们就要挥手作别。过去只在不断回忆中变得美好，无论过去如何，无论未来怎样，我们能做好的就是把握住现在的每分每秒，好好享受最后的大学时光。去道别吧，也许某次平常的再见就成了难再见；去拥抱吧，别为未做的事情感到悔恨。

探险途中的每一瞬都可以成为风景，不要因为错过雪山而哭泣。张全新老师说他在毕业时要再给我拍一张照片，对应着开学的那张，首尾呼应。他说我这四年来努力超越了很多的人。其实我深知我的努力不是为了超越某人，而是想要做不断进步的自己。

10岁时我会因为忘记带作业而感到恐惧，15岁时我会因考试来临而感到害怕，18岁时我会因和老师讲话而感到不自在。如今的我学着大方、学着自如，学着成长为年少时理想中的大人模样。今天的我总感觉昨天的我很幼稚，我想这大抵就是成长吧。希望未来的我无惧无畏，不后悔自己所做的每一个决定，只尽力将做的每个决定做到最好。

大海平静之下藏着波涛汹涌，我们在平凡之中也要厚积薄发。

特战尖刀　精忠报国

计算机学院　贾宇琦

我是贾宇琦，北京理工大学计算机学院计算机科学与技术专业2018级本科生。2019年应征入伍，2021年退伍，曾服役于武警吉林总队某部特战大队，担任突击手。服役期间荣立个人三等功一次、"四有"优秀士兵一次、嘉奖一次，参加2020年四次"魔鬼周"极限训练，获极限训练勇士勋章、团级训练标兵、"最美新兵"等荣誉。

返校之后，我保持奋斗的姿态，刻苦学习，获北京理工大学校级"优秀学生""优秀共青团员""军工报国榜样"称号，北京市"优秀退役大学生"提名；获2022"优秀军训教官"称号；曾担任校退役士兵组织"鹰隼之家"主席，负责征兵宣传工作、退役士兵服务工作。现已升学至本校计算机学院软件工程专业，继续攻读硕士学位。

磨刀砺剑，争当新时代强军先锋

考入北理工后，受到北理工军工特色文化的熏陶，我更加坚定军工报国的志向，在大一学年结束毅然决定参军入伍，去军营开始新的征程，将个人梦想融入强军梦的伟大洪流之中。

进入军营后，我充分发扬新时代北理工青年吃苦耐劳、敢打敢拼的精神，于2019年9—12月，在新训大队中团结战友、表现突出，被评为"最美新兵"；2020年9月，因全年工作训练表现突出，获"四有"优秀士兵及嘉奖各一次。

训练中，我发扬一不怕苦、二不怕死的战斗精神，苦练杀敌本领，勇做新时代强军先锋。我告诉自己，要当兵就一定要当最好的兵，一定要成为特战队员、国之利剑。我在别人看手机、打游戏时，默默加练，负重武装奔袭、单双杠训练、攀登训练……别人跑5千米，我就跑10千米，手上都是抓握的老茧，肩上都是枪背带的勒痕，常常练到拿不起吃饭的筷子。

就这样日复一日地坚持，为了心中的信念不断前行。终于，经过几个月的磨炼、选拔和考验，我如愿加入特战大队，成为一名光荣的特战队员。但我并没有就此懈怠，而是更加勇往直前。2020年8月，我于"八一"军体运动会取得全团3千米冠军；2020年9月，于全团年度特战分队尖刀比武中，取得义务兵组第一名，荣立个人三等功一次；多项训练科目荣登团龙虎榜，获评2020年度团"十大训练标兵"；2020—2021年，军营健身大赛连续两届获得第四名及"最美腹肌"称号；2021年2月，带领团队经过数周的奋战，所做冰雕、板报、海报展图等文艺作品荣登总队官微，多次获上级表彰。

为什么宝剑如此锋利，令敌人胆寒？是因为经历了烈火的淬炼和数不清的磨砺。已经记不清有多少次，武装奔袭后，瘫倒在终点，动弹不得；无数次爬上高楼，突入室内，只为精准击毙犯罪分子；炸弹在身旁爆炸，子弹上膛射击，还有战友的呼喊，声音震耳欲聋……这些岁月令人如此难忘，却也不愿提起，因为它交杂着战斗、青春、荣誉、痛苦和鲜血，过于沉重。其实所谓的光辉岁月并不是站到领奖台、戴着军功章接受表彰、载誉而归的时刻，而是不管经历什么样的痛苦和磨难，始终坚信心中闪闪发光的信念的日子。放弃很容易，但攀登很难。一个又一个"标兵"和第一的背后，是无数的艰辛和汗水，是北理工青年在勇担使命、矢志强军强国道路上一个又一个坚实的脚印。

在执行执勤安保、战备演习任务时，我勇担重任，争做新时代祖国卫士。2020年10—11月，参加北部战区"卫士—2020"演习任务，并担负演习重要岗位；2020年12月，参加全年四次"魔鬼周"极限训练，在全身皮肤多处溃烂的情况下，仍咬牙坚持冲锋在前，顺利完成武装奔袭、山崖攀登与索降、丛林搜捕等各项急难险重任务，获2020年度"极限训练勇士"勋章；2021年6月，执行军队文职人员考试执勤、监考任务，受支队领导表扬；2020年与2021年6—9月，于艰苦地区执行两次为期四个月的野外战备驻训任务，在野外艰苦条件下，顽强应对山洪等灾害，安全守卫祖国边疆。在面对重大困难和重大任务时，我勇于担当，时刻冲锋在前，牢记作为一名中国军人、北理工青年的初心，坚决完成祖国赋予的神圣使命，坚决维护祖国的和平安定。

回归校园，不忘初心砥砺前行

2021年9月，我回归校园。部队的经历让我更加深刻地认识到，光有不怕死的战斗精神是不够的，高水平的国防军队信息化、智能化建设，更是提高国防实力的重要发展方向。返校后的我，将军队的精神和优良传统带回学校，保持砥砺奋进的姿态，更加努力学习，钻研现代软件开发，多项软件项目获得优秀结课设计，并在2022—2023年"大创"项目中作为开发组主力队员，带领队友攻坚克难，不断完成新的目标，目前有一项软件专利著作权待申请。

在2022级本科新生军训时，我担任21连连长，并担负组织协调教官、制定会操演训科目等工作。组训时，我努力做到科学组训，让学生体会到"人在苦中练，刀在石上磨"的吃苦精神。比起训练，我更注重新生的思想教育。我在训练中融入战斗精神和先辈英烈的牺牲精神，让军训不仅仅是军训，更是一次爱国主义教育。最终考核中，我带领的连队被评为优秀连队，我被评为优秀军训教官。我还积极参加"睿思杯"时事论坛演讲等活动，把军队的精神讲给同学们，体会和平与幸福的来之不易。

倾心奉献，争做公益服务先锋

"入军营做中国军人，出军营永葆中国军魂。"我积极参与学生工作，担任校退役士兵组织"鹰隼之家"负责人，分管国防教育、征兵宣传、退役士兵服务等工作，前后举办十余次征兵宣传和国防教育系列活动，受众超3 000人，帮助十余名同学成功参军入伍。

在国家重大活动和节日期间，我带领在校退役大学生参与校园安全巡逻等公益志愿活动，依托部队服役的站岗巡逻经验，自觉扛起使命和责任，为校园师生的安全加筑防线。我始终战斗在一线，不喊苦不喊累，紧密围绕在党支部周围，在面对自身学业压力的同时，主动服务同学，为周围同学排忧解难。

我曾多次带领团队参加暑期支教、社会实践、科技惠老等志愿服务活动，利用自身的学科优势和参军入伍经历，开展国防教育和人工智能科普活动，累计时长200余小时。同时，我作为队长带领校退伍大学生多次无偿献血，总计3 000毫升。我以自身正能量，不断影响带动身边的人，争做一面飘扬的旗帜。

退役复学和本科毕业都不是句点，而是新的旅程的开始。经历了两年军队的淬炼，回到北理工开始新的征程，我更加深刻认识到，新时代青年既要怀抱梦想又要脚踏实地，既要敢想敢为又要善作善成，要有理想、敢担当、能吃苦、肯奋斗。

请党放心，强国有我！

青春微光

网络安全空间学院　孙舒凡

时光匆匆，大学四年光阴似箭。回首往昔，虽然没有什么轰轰烈烈的事迹，也没有光彩夺目的光环，但平淡之中，大大小小的事情如同闪烁的繁星，微光照亮前进的路，更显出大学生活的多元与精彩。这四年里，我经历了从懵懂无知到渐渐成熟独立的蜕变。从最初的不安与无助，到后来的自律和自信，这一路走来，无比幸运能够站在北理工，遇见良师，学习知识，寻得朋友，成为更好的自己。

蜕变之路——从懵懂到独立

记得那个阳光明媚的9月，我怀着满腔的期待和一丝忐忑，踏入了这座陌生的校园。大学校园给我的第一印象就是有序与朝气。宽敞的校园道路、错落有致的建筑群、生机盎然的绿化带，无不透露出一种蓬勃向上、充满活力的氛围。校园内到处洋溢着年轻人的朝气，学生们三三两两地走着，有的在交谈，有的在沉思。这一切都让我感到自己正站在人生的新起点上。

来到大学，我终于摆脱了高中那种被管束的生活，拥有了属于自己的时间和空间。不再受父母的束缚，我可以随心所欲地安排自己的作息和生活。这种独立自主的感觉固然令人兴奋，但同时带来了一些困惑和挑战。我必须学会自律，合理安排自己的时间，照顾好自己的生活起居。一开始，我难免会感到无所适从，不知如何去安排自己的学习和生活。

幸运的是，学校为我们提供了很多支持和指导。各种新生入学教育活动、学习指导讲座，让我对大学生活有了更清晰的认知和规划。通过这些活动，我了解到大学生活的作息、学习方式和社交方式都与高中有很大不同。我明白了如何合理安排课程、高效利用时间，以及如何主动寻求学习和生活上的帮助。

适应大学生活的第一个挑战就是从此拥有了全新的时间安排。起初，我常会无意识地沉浸在琐碎的娱乐中耽搁了学习，直到临近考试才手忙脚乱地补救。后来我意识到这种做法的弊端，开始尝试制定周密的时间安排表，合理分配每天的时间。我将学习、锻炼、社交等各方面的安排一一列明，并坚持执行，渐渐养成了良好的时间管理习惯。

除了时间管理，我还要尽快融入新的学习环境。大学的课程更加专业化和系统化，需要我主动去探索和理解知识点之间的内在联系。我发现，仅仅被动地接受老师的讲授是远远不够的，还需要自主学习、思考和研究。因此，我开始养成主动思考和探索的学习习惯。在课堂上，我会认真倾听老师的讲解，并及时提出问题互动。在课下，我会仔细复习课堂笔记，查阅相关资料，尝试将知识点串联起来。这种主动学习的方式使我不仅掌握了知识点，也培养了批判性思维和独立分析的能力。

此外，我还积极参与校园社团活动，尝试开拓自己的兴趣爱好。大学社团涵盖了各种类型，从学术社团到文体社团应有尽有。通过这些社团活动，我不仅拓宽了视野，还结识了许多志同道合的新朋友。我们在探索共同兴趣的过程中建立了深厚的友谊，彼此给予支持和鼓励，一同成长。

适应大学生活确实是一个漫长且充满挑战的过程，但我在一点一滴地蜕变和成长。从最初的茫然无措到现在的有条不紊，我已经渐渐找到了自己的节奏。大学生活给了我更多的自主性和独立性，也让我学会了责任担当。

静水流深——平凡中的成长

或许是由于初入大学时的紧张和慌乱，让我对于大学生活有一些过于理想化的期待。当真正踏入大学校园，开始步入大学生活的轨道后，我才发现，大学生活并非想象中那样一帆风顺。

在大一的学习生活中，我逐渐感受到了一种平淡与枯燥。每天重复着上课与游戏的循环，偶尔参加几次社团活动，生活似乎变得千篇一律。我偶尔会感到迷茫和无助，甚至开始质疑自己的选择。我时常会问自己，这样平凡乏味的生活是否就是所谓的大学生活？大学难道就只有这些吗？但是，当我静下心来重新审视自己的生活时，我发现，即使是看似平凡无奇的日常，也包含着许多可贵的成长机会。比如在课堂上，我开始主动思考老师讲授的知识点，并尝试将其与实际生活结合；在社团活动中，我学会了与不同性格的人合作，培养了团队协作精神；在课余时间，我养成了锻炼身体的习惯，增强了自己的意志力。这些看似微不足道的事情，却在潜移默化中塑造着我的性格和能力。

我渐渐意识到，大学生活的价值并不在于表面的繁华和刺激，而是在于我们如何在平凡的日常中发现成长的机会，并主动去把握。我开始主动寻找生活中的亮点，尝试去欣赏平凡中的美好。比如在午休时，我会静静地坐在校园里的长椅上，欣赏阳光下校园的景致。

与此同时，我也逐渐学会在平凡中寻找自我的定位。在之后的学习和生活中，我逐步发现了自己的特长和兴趣所在，并开始着手规划自己的未来发展。我选修了更多自己感兴趣的课程，参加了更多符合自己特质的社团活动，尝试走出自己的舒适区，不断地充实和完善自己。

当我能够在平凡的日常中找到快乐和意义时，大学生活也就变得更加丰富多彩。我明白，成长并非一帆风顺，但只要我们主动去发现生活中的亮点，用心经营自己的大学之路，定能在平凡中找到属于自己的独特价值。

大学二三年级的时光，对于我来说，无疑是一个全新的探索阶段。经过一年的学习生活，我已经基本适应了大学的节奏，并在平凡的日常中发现了成长的机会。此时，我开始将视野更多地投向未来，着手探索自己的事业发展方向。

这一阶段，我首先更加专注于自己的专业学习。我选择了网络空间安全方向，这正是我真正感兴趣的专业方向，之后我主动去了解这个领域的发展前景和就业情况。在专业课的学习中，我不再满足于简单地完成作业和考试，而是主动思考知识点的内在联系，努力将理论知识与实践应用相结合。我积极参与老师的科研项目，在实践中检验和巩固所学知识。同时，我利用课余时间自主学习一些专业领域的前沿动态和热点问题，不断拓宽自己的视野。

与此同时，我开始主动尝试一些与未来事业发展相关的实践机会。我积极参加学校组织的各种实习活动，走出校园，接触社会实际。在实习中，我不仅能将课堂所学应用到实际工作中，还能亲身感受到所选领域的工作特点和行业现状。有时，我会主动寻找一些兼职工作机会，通过实践来检验自己的能力和潜力。这些宝贵的实践经历，不仅丰富了我的简历，也让我对未来的职业发展有了更清晰的规划。

启航新程——道阻且长，行则将至

记得当初，我满怀憧憬地走进大学校园，对未来充满了美好的幻想。四年的大学时光转瞬即逝，现在再次站在了人生的十字路口，不禁感慨万千。要说对未来一点都不害怕是骗人的，毕竟那条路看起来如此漫长而又未知。但是，我们必须勇敢地迈出新的步伐，迎接即将到来的挑战。

"道阻且长，行则将至。"这句话始终在我心中回响。它告诉我们，面对人生的艰辛道路，我们不能退缩，而是要坚定地继续向前。也许在某些时候，我们会感到疲惫和迷惘，但只要我们保持头顶星辰大海的憧憬，脚下紧紧踏实，终会在茫茫人海中找到属于自己的方向。

我的大学和我

求是书院　宋宇林

学校是铁打的营盘，学生是流水的兵。从建校以来，北理工目睹过一次又一次满怀期待的相逢和依依不舍的离别。2019年到2024年，这五年我一样不能带走一片云彩，留下的羁绊化作涟漪，永驻心底。

我的北理工故事

刚迈入大学的学生问自己的第一个问题一般是我要做什么。而我的回答——科技报国，是一个过分宽泛的回答。我并没有充分地了解自己擅长的方向，找到自己的发展路径。所以我在北理工的五年概括讲就是了解这个世界、选择自己的道路。

了解世界

受到高校任职的外公的影响，我一直对物理学科感兴趣。所以刚进北理工的时候，选择物理作为发展方向，但是很快发现我并不喜欢实验科学，特别是写实验报告。所以在大学的第二年我决定转向理论数学方向，只是具体学习哪个领域，我还并不确定。

或许在数学系我能慢慢找到自己的兴趣点。但是遗憾的是在大二的上学期，躁郁和对家人手术的担忧所导致的失眠障碍严重困扰着我，让我难以集中注意力，开车、看书、思考问题都成了并不轻松的事情。在和家人商量后我决定休学。这一年，是我大学期间最重要的一年。通过治疗，我的睡眠好转，家人成功的手术也让我紧绷的神经得以休息。当然我也去了很多地方，进行了很多思考。我曾在西藏等待朝阳冲上山巅。自然是精神的止痛药。在自然的疗愈中，我将支离破碎的注意力黏合。

这一年，我阅读了之前没时间阅读的书籍，像《人类简史》《枪炮、病菌与钢铁》《资本论》《中国共产党历史》《三体》《斜阳》《滚滚红尘》，等等。在阅读过程中，我关注到很多有意思的内容，大到红军在抗战时期的经济问题，小到个人的情绪变化。这种阅读让我从不同的维度认识这个世界。认识并解释世界的方法有很多，可以是科学，可以是宗教，但是在诸多方法中，数学是最独特的。这是从公理出发建立在逻辑上的语言，这种纯粹的逻辑使得它无关于这个世界。数学家会质疑逻辑上的错误，但不会因为发现光速不变去修改一整个模型建立洛伦兹变换。与其说数学家在用数学解释世界，不如说世界设计得如此巧妙，恰好可以用这些逻辑的数学工具去认识并改造它。正因为注意到了数学的独特之处，我那时候开始尝试了解不同的数学领域，并发现了自己最擅长的领域——拓扑学。

探索自己的方向

大一、大二，是我对世界探索的阶段。在这个阶段，我找到了自己喜欢的方向。但是这条路会带我到哪里，如何走自己的路，如何提升自己，就是我大学后两年的目标。

为了更好地学习数学，我积极参与各类讨论班。大三下学期，参加北京大学北京国际数学研究中心的研究生基础强化班；大三暑假，参加北京大学北京国际数学研究中心的代数组合暑期科研项目，了解数学科研工作，并且建立自己的学习、科研、生活的平衡。除此之外，由于12~15岁先后前往瑞士、美国、日本游学，并在14岁留学加拿大一年，我利用先前打下的英语基础获得了大四前往牛津大学交流的机会。

在北理工北湖边，我和同学探讨课堂的知识；在北大未名湖旁，我和同学研究蜘蛛图染色对称函数的分类；在牛津叹息桥下，我和同学从中国古代科学技术聊到代数拓扑在数据科学的应用。我同理论计算机、理论物理、生物统计、经济学等不同领域的人进行学术和非学术的观点碰撞。这些不同的观点，让我脚下的道路更加清晰。其实大三、大四的学业压力比大二休学时要大得多，一学期10门课，还要面对亲人的离世。但是当我看到这个世界的繁复和壮阔时，在良师益友的鼓励和帮扶下，脚下的道路越发明确，我反而扛下所有压力。

北理工留给我的最宝贵的礼物正是对世界充满好奇的心、脚踏实地的态度、严谨认真的学风。这些礼物帮助我在北大和牛津克服各种各样的困难。当然我还有很多未知需要探索，还有很多方面需要精进，不论是专业知识还是学习工作的方式方法，我相信这些宝贵财富能帮我一次又一次地克服困难。

我的人生故事

我从宣武体校开始，在外公的影响下，从北京实验二小、北京八中、

St. Robert 高中，来到北理工。北理工给我留下了宝贵的财富，让我敢于面对下一阶段的挑战。目前我收到了牛津大学数学科学硕士、剑桥大学应用数学硕士的录取通知。我可以继续理论数学的研究，但是在跟各个领域的同学的交流中我发现，拓扑数据分析、计算代数拓扑在数据科学有着广泛的应用，包括但不限于生物统计、机器学习、优化等诸多领域。

我希望我的专业知识不仅仅属于象牙塔，而是能在祖国需要的地方发光发热。在中国电力科学研究院工作的母亲告诉我，考虑电动汽车的普及，AI、6G 等耗电工程的建设，数智化电网是目前电力系统科研方向的热门话题，其中特别需要有理论数学背景的应用数学工作者。我想，我之后会继续学习拓扑数据分析相关知识，为祖国的科研工作，或者数智化电网建设奉献自己的力量。

希望我能不仅仅停留在认识世界的过程，更能用自己的知识改造世界，甚至投身电力系统建设工作，守护千万家的灯火。

继续向前看

求是书院　严梓涵

四年时间如白驹过隙，过去的点点滴滴已然载入回忆的相册。选择了哪所学校、确定了什么专业、进入了哪个班级、选择了和谁成为挚友、何时参与了什么活动、又遇见了哪些人，看似很小的事情，却凝练成你的人生轨迹，也影响着你未来的发展。"只是当时站在三岔路口，眼见风云千樯，你作出抉择的那一日，在日记里，相当沉闷和平凡，当时还以为是生命中普通的一天。"

我选择了北京理工大学并进入医工融合实验班，进而通过 iGEM 比赛结识了课题组的师兄师姐们，他们像灯塔一样，指引着我前行的方向；选择了护航者协会并加入了"夏嘻嘻Ⅲ"支教队，进而结识了一群善良友爱的伙伴，他们像闪闪发光的星星，在我独行时亮着暖暖的光默默陪伴。

北理工的日子，让我成长的画卷有了斑斓的色彩，成就了如今的我。

回望

我刚刚步入大学殿堂时，就像一朵小花，憧憬着无限的风光，听风、看雨、赏景，想着自己将要经历什么，成为什么样的人。

在参加竞赛活动的过程中，我认识了指导我们的师兄师姐以及导师。他们教我们做实验，也给予我们生活上的指引。"春困秋乏夏打盹，睡不醒的冬三月。"每天总会有那么几个时点会陷入疲倦期，或者工作效率低下，我的一个师兄中午困的时候就抄写史书，晚上困的时候就健身打乒乓球，每次见到他都迸发着青春的活力。在我们遇到生活上的难题或者实验上的难题时，师兄总是耐心地听我们讲述并给出他的建议，无论多晚，多困难，他都悉心地帮助着我们。师兄师姐们有一个共性的特点，他们总能把实验方案设想得很全面，从中分析出我看不到的一些问题，他们逻辑十分严密，严谨中带着自信。我想，将来我也要像他们一样，在科研实验上可以把实验方案、结果分析得头头是道，在生活中也更加包容且有耐心，面对困难坚定自信，一往无前。

在我结识的朋友中，有和我同龄的同学，也有比我年长的师兄师姐。同他们相处的时候，我深刻感受到了爱的力量。他们的行为和态度深深地感染了我，激发了我内心的温暖和奉献。通过阅读前几届师兄师姐支教的经历，我被启发和鼓舞，他们的奉献精神和对他人的关爱让我非常敬佩。因此，我积极参与了日常给留守儿童写信的活动。这个活动不仅仅是简单地写信，更是一种情感的传递和陪伴的延续。每一封信都装载着我们的关怀和祝福，希望能够给他们带来一丝温暖和勇气。在这个过程中，我不仅能够表达自己的情感和思想，还能够学习到如何用心去关心他人，去感受他人的需要。这让我懂得了关爱他人的重要性，也激发了我对社会公益事业的更多关注和参与。

我想，未来的日子里，我要在公益事业方面不断贡献自己的力量，在点滴奉献中实现自己的价值。

成长

很少有人能一步就拥有自己想要的生活，也许我们要走很长一段时间的弯路，在此过程中，我们磨炼了心性，并不断成长。

科研上，在开始学习做实验的日子里，每天本来的计划可能是完成一个实验，但是随着实验结果的不同，其他的验证实验也会伴随而来。起初，我像个无头苍蝇，每天有做不完的实验和分析不完的问题，好像事倍功半，和预期差得很远。有时候实验结果在我这里就像是陷入了僵局，我不知如何去解这些谜题，于是每次出结果都带着些担忧，总是担心达不到预期。可是事实上科研的过程怎么会都老老实实地符合预期呢？可能师兄也看出了我的困窘，他指出问题的根源在于我并没有把实验的方案吃透，没有将每种可能性做好预案，有时候反而会因为实验过多而遮盖住本来的目的，要多去问问自己为什么，为什么做这个实验，又是为什么会有这样的结果，基于这样的结果又存在哪些可能。师兄的话如醍醐灌顶。我开始勇敢地面对困难，也更坦然地接受我还需要更多成长的事实，于是也更笃定地走着我的科研之路。

在公益方面，我加入了护航者协会。曾有老护航人说："如果无法成为旗帜，愿护航者和护航人永远拥有旗帜精神。"在这样的感动下，我加入了"夏嘻嘻Ⅲ"支教队，与其他17人开展了为期20天的毕生难忘的执教旅程。

前期支教培训的时候，听到一句话："教育是一棵树摇动另一棵树，一朵云推动另一朵云，一个灵魂唤醒另一个灵魂。"我们用心备课，每日披星戴月，一点一点打磨着教案，站在孩子们的角度思考内容的难易以及最终我们离开后能够带给他们的收获。人生因为遇见而有故事。而在这个夏天，我们遇见了一群可爱的孩子们，他们天真烂漫，对知识与未知的世界充满着期待与渴求。我们一起在炎热的教室里阅读绘本故事，一起探索着科学的奥妙，我们向他们普及生理健康知识，与他们共同探讨友情、亲情、相遇、分别。在这个过程中，我感受到了能为别人做点什么时的幸福，同时我自身的价值似乎也在那些时刻不断凸显。

展望

回头看过去四年做出的选择和走过的路，有些选择正确，有些似乎不那么明智，有的路走得很快，有的似乎略显拖沓，并不完美，不过至少是一直在向前走。

在这四年里，我经历了许多人生的起伏和挑战。我还记得当时选择进入大学、进入班级以及参加比赛的那些决定，每一个时刻都充满了激动和期待。这一路，有时候我会被自己的情绪或他人的意见所左右，做出不太理智的决定。这些决定可能会让我走上一段弯路，让我迷失方向。但是，也恰恰因为这些经历，我开始变得更加接纳自己，接纳发生的事情而不会内耗，同时从中吸取教训并努力修正，这些错误的选择和经历也是我成长的一部分，让我变得更加成熟和坚强。

青春终将逝去，我们也一定会逐渐衰老。但年青时我们对待年青的态度，则决定未来我们会走上一条什么样的道路，也会决定着我们如何走这条路。

未来已来　处处青山

明德书院　巩镇

难以置信，就要毕业了。离开这宜人的甘棠园，离开亲切、熟悉的明德书院、惟悟班、法学班。打开这些年的文件夹与相册，德育开题、德育重启、班团会、聚餐出游，一切的人和事，在脑海里忽远忽近。拼凑此文，作感念、作纪念、将来作怀念。

缘起，遇见多元的自我

每一次整理材料，都是对四年来的成长和心路历程的回顾。从红色太行走上北理工的红色育人路，一路上的良师益友、所见所悟与收获经历都如此珍贵闪耀。

在专业学习上

一开始的我，平平无奇也自得其乐，看到榜样事迹时，觉得国奖那么遥不可及，保研也是遥遥无望。也曾因为70分、80分的专业课闷闷不乐，年夜饭也食之无味。那时候学习不得要领，不知预习、不懂复习。迷茫挣扎中，是亲人师友们的宽慰和鼓励，让我继续坚持。"不知怎么学习，就去抄书，抄大纲。"这个习惯我坚持到了现在，纲举而目张，抄写的过程也是思考、记忆和开展规划的过程。同时，我开始更加注重交流共进，与几位挚友共同学习实践、开展科研"双创"，回忆满满，收获满满。

可能是自己的办法见了效，在大三学年里，我的学习成绩、综合成绩位列法学专业第一，平均分达到94.74分，获评了当年的国家奖学金。在过去的四年里，法学专业平均成绩达到91.4分，辅修经济学双学位，累计荣获国家与国际、省部级奖项14项，校级奖项36项，院级奖项40余项。

在学生工作上

"组织上入党一生一次；思想上入党一生一世。"这是入学后第一次党课上，张雷老师告诉全体入党申请人的话。四年来，承蒙辅导员秦月老师、班主任孙本雄老师和同学们的支持鼓励，我能够在多个平台、不同岗位锻炼自己，增长才干。干事、部长、主席团，策划……往事的一幕幕回味起来，我都甘之如饴。

四年来，我先后担任明德书院惟理党支部副书记、北京理工大学第三十四届学代会常任代表、校团校/共学总会主席、惟悟团支部书记、法学班班长、"青年北理说"宣讲团成员、北理工与房山区"青马班"成员、法学社团副社长、2106/2102/2205班思想引领类朋辈导师等；先后主持或参讲党团理论相关活动20余场，累计志愿时长逾350小时。毕业之际，荣幸获评北京市优秀学生干部、北京市优秀毕业生。

在科研竞赛上

起初，科研这扇门我觉得很重，很严实，学术规范、文献综述、外文翻译、评析启示，都需要不断地学习掌握。有幸在韩秀桃、肖君拥、杨宽老师的鼓励下，以及一众师兄师姐的指导下，我从最入门的案例分析、微课竞赛开篇，陆续承担了公共法律服务、国安法治、外空防务等方面的部分科研任务。

模拟法庭是法科生挑战、突破自己的重要途径，我在这方面着实是"跟头越大、收获越大"。还记得李金明老师耐心细致地教导我们文书修改，张晏老师不断鼓励我们勇于挑战自我去做"oral"，裴轶老师每一次的讲解指导都让我们如沐春风。

一点一滴助力成长，此间得失寸心知。四年里，我累计主持或参与学生"双创"课题6项，取得"挑战杯""互联网+"等各级各类学术竞赛奖项20余项。在张雷老师指导下，参加第十三届马克思主义中国化学术论坛，在《北京教育（德育）》发表论文《大党独有难题的生成逻辑与破解路径》。参与研发"党史查"知识图谱系统，取得软件著作权，荣获省部级、校级奖项近10项，受到《中国青年报》等多家媒体报道。

在社会实践上

习近平总书记曾说，把论文写在祖国大地上。四年来，我走过清清的延河水、静谧的方山城、秀丽的太行山，在律所、工厂、田间地头留下我的足迹，所见、所思都弥足珍贵。特别是2023年，我们第三次组建明德书院"缤纷六艺进方山"实践团队，有幸见证了实践基地的落成，实现了这一品牌团队的延续。

一段段的经历，串联在一起，我想，这正是"用脚步丈量祖国大地，用眼睛发现中国精神，用耳朵倾听人民呼声，用内心感应时代脉搏"的答卷写照。

行前，一段旅途的思考

每一次的材料我们总会写得亮丽、温暖，背后的积淀和努力都需要长期的坚守和努力。我们总面对着放弃的痛苦、选择的难题，这是一个问题的两个方面。越是沉甸甸的荣誉加身、越是离别前师友们的赞许祝福，我越发惶恐，有些不知如何继续努力，也担心达峰下坠。

再回味，都已回不去。毕业论文已经答辩，毕业照也拍好了，一切就等最后的日子到来。我好像没什么缺憾，心里有时也会突然间空落落的。可能是对过去日子的留念，也是对未来不确定的忐忑，复杂的情绪交织在心头。

但我能确认的是，在北理工的这四年，让我有了应对未来不确定性的自信和勇气。在这里，有些情愫，既有宏观抽象的语言表达，也有具体深刻的现实写照。在北理工的广阔天地，我不断见闻、领悟、内化、尝试。我想，我找到了自己的答案。当然，这个答案还需要再完善、再实践、再发展。

永远铭记我们共同的延安根、接续涵养我们自信自强的军工魂、奋力做堪当重任的新时代领军人。我想，唯有敢想敢为、日日精进，方能久久为功、善作善成。愿与诸君共勉！

感念，已来的未来，自在的自我

行文至此，顿笔颔首。些许松畅，几多回味，无穷感念。

吾师秀桃，温润如玉，其德如风，其学如金，其识如月，其能如日。缘起于盛夏六月里的讲座，绵延在法治思想与法制史的课程，铺开在公共法律服务的属性研究。在老师身后，我始终是蹒跚学步的小徒弟，亦步亦趋。四季轮转，我在字与词的学理、法与情的道理、言与行的哲理中沐浴成长。每想起告别就在眼前，恩师的次次教诲总在脑海浮现，难尽弟子本分的羞愧涌上心头，只觉自己还有诸多不足，只觉师恩如山似海难酬。

回首四年，初觉一晃，闭目追溯，如此丰富，这般精彩，何等幸福。我始终认为，自己的成长是自塑与他塑的结合，一切的欣喜艰难、进退留转、告别重逢，都是生命的礼遇。经师易得，人师难求。感谢肖君拥教授、韩君玲教授、杨宽副教授、张雷副教授、裴轶老师、孙本雄老师、秦月老师、秦雯老师、杨佳美老师等师长对我长期的关怀与指导，感谢嫣然、晨羽、宇航、泽洲、川冰、俊霖、浩宇、昊澎、秦妍、子婷、在雨等一众同窗、好友的陪伴与支持。是我们一起的相遇、相知、相伴，让这四年有了非凡的光彩与意义，让未来充满了无限的精彩与可能。

　　吾父吾母，常念常思。我有时想，自己是父母生命的延续。每念及此，不敢不自省，不敢不努力。"低徊愧人子，不敢叹风尘。"或许，也逃不开他乡作故乡的主基调，可我们一家人的爱与故事，我要努力传承好、书写好。

　　未来已来、处处青山，怎能作如是观？时针不曾停留，过去的光阴点滴让人留恋，催人向前。我想，未来不论是舞文弄墨，还是贴地飞行，"热忱、秉法、务实、好学、守拙、求真"是自己不变的信条。这四年的攀登让我相信：无穷的远方、无数的人们，都与我有关。我要把这一切的见闻、际遇、期许，化作奋力奔跑在青春赛道上的动能，谱写我无悔的青春。

成为自己

明德书院　文佳颖

四年本科生涯走到结尾，回首这段求知旅程，我能清晰地看到自己的成长与蜕变。在此途中，我在师友家人的一路照拂下，收获了专业知识，明确了进步方向。过去四年，我行有所获；面对未来，我将勇敢出发；行路途中，我将忠于内心。最终，我将成为独一无二的自己。

行有所获

在北京理工大学读书学习的四年里，我收获了比以往任何一个四年都更大的收获。在明德书院"礼乐射御书数"价值指引下，我的行为规范与道德意识得以养成，意志与责任感得以坚定，逻辑思维与理性精神得以确立，成了一个健全的人。在这里，我学到了法学的专业知识，这些知识使我对整个社会有了新的理解，也将成为之后我自食其力的底气。我锤炼了坚韧不拔的品格，面对转专业后学业课程上的挑战，我学会了坚持与拼搏，这些经历塑造了我面对未来无畏前行的勇气。我结识了一群志同道合的朋友，我们共同完成小组作业，分享生活的点滴，这些友谊将成为我人生旅途中最宝贵的财富。我们互相鼓励，互相支持，在彼此的成长道路上留下了深刻的印记，我坚信我们都将为中国法治建设做出贡献。

过去四年的经历让我更加成熟、自信。我坚信，在北京理工大学所获得的知识、经验和品格，将是我人生道路上最坚实的支撑。我庆幸也满意——我在这里度过了充实而有收获的四年光阴，这些经历将成为我人生中最宝贵的回忆。未来，我将带着这份收获和自信，迎接更加广阔的天地，创造更加辉煌的人生。

在这一路途中，我常常也会思考：大学的意义是什么？是为了满足家庭的期待，还是为了凭借这一份学历找到一份稳定或是报酬丰厚的工作？我想，都是，又都不是。大学的意义，远不止于一纸文凭或一份工作，它更像是一座桥梁，连接着青涩的校园与广阔的社会，让我们在青春的岁月里塑造未来。它是一个充满挑战与机遇的殿堂，在这里，我们不再局限于课本上的知识，而是开始探索未知的世界，追求真理与智慧；同时，它也是一个培养品格和情操的圣地。最重要的是，大学的经历给予了我人生更多的可能，它让我有机会去接触自己喜欢的专业知识，去尝试不同的人生道路。而最让我庆幸的，我在这里寻找到了想要用一生去学习和体会的专业方向。

我珍视这段宝贵时光，也做到了时刻用心去感受大学带给我的每一份收获与成长。我庆幸并感激这一路上的种种收获。

勇敢出发

如今，当我站在本科生涯的终点回望过去，心中充满了感慨与不舍。我知道，这只是一个新的起点，未来的路还很长，我需要带着这四年的收获与成长，勇敢地迈出新的步伐，走进人生的下一阶段。

世人多称赞 20 岁出头的年华青春蓬勃、充满希望，可同样，20 岁出头的年纪，也会面临其他年龄阶段没有的纠结与不知所措。这四年的光阴里，绝大多数人都见到了与过往 20 年岁月里截然不同的世界，挑战、落差与迷茫时有发生——我们真的找到喜欢的专业方向了吗？又该如何找到满意的职业发展方向？大学虽然让我们有机会学习各种知识，有机会成为科学家、艺术家、文学家，可该如何作出选择，找到自己想要发展的道路，却总是让人感到困惑。大学毕业并非仅仅是终点，也是另一段旅程的开始。此时此刻，每个人都将迈上不同的人生道路，开启不同的生活节奏，各有追求，各有精彩。是选择继续深造，沉浸在学术的海洋中去探索未知的领域，还是选择投身职场，在现实的磨砺中锻炼自我，实现自我价值？是留在一线城市，追求更高的生活品质和更广阔的发展空间，还是回到家乡，享受那份宁静与舒适，为家乡的发展贡献自己的力量……种种选择，都充满诱惑，各有优劣，让人举棋不定。

在不断变化的世界中，我们每个人都像是航行在茫茫大海上的一叶扁舟。海上的风浪变幻莫测，我们无法预知未来的方向，更无法确切地知道哪一条是直达目的地的捷径。然而，正是这种不确定性，才让我们的人生充满了无限的可能与惊喜。面对未知，我们不能选择逃避，也不能依赖既定的规则。因为在这个日新月异的时代，没有哪一条道路是可以一眼望到头的。同样，那些所谓的"热门""紧缺""风口",也只是暂时的现象,它们会随着时间和环境的变化而不断改变。因此,我们需要做好时刻调整自己状态的准备。这意味着我们需要保持敏锐的洞察力,时刻关注周围的变化,以便在第一时间做出正确的反应;需要保持灵活的思维模式,不断调整自己的心态和策略,以适应不断变化的环境;需要拥有随时学习、接纳新事物的勇气与学习能力;需要保持一颗好奇心和求知欲,不断拓宽自己的视野和知识面。

虽然我们无法预知未来,但我们可以选择如何面对未来。只要我们保持敏锐的洞察力、灵活的思维模式、持续学习的状态,我们就能够在这个不断变化的世界中立足,并创造出属于自己的精彩人生。我始终坚信,过去四年的种种收获都将成为我们应对这一切的勇气,我们始终能够活成自己想要的模样。所以,不妨勇敢地去尝试、去选择。

在过去四年里,我做了种种尝试,从工科到法学,从检察院、法院再到律所,尽可能地多接触、多了解、多尝试。诚然,时至今日,我仍未确定未来的择业方向,也不敢断言我未来将一直从事法律行业。但是,对于未来的种种可能,无论是律师、法官、检察官或是其他别的职业,我都满怀憧憬,希望能有机会亲身领略其中的精彩与魅力。

忠于内心

毕业后的世界山高海阔,有无数选择,容易让人难以抉择,每个人都审慎对待,希望选择一条最好的路。而在我看来,最好的路对于每个人来说都是不同的,最大的成功在于找到自己内心深处的宁静,选择与自身最为契合的道路,最终忠实于自己的内心,成为自己。

成为自己是一个漫长的过程,需要不断去找寻,去试错,去发现。学校、家庭和社会会对每个人有一套评价体系,在适应社会对我们的各种评价时,我们也同样应当发现自己的与众不同,保有自身的自由。我们应当勇敢地面对内心的声音,坚持自己的原则和信念。只有这样,我们才能在纷繁复杂的世界中保持清醒的头脑,不被外界的评价和期待所左右。但与此同时,也要欣赏他人的独特之处。每个人都是一座独特的宝藏,拥有自己独特的光芒。当我们用包容和欣赏的眼光看待他人时,我们会发现世界变得更加丰富多彩。在与他人相处的过程中,我们可以互相学习、互相借鉴、共同成长和进步。

每个人都是独一无二的个体,拥有自己独特的才能、兴趣和价值观。正是这些与众不同的特质,让我们在人群中脱颖而出,成为不可复制的存在。

人这一生，需要和他人和解，和世界和解，更为重要的是与自己和解，这是需要用一生去不断领悟并实践的。我们都该看到自己身上的闪光点，认识到自己的与众不同，也认识到自己有所不足。我们每个人的内心都有一片属于自己的星空，那里闪烁着无数独特而璀璨的星子，它们是我们的梦想、热情、才华和潜力。我们需要用心去发现它们，去珍视它们，去点亮它们。同时，我们也要正视自己的不足，勇敢地面对自己的弱点和错误，不逃避、不抱怨，用积极的心态去改正和弥补。

成为自己，不仅仅是一个目标，更是一种生活方式。它需要我们保持开放的心态，勇于尝试新事物，不断挑战自我。同时，我们也需要有足够的耐心和坚持，因为成长是一个缓慢而持续的过程，不可能一蹴而就。在这个过程中，我们可能会遇到挫折和困难，但只要我们保持信心、坚持不懈，就一定能够克服困难，实现自我成长。

"我与我周旋久，宁作我。"

结 语

做自己喜欢的事情，成为自己想要成为的人。做自己这件事，没有人会比我们自己做得更好。无论何时，我都会记得我的旅程始于这里，始于北京理工大学明德书院、法学院，会记住在这里的收获。季节一次一次更迭过往，也在一步一步实现愿望。未来路还很长，我也深知此时的我谈不上跨入了法学的大门，顶多只算是站在法学的门前看了一眼。往后的日子，愿青春灿烂，愿前途光明，今后的漫漫长路定当继续前行，不负所学，亦不忘初心。

选择所热爱　热爱所选择

明德书院　文楚钧

大学四年的时光，如同一段充实而富有成效的旅程，每一步都踏实而坚定。在这四年里，我始终秉持着"选择所热爱，热爱所选择"的原则，为自己的大学生活绘制了一幅精彩的画卷。

思想品德：保持初心，坚定决心

"保持初心，坚定决心"是在思想品德方面的要求。一切都要从我选择北京理工大学就读的初心开始。2019年10月1日，新中国迎来70周年国庆盛典。这场鲜花与礼花齐放、笑脸与歌声簇拥的盛典，以夜晚盛大的烟火灯光表演作为结束。当巨幅五星红旗在天安门伴着歌声冉冉升起，当"人民万岁"的大字出现在天空的一刻，人们欢欣鼓舞，自豪满足，久久仰头凝望。创造这场精妙绝伦的表演的是北京理工大学数字表演与仿真技术团队。他们将国人的热情、赤诚、深藏于内心很久且不知道该如何吐露的爱国情愫，用这样一场烟火与灯光的释放展现无遗。浪漫与情感被科技如此完美呈现与表达。北京理工大学，既有最前沿的科技知识，又有丰富的人文情怀。我不禁好奇，一所理工科如此优异的学校，会给我一个文科生带来怎样不同的经历与体验。我怀揣着18岁的激情澎湃，坚定地选择了北理工。书院制的教学方式、种类繁多的通识课、六艺课程的开展、文理综合思维模式培养，我感受到了北京理工大学对于教育全面发展以及综合素质培养的重视。优秀的朋辈同学、专业而颇具个性的老师、浓厚的学术氛围、自由的论学环境，让我更加喜爱这所学校。"博学而笃志，切问而近思"，大学提供了如此难能可贵的平台，给了我们展示自己、发展与成长的机会，我们更应该积极参与学习与实践。

理想信念的坚定来自对中国共产党的高度拥护与热爱。在入学伊始，我

219

就向党组织递交了入党申请书。之后我积极地参加院党课、校党课以及其他实践活动，向一名正式党员靠拢。现在，我很荣幸已经成为一名光荣的中国共产党党员。我深知在党员的背后不只是光荣，更多的是责任与使命，需要我不断反省自身，不断取得进步。我获得"优秀学生标兵""优秀学生""优秀团员""优秀书生"等多项荣誉称号。

学术科研：坚持热爱，左右采获

"坚持热爱，左右采获"是在学术科研方面的追求。社会工作专业是我的选择，我热爱这一专业，并付出努力，最终获得了很多。我在本科期间成绩优良，GPA 为 3.9/4.0 分，学科优良率 100%，获得校级一等奖学金 3 次、校级二等奖学金 3 次、校级三等奖学金 1 次。2021—2022 学年、2022—2023 学年综合成绩、专业成绩均排名第一名，英语四级 642 分，六级 541 分。在社会工作专业实践与理论并重的培养模式下，学校开展大量实习和实践活动，大部分课程以实地调研成果、研究报告和实习能力评估为结课考查。我通过实习和实践具备了较好的实务能力和充足的调研经验。最终，我收获了保研资格，我将在学术的道路上继续前进。

同时，我投身科研与竞赛。我参加了 2 项国家级科研项目和 4 项校级科研项目，获得了省市级、校级竞赛奖项。在"逆向性别偏见对性别平等的影响机制及矫正分析"研究中，我与经济学专业的同学实现跨学科的创新性合作，将相关分析、Logistic 回归分析等定量研究方法与深度访谈的定性研究方法相结合，最终获得了国家级大学生创新创业训练计划项目的立项和第十九届"世纪杯"校级竞赛三等奖，这激发了我参与科研的热情。在"青少年抑郁症患者同伴互动模式及体验的探索性研究"中，我作为负责人完成文献综述两万余字，并进行深度访谈，访谈总时长近 600 分钟，访谈转录总字数十万余字。该研究获得第十八届"挑战杯"全国大学生课外学术科技作品竞赛暨第二十届"世纪杯"大学生课外学术科技作品校级竞赛三等奖。通过暑期在家乡社区的实习工作，我对社会工作参与基层治理的实践进行进一步思考。北京张家湾镇作为现代化基层治理的良好典例，提出了"一核多元共治基层"治理体系。在此基础上，我们创新性地提出"'湾'众一心社会组织参与'一核多元共治基层'治理体系"项目，发挥社会工作培育、管理和赋能社会组织的优势，进一步完善当前体系。该项目获得"挑战杯"首都大学生课外学术科技作品竞赛"青砺基层"社会治理省市级专项赛一等奖。在国家社会科学基金项目"长期护理保险对失能老人家庭照护的影响及健康效应研究"中，我们为国家制度效果检验提供了一定的经验证据。

社会工作：不萤微茫，造炬成阳

"不萤微茫，造炬成阳"是在社会工作方面的表现。在校期间，我积极参加学生工作。我曾担任北京理工大学明德书院共产主义学习实践会实践部副部长，荣获"学生组织优秀干事"称号，帮助完成入党积极分子的学时统计工作，策划和组织活动，创新活动类型，打造红色桌游、红色剧本杀、线上云游博物馆等深受大家喜爱的爆款活动。我服务学校师生，热心志愿活动。我参与明德书院2021级迎新、车队返乡等活动，连续工作达十小时以上。

此外，我的实习经历为在社会工作领域继续深耕打下基础。2022年暑期，我在"亲睦"社会工作机构进行了为期一个月的专业实习，参与了云南省昆明市街道、社区精神卫生健康、社区联合治理、楼宇社工新概念建构等多个重要项目，将所学理论知识与实践结合起来，同时这也影响了我在科研上的一些相关研究。2023年暑期，我在专业老师的指导下，与同学参与了北京天桥社区治理工作，学以致用、知行合一。我还参加了微澜图书馆的志愿服务，参与图书筛选、贴码、录入、分类、上架、标识、借阅等；与小读者们直接接触，帮助他们获得良好的阅读体验。促进流动人口子女发展，让更多的流动人口子女能够在居住地城市享有公平、优质、适宜的教育，安全、健康地成长，成为更好的自己，正是微澜图书馆的目标。

社会工作的理想是促进社会公平、正义、和谐，提高社会凝聚力，赋权并解放人类，我们只有在实践的过程中才能将其慢慢转化为现实。而真正投入社会工作实践，我们会发现客观的阻力和障碍从来都不会少，具体的操作比我们想象的要复杂和困难。但只要实践，就会产生影响，发生改变。青年学子应当参与基层治理和国家建设，为建设更加美好的社会做出自己的贡献。

实践活动：萌芽露角，发荣滋长

"萌芽露角，发荣滋长"是在实践活动方面的探索。我积极参与社会实践，与同学们结成实践团前往圣地延安，找寻北理工记忆，赓续红色基因，开启一段寻根之旅。在为期三天的延安之行中，我们参观了红街、延安自然科学院、延安革命纪念馆、杨家岭、王家坪、宝塔山、枣园。根据我们的实践经历，我们自行编排、拍摄和剪辑了短片《延安·寻根》，收获了不少播放与点赞。80多年前，北京理工大学在党的带领下从延安启程，红色基因裹挟着延河水奔腾而来，荡开一道红色育人路。80多年后，习近平总书记强调在社会实践中深刻感悟党的伟大历程和革命精神，引导北理工青年用脚步丈量祖国大地、用眼睛发现中国精神、用耳朵倾听人民呼声、用内心感应时代脉搏。这是一趟寻根之旅，我们从何而来，又要走向何方，从"延安根，军工魂"出发，走过80年的岁月。青春，人生之春，人生之华，我们身逢盛世、肩负重任，必定不负韶华、不负时代、不负人民。

此外，我积极地发展我的兴趣爱好。我多次参加啦啦操比赛，并担任领队，团队获得市级二等奖和校级第二名。我参加合唱和深秋歌会，在校级纪念"一二·九"合唱中获得第三名，在院级深秋歌会中获得第四名。这些活动不仅让我感受到了身心的愉悦，也让我体会到了团队合作的重要性，更让我收获了珍贵的友谊。

最后，我想用列夫·托尔斯泰的一句话总结："选择你所喜欢的，爱你所选择的。"把每一个选择和每一份热爱累积，喜悦于自己的所得，看到自己的不足，并向着目标前进。未来有无限可能，要做梦想家，更要做踏实而勇敢的实践者。

青春在奋斗中闪光

特立书院　陶艺

四年的大学生活转瞬即逝，回顾这段时光，我收获了丰富的知识、宝贵的经验以及真挚的友谊。在大学校园的每一个角落，都留下了我追求梦想、奋力拼搏的足迹。从初入校门时的懵懂与好奇，到即将踏上社会的从容与坚定，四年的历程不仅丰富了我的学识，更铸就了我的品格。作为北京理工大学徐特立学院电子信息工程专业的一名学生，我有幸在这个充满创新与挑战的环境中度过青春岁月。这里的每一位老师和同学，每一堂课程和活动，都成为我成长道路上的宝贵财富。

大学四年，我不仅在学业上取得了一定的成绩，还在科研、竞赛等方面不断探索和成长。北京理工大学为我们提供了丰富的资源和平台，鼓励我们在专业领域不断突破自我、追求卓越。在这里，我学会了如何面对挑战，如何在失败中吸取教训，如何在成功中保持谦逊。四年的努力与坚持，不仅让我在专业领域积累了扎实的知识和技能，也培养了我的科研兴趣和创新能力。

这篇论文不仅是对我大学四年学习和生活的总结，更是对我未来人生规划的思考和展望。本文将结合我的成长经历，回顾大学四年的点滴，总结成败得失，并展望未来的发展方向。我希望通过这次答辩，能够全面展示自己的成长与收获，同时明确未来的努力方向，为实现人生理想而不断奋斗。

成长经历

学业成就

我于2020年9月进入北京理工大学徐特立学院电子信息工程专业学习，在这里开启了我求学与成长的新篇章。作为徐特立英才班的一员，我深感责任重大，因此始终保持严谨的学习态度和刻苦的精神，这些努力也得到了丰厚的回报。四年间，我的专业排名始终名列前茅，位列第五，综合测评排名第七，平均学分达到了 88.80。这些成绩不仅反映了我的学术能力和学习态度，也为我未来的发展奠定了坚实的基础。

科研探索

在学业之余，我积极投身于科研探索之中。2022 年 12 月，我作为项目负责人成功申请并结项了一项校级大学生创新创业训练计划项目，题目为"电商平台商品图像描述自动生成技术"。在项目中，我们基于预训练的 CLIP 中文模型和 GPT2 中文通用模型，开发并训练了一个中间的 Transformer 映射网络，实现了商品图片描述的自动生成。在项目过程中，我负责算法组中的数据预处理和网络训练部分。通过这个项目，我不仅初步认识了人工智能领域的基本概念和前沿技术，还激发了对科研的浓厚兴趣，增强了自己的科研能力和创新思维。

学科竞赛与荣誉

在学科竞赛方面，我多次获得荣誉：2021 年第七届中国国际"互联网＋"大学生创新创业大赛全国银奖，2022 年"TI 杯"全国电子设计大赛北京市三等奖，2022 年美国数学建模比赛 Meritorious Winner 奖（美赛一等奖），2023 年美国数学建模比赛 Honorable Mention 奖（美赛二等奖），2023 年北京理工大学"挑战杯"二等奖，北京理工大学第十八届"世纪杯"学生创意竞赛新生赛道三等奖。在综合荣誉方面，我获得了多项校级荣誉，包括：北京理工大学 2020—2021 学年、2021—2022 学年校级"优秀个人"称号，2021—2022 年度"优秀团员"称号，北京理工大学 2021—2022 学年"优秀三全育人导师"称号，以及 2020 级徐特立英才班 7 次二等奖学金和 1 次进步奖学金。这些荣誉不仅是对我个人努力的肯定，更是对我未来发展的激励。

保研之路

2023 年秋，我通过不懈努力成功保研，并加入了空天网信实验室，师从潘高峰导师，即将在北京理工大学的网络空间安全学院开启崭新的三年研究生生活。在这一过程中，我将继续扎根于学术研究，特别是深入研究卫星通信领域，争取在硕士和博士阶段取得更多的突破和成果，为科技进步贡献自己的力量。

未来的道路并不平坦，充满了未知的挑战和机遇。然而，我坚信，只要保持踏实勤勉的态度，走好每一步，就一定能够克服困难，收获成功。大学四年不仅让我积累了扎实的专业知识和技能，更培养了我面对挑战的勇气和在失败中吸取教训的智慧。无论是学术研究还是社会实践，我都将以饱满的热情和坚定的信念，迎接新的挑战，追求卓越，不断前行。

毕业设计

我在潘高峰老师和史文彬老师的指导下，完成了"多星电磁环境感知与建模"的毕业设计。这次毕业设计是我第一次写学术论文。通过这次毕业设计，我学会了如何做科研、如何写综述、如何做仿真，尊重科学的严谨和数据的精确性。最终我的毕业设计顺利通过答辩并获得了92.5的优秀成绩。

我的毕业设计研究的是卫星通信。卫星通信具有全球覆盖和通信容量大的优势，但频谱资源日益紧张，需要不断提升卫星频谱资源的利用效率，电磁环境感知与建模成为关键技术之一。在实际的卫星通信场景中，卫星与感知目标之间的距离遥远，导致接收信号的强度衰减严重。同时，卫星的覆盖范围广泛，特别是低轨卫星的高速运动以及噪声噪底的动态波动，进一步影响了能量检测法在频谱感知方面的准确度。

在这种背景下，星地一体化已成为未来卫星通信的主要发展趋势。然而，卫星与地面设备存在体积和质量的设计差异，信号受到大小尺度衰落的影响，因此不同节点的感知设备之间存在着计算能力的差异。如何有效地融合不同卫星和地面设备的频谱感知数据，以及对多星电磁环境进行准确建模，已成为当前的研究热点之一。

我的毕业设计论文主要聚焦并研究星地一体化感知系统的信号检测性能，其中包括星间感知链路和星地感知链路。论文通过考虑感知卫星的位置分布特点、噪声方差不确定性以及信道衰落对信号检测性能的影响，推导接收端能量检测法的虚警概率和检测概率公式，并通过蒙特卡洛仿真分析和验证其正确性，以使模型更贴近实际应用场景。

成败得失的总结

在四年的大学生活中，我经历了许多挑战和机遇。在科研和竞赛过程中，我不仅学到了专业知识，还培养了团队协作、问题解决和项目管理等综合能力。每一次成功的背后都是不断的努力和坚持，而每一次失败也都是宝贵的经验和教训。

在成功的经验方面，严谨的学习态度是我在学术和科研工作中取得良好成绩的重要因素之一。无论是课堂学习还是科研项目，我都以严谨的态度对待每一个环节，确保每一个细节都做到位。团队协作精神在多个科研项目和竞赛中得到了充分体现。只有充分发挥每个团队成员的优势，才能实现项目的成功。此外，不断学习和创新是我在快速发展的科技领域中保持竞争力的关键。在科研过程中，我不断尝试新的技术和方法，力求创新。

在失败的教训方面，时间管理不足是我在繁忙的学业和科研任务中面临的一大挑战。曾经因为时间管理不当而导致项目进度滞后，这让我认识到合理的时间规划对成功的重要性。沟通不畅也是我在一些团队项目中遇到的问题。由于沟通不畅，导致了项目的延误和他人的误解，这让我意识到有效的沟通对于团队合作的重要性。

未来规划

毕业在即，我对未来充满了憧憬和期待。基于我在大学期间的学习和科研经验，我制定了以下几个方面的未来规划。

在学术研究方面，我计划继续深入研究卫星通信领域，争取攻读硕士和博士学位。通过进一步的学习和研究，我希望能够在相关领域取得更大的突破和成果，为科技进步贡献自己的力量。除了学术研究，我还计划积极参与社会实践，利用自己的专业知识服务社会。在信息通信工程等领域，我希望能够参与更多的实际项目，推动科技成果的转化和应用。

在综合素质提升方面，我将继续提升自己的团队协作、沟通以及时间管理等方面的能力。我相信，只有全面发展，才能在未来的竞争中脱颖而出。

回顾大学四年，我深感时光的珍贵和奋斗的意义。每一次努力和坚持，都是我成长的阶梯；每一次挑战和突破，都是我未来的起点。未来，我将继续以饱满的热情和坚定的信念，迎接新的挑战，追求卓越，不断前行。

四年的大学生活让我学会了如何面对挑战，如何在失败中吸取教训，如何在成功中保持谦逊。我相信，这段宝贵的经历将成为我人生中最重要的财富，指引我走向更加光明的未来。

面向未来

北京学院　宋大宽

时光荏苒，岁月如梭。不知不觉间，大学生活即将结束。那时，当我背着书包、拖着行李、怀揣着梦想来到北理工报到时，对未来的大学生活有着无限美好的憧憬。如今，我即将离开北理工，回首过往，点点滴滴，涌现眼前，百般滋味，感慨万千。在此我对自己在北京理工大学的生活进行总结。

自我认知与成长

初入大学的适应期

回顾当初刚踏入大学校园的情景，我怀揣着对未来的憧憬和对大学生活的好奇与期待，然而，面对新的环境、新的学习方式以及独立生活的挑战，我经历了一段适应期。最初的几个月，我常常感到迷茫，不知道如何处理繁重的学业和丰富的课外活动。新的学习方式和教学模式让我有些措手不及，而独立生活则需要我从头学会处理各种日常琐事。这种转变让我感到挑战重重，有时甚至感到彷徨不知所措。然而，我很庆幸有着学长学姐的经验分享和与同学们的交流。他们的指导和鼓励让我渐渐找到了适应大学生活的方法和步调。通过倾听他们的建议，我开始了解到制订合理的学习计划的重要性，学会了利用图书馆和网络资源，积极参与课堂讨论和小组项目。在他们的帮助下，我逐渐适应了大学的学习节奏，也更加自信地面对各种挑战。这段适应期的经历不仅让我成长了许多，也让我更加珍惜大学生活中的每一刻。我学会了如何从困境中寻找机会，如何在应对挑战中成长，这些经历将成为我人生道路上宝贵的财富，让我成为一个更加坚强和成熟的人。

学习态度与方法的转变

随着时间的推移，我的学习态度发生了转变，从过去的被动逐渐转变为主动。我不再局限于课本知识，开始积极拓展自己的视野，着手阅读更多的专业书籍和学术论文。这种转变不仅让我对所学专业有了更深入的了解，也让我在学术上有了更广泛的视野和更深入的思考。通过实践和探索，我逐渐掌握了一些有效的学习方法。例如，我学会了制订每日和每周的学习计划，明确了学习的目标和时间安排，从而更有针对性地进行学习。我还学会了使用日历和任务清单等工具，帮助我合理安排时间，提高学习效率。这些方法不仅让我在学业上取得了更好的成绩，也培养了我的自律能力和时间管理能力。这种学习态度的转变不仅让我在学术上有所突破，也对我的个人成长产生了积极的影响。我变得更加自信和有条理，能够更好地应对各种挑战和困难。我相信，这种积极主动的学习态度将伴随我一生，助我不断成长和进步。

自我管理与时间规划

大学生活丰富多彩，学习、社团活动、社会实践等多方面的事务需要合理安排时间。为了提高效率，我学习了时间管理的技巧，通过不断调整和优化，逐渐找到了适合自己的时间管理方法，使学业和课外活动得以平衡。在自我管理方面，我注重健康生活习惯的养成，保持规律的作息和适当的锻炼，确保充沛的精力应对学习和生活的挑战。

道德修养与行为规范

遵守校纪校规

在我度过的三年大学中，我严格遵守校纪校规。我深知，遵守校规不仅是对自身的要求，更是对整个学校秩序的维护和对他人的尊重。在课堂上，我时刻保持着积极的参与态度，尊重老师和同学的发言权，认真对待每一次讨论和交流。在宿舍生活中，我注重维护公共秩序，保持宿舍的整洁和安静，尊重室友的个人空间和生活习惯。

诚信为本，学术规范

我始终坚持着诚信为本的原则，将其作为自己做人和学习的基石。在大学期间，我对待每一次作业和考试都极为认真，严格按照学术规范进行论文写作和实验报告撰写，杜绝一切形式的抄袭和作弊行为。我深信，只有通过自己的努力和诚信，才能真正获得知识和技能的提升，成为一个有价值的人。

尊重他人，友善待人

在与老师和同学的交往中，我一直秉持着尊重和友善的原则。我努力做到换位思考，理解他人的立场和感受，尊重每个人的独特性和不同意见。在团队合作中，我注重倾听他人的意见，积极协调解决分歧，营造融洽的团队氛围，共同实现团队的目标。我相信，尊重和理解是人与人之间建立良好关系的基础，也是促进社会和谐发展的重要力量。

社会实践与志愿服务

参与社会实践活动

社会实践是大学教育的重要组成部分。在这三年中，我积极参与了多项社会实践活动。大一暑假，我参加了学校组织的调研活动，深入了解社会经济发展和社会变迁。这次经历让我认识到基层工作的重要性，增强了社会责任感。

志愿服务与公益活动

大学期间，我积极投身志愿服务和公益活动。作为校志愿者协会的一员，我参与了多次义务活动、社区服务和环保宣传。在志愿服务中，我深切体会到了助人为乐的快乐，增强了社会责任感和奉献精神。

校园文化与人际关系

参与校园文化活动

丰富多彩的校园文化活动为我的大学生活增添了许多乐趣和色彩。我积极参加校内的各类文艺演出、体育比赛和社团活动，不仅锻炼了自己的综合能力，还结交了许多志同道合的朋友。在这些活动中，我学会了团队合作，增强了集体荣誉感。

建立良好的人际关系

在大学时期，我深知人际交往的重要性。我努力与同学、老师建立良好的关系，因为我相信这对我的学习和成长至关重要。为了与同学们建立深厚的友谊，我积极参与班级和宿舍的各种集体活动。无论是参加运动比赛、组织文艺演出，还是共同参与志愿服务，我都竭尽全力去融入集体，与同学们建立了亲密的联系。在这些活动中，我学会了倾听、尊重他人的意见，也培养了团队合作的精神。同时，我时常虚心向老师请教问题，寻求他们的指导和建议。他们不仅在学业上给予我关键性的帮助，还分享了许多宝贵的生活经验和职业建议。通过与老师的交流，我不断提升自己的学习能力和综合素养。总的来说，我在大学期间不仅注重个人的学业成就，更注重与周围人建立起良好的关系。这些人际关系不仅让我的大学生活丰富多彩，也为我未来的发展奠定了坚实的基础。

跨文化交流与合作

大学期间，我有幸参加了学校组织的国际交流项目，在新加坡国立大学学到了很多新东西。这次跨文化交流的经历让我开阔了视野，增强了跨文化沟通的能力，认识到多元文化的重要性。在与国际学生的合作中，我学会了尊重和包容不同文化背景，提升了自己的国际视野和竞争力。

总结与展望

大学三年的德育学习和实践，让我在思想道德、行为规范、社会责任和人际交往等方面都有了显著的提升。我深刻认识到，道德修养不仅是个人成长的重要方面，也是构建和谐社会的基础。在未来的学习和工作中，我将继续保持积极向上的心态，严格要求自己，努力成为一个德才兼备、全面发展的新时代青年。

通过回顾和总结这三年的大学经历，我更加明确了自己的奋斗目标和前进方向。无论未来面对怎样的挑战和困难，我都会以坚韧不拔的精神和良好的道德修养，迎接每一次考验，不断追求更高的人生境界。

大学对我来说是人生中至关重要的一课。在这段时间里，通过持续的学习和实践，我不仅提升了自己的道德修养，还在社会实践和人际交往中获得了宝贵的经验和成长。在德育方面，我深刻理解了诚信、责任、友爱等价值观的重要性。通过课堂学习、社团活动以及志愿服务，我努力践行这些价值观，并将其融入自己的日常生活中。这不仅提高了我的自律能力，也使我成为一个更加正直和善良的人。在社会实践方面，我参与各种社会实践活动，如志愿服务、实习实践等。这些经历让我更加深刻地理解了社会的复杂性和多样性，同时也培养了我解决问题和应对挑战的能力。在人际交往方面，我学会了倾听、尊重和理解他人。通过与同学、老师、社会各界人士的交流，我建立了广泛的人脉网络，并且结识了许多志同道合的朋友和有益的导师。展望未来，我将继续努力，秉持优良传统，成为新时代的合格公民。我将继续践行诚信、责任、友爱等价值观，为社会的发展和进步尽自己的一份力量。我相信，在不断的学习和实践中，我将不断成长，为自己和社会创造更美好的未来。

随着时间的推移，我们从青涩走向成熟，从懵懂变得坚定，每一次尝试与挑战，都是对自我的一次深刻探索。大学期间经历的风雨、收获的成长与爱，让我们在向更远方行进时，不困惑、不忧虑、不恐惧，促使我们成为更全面的人。

第五篇 德学思

四年前，满怀对大学生活的热情和对未来的憧憬，我踏入了北京理工大学。四年后，我不仅充实了科学文化知识，还显著提升了思想与能力。通过不断的学习和实践，我逐步塑造了自己的世界观、人生观和价值观。

——宇航学院　吕佳树

站在北京理工大学的校园里，春风轻拂，我感慨万千。四年的大学生活，如同一部精彩纷呈的电影，即将落下帷幕。回首这段旅程，我心中充满了感慨与收获。在即将告别大学的时刻，我心中充满了感激。感谢北京理工大学给予我知识和成长的平台，感谢老师们的悉心教导，感谢同学们的陪伴与支持。每一次的告别都是情感的沉淀，它们将成为我心中永远的记忆。

——宇航学院　尤浩宇

回首大学四年的时光，我深感自己各方面的成长和进步。在未来的道路上，我将继续以更加饱满的热情和更加坚定的信念，迎接未来的挑战和机遇。感谢北京理工大学的培养和教导，感谢老师同学们的关心和支持。我将以更加优异的成绩和更加辉煌的成就回报母校、回报社会！

——宇航学院　戴程宇

我无悔这段年华，无悔奋斗的日子，无论是挑灯夜读攻克难题，还是闻鸡起舞为考试周竭尽全力，这些时光都是我珍贵的回忆。回顾前面走过的道路，虽然不是特别光鲜亮丽，但是在平平淡淡中我看到了自己的进步，一点一滴的，虽然很缓慢，可能有点微不足道。这些日子里，我收获了很多的帮助、很多的温暖，收获了友谊，认识了很多可爱的人；我逐渐接受了不完美的自己，并一直在努力使自己变得更加完美。我很高兴能拥有这些经历，并将在今后的日子里继续努力，不断超越昨日的自己。

——机电学院　毛亚楠

总结大学四年，我们每个人都在一点点地学习，慢慢地成长，由一个青涩的高中生渐渐成长为可以独当一面的小大人，身边的人和事都在潜移默化地影响着我们，人生观、价值观也发生了很大变化。我发现身边许多人，刚进大学校门的样子和现在的样子完全判若两人，更像是一种由内而外的蜕变，我想这就是大学的魅力吧！大学见证了一代代人的成长，也目睹了一场场离别。

——机电学院　彭雨萱

"胜地不常，盛筵难再。"大学四年转瞬即逝，转眼又到了分别之际。想起费马的那句趣话：想到了一种完美的方法，可惜这里纸太小，写不下。我何尝不觉得这里纸太小呢？不过给往昔以岁月来沉淀，给豪言以行动去证明，更能表达我的想法。《沁园春·长沙》里说："恰同学少年，风华正茂；书生意气，挥斥方遒。"这是属于我们的时代，各位，"请洒潘江，各倾陆海云尔"。

——机电学院　方冯歆云

四年的大学生活即将画上句号，但我的成长之路永无止境。回首这段旅程，我深感自己收获颇丰。我学会了如何与人合作，如何面对挑战，如何在失败中吸取教训并勇往直前。我学会了承担责任和担当重任，学会了在困难面前保持坚韧不拔的精神。我将带着这四年的宝贵经历与收获，继续深造，不断提升自己的专业素养与综合能力。我坚信，在未来的道路上，我会继续秉持"德以明理、学以精工"的校训，不断追求卓越，为实现科技强国的梦想贡献自己的力量。

——机电学院　张文霖

大学生活是一段宝贵的时光，它不仅让我们学到了知识，更让我们学会了如何学习；它不仅让我们经历了成长，更让我们学会了如何面对生活。在这里，我们结识了来自五湖四海的朋友，体验了不同的文化和思想，参与了丰富多彩的活动，这些都将成为我们人生中最宝贵的财富。当我们即将离开校园，步入社会，我们满怀信心，因为我们相信：天空没有极限，我的未来无边。我们将带着在大学中积累的知识和经验，勇敢地追求自己的梦想，无论前路多么坎坷，我们都将一往无前，飞向属于自己的那片天空。

——光电学院　胡万晗

感谢大学四年里遇见的每一位老师、同学和朋友，正是你们的无私帮助，成就了现在的我——一个比18岁的我更加成熟的我。在这趟名为成长的旅途中，你们的鼓励与支持是我不断前行的动力。

——光电学院　陈露

时光如梭，转眼之间就来到了毕业季，还来不及细细回味，大学的生活就将与我挥手作别。回首在北京理工大学的四年生活，点点滴滴见证了我每一步的成长。在平淡中回味精彩，在点滴中学会坚强，在突破中享受快乐，平凡的生活中闪现的是简简单单的幸福。大四生活接近尾声，回忆过去的生活，希望可以为这四年的时光画上一个圆满的句号，继续鼓足力量走向下一个起点。青春未曾结束，年轻的生命不会有极限，未来仍会克服一个个挑战，一步一个脚印，继续向前行进！

——光电学院　田佳露

在这四年里，我们每个人都在一点点地学习、进步、成长，从一个青涩的高中生成长为一名合格的大学生。在这里，我要感谢老师和同学们四年来的陪伴，因为有你们，我的大学生活才变得更加丰富多彩。未来的路上，祝老师身体健康，工作顺利！祝同学们学业进步，事业有成！祝愿母校明日更加辉煌！

——信息与电子学院　骆济豪

在大学的学习中，我逐渐形成了一种高效的学习模式。这个模式包括四个步骤：制订计划、执行计划、输出结果和反馈调整。这个模式不仅帮助我在学习上取得了很好的成绩，也对我的生活和工作产生了积极的影响。

——信息与电子学院　方童程

通过四年的实践活动和科研项目参与，我不仅扩展了自己的知识面，还培养了解决问题的能力、团队合作精神和创新创业意识，综合能力得到了极大的提升。这些宝贵的经历为我未来研究生阶段的学习和职业发展奠定了坚实的基础。

——信息与电子学院　陆品成

大学的四年，如同四季的轮回，春的生机勃勃，夏的热情奔放，秋的硕果累累，冬的沉静思考，每一个季节都赋予了我不同的色彩和感悟。在这四年的学习生活中，我经历了无数的挑战与机遇，每一次的成功与失败，都是我成长的催化剂。我学会了独立思考，不再人云亦云，而是敢于质疑，勇于探索；我学会了为自己的选择负责，每一个决定背后，都是深思熟虑的结果；我学会了成熟，不再为一时的得失而喜悲，而是以更加平和的心态去迎接每一个明天。

——自动化学院　梁家瑞

青春，是一场盛大的旅行，大学则是其中最为绚烂多彩的一站。记得初入校门时，我们怀揣着对未知世界的好奇与憧憬，彼此间还带着几分羞涩和陌生。军训的汗水、开学典礼上的誓言、第一次社团招新的热闹，这一切仿佛还在昨天。随着时间的推移，我们从青涩走向成熟，从懵懂变得坚定，每一次尝试与挑战，都是对自我的一次深刻探索。

——自动化学院　张博

在大学期间，我通过社团活动、比赛、小组作业等结识了一群志同道合的朋友。我们一起熬过最深的夜，分享过最多的苦恼与欢笑，无论是在课程学习上还是在各种赛事中，我们分享彼此的喜悦和成就，携手共攀星辰。我想，这份深厚的同学情谊带给我的不仅仅是无限美好的回忆，更是我们在往后余生中面对各种困难时知道身后永远有那不离不弃的身影。

——计算机学院　刘楚云

我衷心地想要对北京理工大学表达我的感激之情。正是这所学校，为我打造了一个卓越的平台，使我得以接触到优质的学习资源，并有幸遇到了学识渊博的导师和志同道合的朋友。徐特立老院长的教诲"实事求是，不自以为是"深深地烙印在我的心中，成为我为人处世的座右铭。我始终秉持这一原则，无论是在生活中，还是在工作上。延安精神，军工传承，正是学校的鼓励与支持，铸就了我今天的成长，也赋予我在青春年华勇敢追梦的勇气。我必将不负学校的悉心栽培，立志成为一名对国家、对人民有所贡献的杰出人才。

——计算机学院　刘浩甜

回顾这四年的大学生活，我深感自己在北京理工大学的每一步成长和进步，都离不开延安精神的引领和激励。正是这种精神，激励我不断追求卓越、勇攀高峰。展望未来，我将继续以延安精神为指引，坚定信念，艰苦奋斗，不断追求新的目标和梦想，为祖国的繁荣昌盛贡献自己的青春和智慧。

——计算机学院　沈思甜

大一的生活让我学会了适应和独立，丰富的课程和多彩的课外活动为我打开探索世界的窗口。大二的经历则让我在学术和实践中不断成长，通过科研和社会活动，我进一步锻炼了自己的组织协调能力和领导能力。大三是我生活中的重要转折点，面对无法保研的焦虑，我学会了如何应对压力，重新规划未来，并坚定了继续前行的决心。

——计算机学院　高怡文

我有时会想，遇见当初刚入学的自己，我会笑着告诉她：你将来会活成想要的样子，你一直是那么的优秀，认识并接纳真实的自己，还具有鲜活的浪漫主义追梦情结；面对未来忐忑很正常，你永远在前进着，并且还遇到了一群云天高谊的好朋友，这是多么精彩的故事呀！说着，我会深深地拥抱当初的自己，与过去和解，接纳过去，立足当下，展望未来。

——计算机学院　凌熙涵

大学是一个充满自由和挑战的环境，它鼓励我们独立思考、追求真理。

大学 青春 人生——第五篇 德 学 思

在这里，我面对的是更加广阔的世界和更多的选择，我开始思考自己真正想要的是什么，以及如何实现这些目标。我认识到，一个人的价值不仅体现在他的知识和技能上，更在于他的品德和修养。我开始注重培养自己的道德观念和人文素养，努力成为一个有责任感、有担当的人。同时，我开始关注社会问题，思考如何用自己的知识和能力去影响和改变世界。

——计算机学院　陈纪文

这四年的成长，是我内心深处蕴藏的智慧和勇气的催化剂，它们将我塑造成一个独立、有决心、有抱负的人。它们提醒我，无论在什么环境下，我都必须坚守我的初心，为我所热爱的事业，为我所期望的目标，永不放弃。最后，我期待在未来的学习工作中，进一步提升和完善自己，无论是学习上的困难，还是生活中的挑战，我都会用我所有的热情和毅力去面对、去战胜。

——计算机学院　王梓宪

大学四年，有得亦有失，总体来说得大于失。还记得上大学之前，我给自己定下了三个小目标，如今大学结束实现了其中的两个，剩下一个就等待以后实现吧！感谢四年里努力的自己，希望以后更加努力、更加勇敢、更加优秀，另外希望能尽早做好未来的规划，然后脚踏实地地慢慢实现，相信一定可以做到！

——计算机学院　周俊彤

每天面对海量的数据，整理、分析、清洗，这不仅锻炼了我的数据处理能力，也让我深刻认识到，科研不仅仅是创造新知识，更是从海量的信息中汲取有用的知识，为后续的研究打下坚实的基础。在这段实习的过程中，我逐渐提高了自己的科研能力，也培养了严谨的工作态度和科学的思维方式。

——计算机学院　余昭辰

大学四年的学习旅程由初期的制度性勤奋、中期的惰性和忽视，到后期的自我调整和恢复初心，展现了我在学习态度和行为上的成长和适应。在求学的过程中，我忍受住挫折，不断调整和改变，最终以优秀的成绩获得了研究生的资格。同时，我非常珍视扩展自己文化视野的机会，通过广泛选择一些文化教育的课程，提升对文学、艺术等各领域的理解和欣赏能力。

——计算机学院　刘泽木

在成长的过程中，我深刻体会到全面发展的重要性。大学不仅是学习知识的殿堂，更是锻炼能力、塑造品格的熔炉。只有全面发展自己，才能更好地适应社会的需要，实现自己的人生价值。因此，我始终秉持着全面发展的理念，不断追求自我提升和进步。

——计算机学院　朱语诗

通过不断学习和实践，通过团队合作和自我锻炼，我逐渐从一个懵懂的新人变成了一个有担当、有能力的青年。这段经历不仅让我收获了知识和技能，更让我深刻理解了德育教育的真正意义。德育不仅仅是书本上的理论，更是在实际生活和工作中的点滴积累，是在每一次挑战和难关中的坚守与突破。

——计算机学院　顾桉丞

从生活的点点滴滴中，我得到了一些启示。我们首先要有健康的心态，真诚地对待他人，也真诚地对待自己，不虚伪，不做作，勇敢地面对未来，承担起该承担的责任，不逃避，不退缩。一个人的心态决定做人、做事的行为方式，同时也决定其结果。而且我们应该确立目标，而不是忙得不知所措。再有就是努力，如果不努力就一定没有收获。努力的过程远比结果重要。

——计算机学院　张桢

大学生活，是一场关于成长、探索和自我发现的旅程。在这里，我不仅学到了丰富的知识，更学会了如何面对挑战，如何在失败中吸取教训，如何在成功中保持谦逊。更重要的是，大学教会了我如何做人——在纷繁复杂的社会中，保持自我，坚守内心。它让我明白，无论未来的道路多么崎岖，只

大学 青春 人生——第五篇 德学思

要我们坚守诚信、勇敢正直、勤奋上进，就能够赢得他人的尊重和信任。

——网络空间安全学院　朱泽彤

回顾大学四年的成长，最要感谢的是我的父母。他们无比爱我，坚定地和我站在一起，永远支持我的选择，给了我衣食无忧的生活，让我有了选择的底气，永远有可以依靠的港湾，无论何时何地。感谢学校和老师们。北理工是一个很好的平台，它给了我很多机会；老师们的悉心教诲，让我不断进步。感谢我的朋友们。友情是我生活的必需品，他们的陪伴让我未曾感到孤单，与朋友相伴的日子总是无比快乐的。相知无远近，天涯若比邻，希望你们一切安好。末了，我想感谢走得很慢却一直向前的自己。此去经年，秋始夏终，那是一段小有遗憾的幸福时光，但爱，令我坚定而温柔地行走在世间。

——网络空间安全学院　范思哲

德育不仅是关于个人道德和行为规范的教育，它还涵盖了如何作为一个负责任的公民在社会中做出积极的贡献。通过实践活动，我不仅提升了个人技能，更加强了社会责任感，学会了在面对社会问题时，以积极的态度和科学的方法应对。我逐渐明白了作为未来社会的一员，承担社会责任的重要性，并且学会了将德育教育中的社会主义核心价值观和原则应用到实际生活和未来的职业生涯中。

——经管书院　王成翰

我们一起看过春日的樱花盛开、夏日的绿荫满地、秋日的金黄满园、冬日的白雪皑皑。四季变换，景色各异，我们陶醉其中，流连忘返。在人生的长河中，青春是一段短暂而美好的时光。而在这段时光里，同学是我们最亲密的伙伴，是最值得信赖的朋友。他们陪伴我们走过青涩的校园岁月，共同度过了无数难忘的时光。在此，我要向我的同学们表达深深的感谢。

——经管书院　王雨菲

我很幸运地在大学生活的各个维度找到完整的自己，在不同的领域中尝试不同的可能，并且渴望未来能在喜欢的专业领域继续深造。我时刻提醒自己走出舒适区，向更加优秀的同学虚心学习，成为一个全面发展的复合型人才。"纵有疾风起，人生不言弃。"我希望用这句话勉励自己，感悟新知，不断奔跑。

——经管书院　赵嘉铭

2022 年，我参与了北京冬奥会及冬残奥会的志愿服务工作。在这两次大型活动中，我不仅体验到了另一种人文环境，还学习到很多新的知识和技能。特别是在冬奥会期间，我见到了来自世界各地的运动员和志愿者，这让我更加开阔了眼界，也增强了我的跨文化交流能力。

——经管书院　薛辰瑞

回望过去，能够在这样一个充满机遇和挑战的环境中不断进步，我深感荣幸。大学不仅为我提供了知识财富，更重要的是，它塑造了我作为一个有责任感、有道德感的公民的品格。

——经管书院　马伊兰

通过学校的培养，我塑造了健全的人格和正确的价值观；通过知识的学习，我夯实了专业基础并提升了业务水平和创新能力；通过体育锻炼，我拥有了健康的体魄和坚韧的意志品质；通过美育的熏陶，我提升了审美素养和人文素养；通过劳动教育的实践，我培养了艰苦奋斗的精神。这些进步和提升不仅让我在大学期间取得了优异的成绩和荣誉，也为我未来的发展奠定了坚实的基础。

——经管书院　胡楠

这四年的旅程，是图书馆角落里的咖啡香，是夜晚宿舍的欢声笑语，是雨后操场的清新，是课堂上思维碰撞的火花。每一次的尝试与挑战，每一次的成功与挫败，都如画卷一般铺陈开来，构成了我大学生活的底色。它们如同星辰，照亮了我前行的道路，让我在回望时，心中充满感激与温暖，也激发了对未来无限的深思与憧憬。在这特别的时刻，我深深感到，大学四年，是我人生中最宝贵的财富，是心灵深处永远的温柔乡。

——经管书院　陈明坤

在我身上，最大的变化是发现自己从一个结果主义者变成了更注重过程的过程主义者。我不再固执地赋予未发生的事情一个意义，不再为了定义某些事浪费时间，而是用开放的态度去拥抱和允许一切可能的发生，去感受、去体会、去经历。我想了很久该用什么词来概括和形容这匆匆而逝的大学时光，最后选择了"生动"。

——经管书院　周书瑗

大学四年里，我上过最重要的心灵一课——孤独的另一面是自由。渐渐地，我终于学会了怎么好好和自己相处，与心灵约会。诚然，人无法同时拥有青春和对青春的感受。正值青春年华的我们，应当拥有直面一切的勇气。当我们没有足够的能力改变社会时，我们就先充分了解并适应它。

——知艺书院　赖彦麟

大学四年的学习与生活是我人生中一段宝贵的经历。我不仅在专业知识上取得了显著的进步，还在生活和社交方面获得了丰富的经验和成长。这些经历将成为我未来职业发展的宝贵财富，也将伴随我走过更加精彩的人生旅程。

——知艺书院　王鑫颖

探索是我前进的动力，而回顾收获则是我成长的基石。在本科四年的求学之旅中，我深刻体会到这一理念的重要性。回望这段时光，我感到无比庆幸，因为加入医工融合实验班是我做出的最明智的选择之一。在这里，我不仅获得了宝贵的知识和技能，更重要的是，我结识了一群志同道合的伙伴。

——求是书院　梁霄

如今回首大学生活，我十分感激那些迷茫的日子里我从未放弃寻找目标，最终坚定地选择了适合自己的人生道路。我感谢北理工校园和求是书院，这个充满智慧和探索精神的地方，让我在知识的海洋中遨游，不断发现新的自我。我尤其要感谢四年里一直在精神上陪伴我的缪劲松老师，感谢您的关心和指路，让我坚持到了现在。

——求是书院　李柔玉

在科研过程中，我学会了如何提出问题、设计实验、分析数据，并最终得出结论。这不仅提高了我的科研能力，也增强了我的创新思维。我深知，科研不仅仅是知识的积累，更是思维方式的训练和创新能力的培养。通过广泛阅读文献和参与学术讨论，我不断提升自己的科研素养，并在实际操作中积累了丰富的经验。

——求是书院　赵天行

"一代人有一代人的使命，一代人有一代人的担当。"学习长征精神，心怀理想，艰苦奋斗，走好我们这一代人的长征路，展现新时代青年的担当，为实现中华民族伟大复兴的中国梦而奋斗。国家是个人生长的土壤，我们要将自我发展和国家发展紧密结合在一起，让个人的发展为国家的发展注入新鲜的血液，以自我的智慧和能力为国家的发展提供精神支持和思想的动力。

——求是书院　朱朝帅

在大学期间，我经历了许多人生中的第一次：第一次离开家乡、第一次独立生活、第一次面对未来的选择，等等。这些经历让我感受到了青春成长的烦恼和不安，但也让我更加成熟和自信。在这里，我学会了如何独立思考、如何面对挑战和困难，也学会了如何珍惜友谊和爱情。这些收获让我更加坚定了自己的人生目标和追求。

——求是书院　阮贤飞

北理工，是我人生中的一座灯塔，是我成长路上的一片绿洲。在这里，我度过了青春的岁月，收获了知识和友情，也培养了坚强的意志和担当的精神。北理工讲给我的故事，是一段关于奋斗、热爱和担当的故事，也是我人生中最珍贵的财富和回忆。我将永远怀念北理工，怀念这片充满希望和梦想的土地，怀念这里的每一位老师和同学，怀念我们共同的青春岁月！

——求是书院 刘泓槿

我曾因为一次考试的失利而夜不能寐，也曾因为一个题目的解出而欢呼雀跃。这些经历，如同一个巨大的熔炉，将我锤炼得更加坚强。我学会了面对困难，学会了迎接挑战，学会了在挫折中成长。然而，大学并非只有阳光，也有阴雨。我也曾迷茫，我也曾困惑，我也曾失落。那些日子，我常常思考人生的意义，疲惫而迷茫。然而，正是这些阴雨的日子，让我知道如何更好地利用大学时光做些有意义的事，努力提升自己，也让我更加珍惜在校的时间。

——求是书院 史婉祎

美好与遗憾往往相伴相生。我的大学四年虽然充满了许多美好的回忆，但也有一些令我后悔和遗憾的地方。回首过去，我常常感叹，为什么在大一刚进校时没有更加努力地学习，浪费了许多可以用来打好基础的宝贵时间。每当考试来临时，我才意识到自己上课时并没有将每个知识点真正掌握，总是抱着侥幸心理，错过了很多深入理解和应用知识的机会。此外，我也后悔自己没有早些健身。大学的生活虽然丰富多彩，但也充满了压力和挑战。若能早些意识到身体素质的重要性，积极锻炼，不仅能增强体魄，也能更好地应对学习和生活中的各种压力。现在想来，若是能够早些坚持锻炼，我的大学生活可能会更加健康和充实。

——求是书院 徐一溪

还记得曾有人问我是否后悔在北京理工大学读文科专业，我的回答始终如一——从未后悔。能在北京理工大学学习，我深感荣幸。感谢学校的栽培让我对未来仍能满怀期待与自信。之后，我将在研究生阶段继续全身心投入学习，勤勉奋斗，向着梦想持续迈进。

——明德书院　刘嫣然

徐特立老先生曾说："一个人有了远大的理想，就是在最艰苦困难的时候，也会感到幸福。"我怀着经世济民的志向，三年坚持刻苦学习，三年投身乡村支教，三年专注能源经济研究，在热爱的领域坚定地做一名长期主义者，对此我感到无比的充实与幸福。

——明德书院　吕博群

"知者不惑，仁者不忧，勇者不惧。"这句话是我大学期间个人成长和期盼的凝练。从怀揣着成为有"仁"和诗意之人的初心，到渴望自己"智勇双全"的奋进，我逐渐实现了大学伊始为自己定下的目标。现在，回首过去，我可以骄傲地说，我没有辜负自己的期望。大学期间经历的风雨、收获的成长与爱，让我在向更远方行进时，不困惑、不忧虑、不恐惧，促使我成为一个更全面的人。

——明德书院　段雅萱

德育不仅是我们在校园中学习的一门课程，更是我们在成长道路上的指南针。通过不同阶段的德育总结，我深刻体会到了自己的成长心路。最后，我想对四年前的自己说："谢谢你一直坚韧且热爱，谢谢你未曾放弃。在未来的人生道路上，要继续努力坚守正义、诚实、责任和同情等优秀的品德，成为一个对社会有益的人。"未来的路，风景绝好。

——明德书院　夏聪育

从这些丰富的实践中，我收获了宝贵的教育经验，深入了解了计算机科学的应用领域。同时，这也让我对自己的德育成长和自我塑造有了更加清晰和全面的思考。在追求知识的同时，我深刻认识到个人道德素养的重要性，明白了作为社会一员应负的责任和义务。在未来的路上，我将继续发扬勤奋学习、积极探索的精神，致力于成为一名技术过硬、德才兼备的计算机科学工作者。

——特立书院　钱星雨

随着自身各种经历的丰富，以及对学习的深入思考，我开始逐渐意识到高中与大学学习的差别。这种差别不仅在于课程的深度和广度，更在于学习方法和思维模式的转变。大学学习要求我们更多地进行自主学习和独立思考，而不仅仅是被动地接受知识。

——特立书院　钟玉兵

大学的四年对我来说是尝试与探索、青春与奋斗的过程，也是思想更加清晰与坚定的过程。在学习与研究的过程中，我深深地为祖国所取得的发展和成就而自豪，并深深地期待着未来能为祖国发展贡献更多的力量。

——特立书院　杨罗婕

大学时光的流逝告诫我：岁月不待人，一定要抓紧每分每秒努力完成当下应做的事情，也让我明白终身学习的重要性。四年的成长让我逐渐学会与他人相处、如何面对挫折，让我意识到人生之价值不仅仅体现在学识与能力上，更体现在自身的修养和对社会的贡献上。

——特立书院　孙文骏

回顾这四年的大学生活，我从一个懵懂的少年成长为一个有责任感和使命感的青年。我深刻认识到人生不是轨道，而是一片原野。最可怕的不是内卷，而是内耗，与其在对比中自怨自艾，在差异前愁苦徘徊，不如撇开这些世俗的纷扰与熙攘，倾听自己内心的声音，寻找人生真正的意义。这个探求的过程是曲折的、漫长的，但最终它也会是值得的。通过这四年的经历，我学会了坚韧，在迷茫中寻找方向，并在不断的探索中找到真正属于自己的道路。未来的路还很长，但我已做好准备，迎接每一个挑战，追寻每一个梦想。

——特立书院　鲍学敏

校园生活不仅仅是一连串课程和考试的堆砌，它更像是一场心灵的旅行，让我在知识的海洋中遨游，同时也在生活的实践中找到自我价值与方向。记得刚踏入校门的那一刻，心中充满了对未知世界的好奇与渴望，每一个专业术语、每一场学术讲座都如同新大陆般吸引着我；而书中的每一页文字都仿佛是智慧的火花，点燃了我对专业知识无尽的好奇与探索。

——特立书院　钟开

在大学四年里，我经历了许多，有过成功的喜悦，也有过挫折，有过遗憾。然而，这些过往的经历已成为我生命中的一部分，它们塑造了我的性格，也留给我深刻的教训。现在，我站在人生的一个新起点，需要向前看，迎接未来的挑战和机遇。

——特立书院　彭昭阳

在各种学生工作和社会实践中，我学会了勇于担当，积极面对挑战。无论是组织活动，还是参加比赛，我都能积极应对各种困难，并不断提升自己的能力。德育教育使我懂得，只有勇于担当，才能不断进步，取得更大的成功。

——特立书院　任思竹

分析这些成功的经验，我认为关键在于目标明确、坚持不懈和勇于尝试。我始终对自己的未来有着清晰的规划，知道自己想要什么，也知道自己应该如何去做。我能够保持对学习的热情和专注，不断克服困难和挑战，取得优异的成绩。同时，我也勇于尝试新的事物和新的领域，不断挑战自己，拓宽自己的视野。这些成功的经验让我更加自信，也为我未来的发展提供了宝贵的参考。

——北京学院　龚宸

在北理工的学习和成长，是我人生旅途中不可或缺的一部分。它教会了我如何做人、如何处世、如何面对挑战。我将带着这份宝贵的财富，勇敢地迈向未来，坚守初心、不忘使命，努力成为一个有道德、有责任、有担当的人。

——北京学院　杨思博

在学习过程中，我认识到知识的积累不仅仅是在课堂上，更需要通过大量的课外阅读和实践来巩固和扩展。为此，我经常去图书馆借阅专业书籍，利用课余时间进行自学。同时，我还参加了一些学术竞赛和科研项目，通过实际操作和研究提升自己的专业技能和科研能力。

——北京学院　潘佳豪

虽然，三年的努力，我并没有成为获得过国家奖学金、科创竞赛奖拿到手软、发表过专利和论文的"大佬"，但我比大一刚入学的自己已经优秀了很多。人生就是一场修行，每个阶段都会遇到不同的自己，勇于接纳自身的优点与缺点，在修行的过程中不断弥补缺点、发扬优点，一点点去靠近理想中的自己。

——北京学院　贾子琰

丰富多彩的校园文化活动为我的大学生活增添了许多乐趣和色彩。我积极参加了校内的各类文艺演出，比如深秋歌会和北湖音乐节，并经常获得奖项，还参加了音乐协会的社团活动，组建了属于自己的乐队，参加了属于自己的表演，从中不仅锻炼了自己的综合能力，还结交了许多志同道合的朋友。在这些活动中，我学会了团队合作，增强了集体荣誉感。

——北京学院　章骏川

我曾经因为过于专注学习而忽视身心健康，导致身体出现了一些问题。我也曾经因为过于追求个人利益而忽视了团队合作，导致了一些矛盾和摩擦。这些经历让我不断成长，变得更加谦虚和坚韧，让我明白成功需要付出努力和勇气，失败是成长和进步的机会。通过总结成功的经验和失败的教训，我更加明确了自己的人生目标和追求，也更加坚定了自己的德育信念。我相信只有在不断实践和总结中，我们才能不断进步和成长。

——北京学院　闫宇琦